高职院校数字商贸系列教材　总主编 ◎ 赵团结

跨境网络营销

CROSS-BORDER ONLNE MARKETING

主　编 ◎ 袁其玲　广州城建职业学院

冯倩欣　广州城建职业学院

副主编 ◎ 李穗豫　广州城建职业学院

邹　鹏　广州城建职业学院

编　委 ◎ 谢海洲　云政通(广州)科技有限公司

王　淼　广州城建职业学院

庞倩容　广州城建职业学院

首都经济贸易大学出版社

Capital University of Economics and Business Press

· 北 京 ·

图书在版编目（CIP）数据

跨境网络营销 / 袁其玲，冯倩欣主编. -- 北京 : 首都经济贸易大学出版社，2025. 3. -- ISBN 978-7-5638-3827-1

Ⅰ. F713.365.2

中国国家版本馆 CIP 数据核字第 2025QK7935 号

跨境网络营销

KUAJING WANGLUO YINGXIAO

主　编　**袁其玲　冯倩欣**

副主编　**李穗豫　邹　鹏**

责任编辑　王　猛

封面设计　砚祥志远·激光照排 TEL：010-65976003

出版发行　首都经济贸易大学出版社

地　　址　北京市朝阳区红庙（邮编 100026）

电　　话　(010)65976483　65065761　65071505(传真)

网　　址　http://www.sjmcb.cueb.edu.cn

经　　销　全国新华书店

照　　排　北京砚祥志远激光照排技术有限公司

印　　刷　唐山玺诚印务有限公司

成品尺寸　185 毫米×260 毫米　1/16

字　　数　498 千字

印　　张　21

版　　次　2025 年 3 月第 1 版

印　　次　2025 年 3 月第 1 次印刷

书　　号　ISBN 978-7-5638-3827-1

定　　价　49.00 元

前言
PREFACE

随着全球化进程的加速推进，跨境网络营销已经成为企业拓展国际市场、实现全球化经营的重要手段之一。在数字化和信息化的时代背景下，利用互联网和新兴数字媒体平台进行跨境网络营销已成为企业获取国际市场客户资源、提高国际市场份额的重要途径。这本《跨境网络营销》旨在为读者提供一整套跨境网络营销知识体系和实践技能，从而能够应对全球化竞争，把握国际市场机遇。

本教材以融媒体教学为理念，结合最新的跨境网络营销理论和实践案例，将传统的教学理论与当下的行业趋势相结合，力求使学习者通过本书的学习全面掌握跨境网络营销的理论知识和实践技巧，成为具备全球视野和国际竞争力的跨境网络营销专业人才。

在编写本教材的过程中，我们力求将最新的国际市场营销理论和成功案例融入其中，以帮助学习者更好地理解和把握跨境网络营销的本质和核心，培养学习者的创新思维和实践能力，提高他们在国际市场中的竞争力。

本教材适用于跨境电子商务、国际贸易、数字营销等相关专业的大学生，也可作为相关职业技能培训中的教材和参考书。希望本教材能够成为读者在跨境网络营销领域的得力工具，也期待学习者能够通过本教材，开拓国际视野，不断提升竞争力，成就更加辉煌的事业。

前言

目 录
CONTENTS

项目一　跨境网络营销认知

在全球化日益深化的今天，跨境网络营销已经成为企业拓展海外市场的重要手段。例如 Facebook① 作为全球最大的社交媒体平台之一，其用户遍布全球，为企业提供了绝佳的跨境营销机会。

一家新兴时尚品牌主要面向年轻、时尚的消费者群体。兴荣是该品牌的市场营销经理，为了拓展海外市场，决定利用 Facebook 进行网络营销。

该时尚品牌“风尚潮流”在国内市场已经取得了不俗的成绩，为了进一步扩大品牌影响力，决定进军海外市场。品牌团队经过分析，发现 Facebook 平台上的年轻用户与品牌目标受众高度吻合，因此决定在 Facebook 上开展一系列网络营销活动。

1. 精准定位。通过 Facebook 的广告管理工具，针对海外目标市场的年轻用户进行精准定位，确保广告能够触达潜在消费者。

2. 内容创新。设计一系列具有创意和吸引力的图文、视频广告，展示品牌独特的时尚理念和产品特点。

3. 互动营销。在 Facebook 上开设品牌官方账号，定期发布时尚资讯、新品推荐等内容，与粉丝互动，提高品牌曝光度和用户黏性。

4. 与社交媒体影响者合作。与海外知名时尚博主、网红合作，通过他们的社交媒体影响力，扩大品牌在海外市场的知名度。

如何精准定位 Facebook 上的目标受众？有哪些关键因素需要考虑？在设计 Facebook 广告时，如何确保广告内容能够吸引目标受众的注意力？对此你还有哪些创新的想法？

① Facebook 现已改称 Meta。

项目任务书

任务编号	分项任务	职业能力目标	知识要求	参考课时
任务一	跨境网络营销的定义与重要性	1. 掌握跨境网络营销的基本理论和技巧，能够有效地策划和执行跨境网络营销活动。 2. 具备良好的市场分析和判断能力，能够准确把握海外目标市场的需求和趋势。 3. 具有较强的沟通能力和团队合作精神，能够与团队成员、客户等有效沟通，共同完成跨境网络营销任务	1. 了解跨境网络营销的定义、特点、主要手段（如 SEO、SEM、社交媒体营销等），以及它们对企业扩大市场份额、提升品牌知名度和降低成本的重要性。 2. 掌握相关的网络营销技巧和策略，以及跨文化和国际营销的知识	2
任务二	跨境网络营销的发展历程	1. 深入理解和分析跨境网络营销的发展历程及当前趋势。 2. 掌握适应不同发展阶段的网络营销策略和技巧。 3. 具备根据市场变化灵活调整营销策略、持续创新的职业能力	1. 了解跨境电商行业的起源、初始发展阶段、数字化时代崛起、数据驱动时代以及新零售时代的特征。 2. 掌握各个阶段中网络营销策略、技术手段以及消费者需求的变化趋势。 3. 理解这些变化对企业经营策略、组织架构和营销方法的影响	2
任务三	跨境网络营销与传统营销的区别	1. 理解和分析跨境网络营销与传统营销在策略、渠道、效果等方面的差异。 2. 掌握适应不同营销模式的策略和技能，包括在线营销工具的使用、数据分析、市场定位等。 3. 具备灵活应对市场变化，制定并执行有效营销策略的能力	1. 了解两者在市场环境、营销策略、广告传播方式、消费群体、调研方式等方面的差异。 2. 关注跨境网络营销在全球化、数字化、实时互动等方面的独特优势，以及传统营销在地域限制、营销策略组合等方面的特点。 3. 了解网络营销在产品开发、定价策略、售后服务等方面的新趋势和变化	1
任务四	跨境网络营销的主要挑战与机遇	1. 识别并理解跨境网络营销面临的主要挑战和机遇。 2. 掌握应对挑战的策略和方法，如优化物流配送、解决支付和货币转换问题、了解并遵守不同国家的法规等。 3. 制定有效的跨境网络营销策略，以实现企业的国际化发展和市场拓展的目的	1. 理解不同国家和地区的文化差异。 2. 掌握跨境网络营销中的物流和支付等方面的挑战。 3. 了解全球市场营销趋势和新技术应用	1
职业素养目标		具备良好的跨文化沟通能力和团队协作能力。 保持学习与创新精神，遵守职业道德。 具备抗压能力并持续自我提升，以实现职业发展目标		

任务一　跨境网络营销的定义与重要性

一、任务描述

小李是一名跨境电子商务专业的应届毕业生，在即将步入职场之际，他对新兴的汽车品牌小米汽车产生了浓厚的兴趣。小米汽车作为小米集团跨界进军汽车行业的力作，凭借其独特的网络营销策略，迅速在市场上崭露头角，引起了业界的广泛关注。为了深入了解小米汽车的成功之道，小李决定对小米公司进行深入调研和分析。他计划通过查找相关资料，系统梳理小米汽车在网络营销方面的策略和实践，揭示其背后的成功密码。

二、相关知识

（一）网络营销的产生

1. 产生背景

在网络信息技术快速发展、消费者价值观不断改变、商业竞争日益激烈的背景下，20 世纪 90 年代以后，随着互联网技术的逐步成熟，网络营销的技术基础产生了。随着互联网的进一步普及，消费者的购物习惯和信息获取方式发生了深刻变化，人们更倾向于通过互联网进行产品搜索、比较和购买。为了在竞争激烈的市场中脱颖而出，企业开始寻求新的营销手段，网络营销由此应运而生。

2. 发展阶段

网络营销的发展阶段见表 1-1。

表 1-1　发展阶段

阶段	发展特点	网络营销方法	网络营销运用
简单推广阶段（20 世纪 90 年代）	互联网开始出现并逐渐普及	网络营销主要通过公司网站进行	主要工具是网站链接和电子邮件推广，一些大型公司开始将其作为推广手段之一
全面发展阶段（21 世纪前十年）	随着互联网的迅猛发展和电子商务的兴起，网络营销进入全面发展阶段	此时的网络营销不再局限于网站和电子邮件，而是开始运用更多的工具和平台，如搜索引擎优化（SEO）、搜索引擎营销（SEM）、社交媒体营销等	网络广告形式不断创新，应用不断发展，社交媒体平台如微信、微博、Facebook 等被广泛运用于商业活动中
个性化定制阶段（21 世纪 10 年代至今）	随着大数据和人工智能技术的应用，网络营销进入个性化定制阶段	企业通过收集和分析用户数据，利用人工智能算法进行个性化推荐和定制营销策略	移动互联网的普及也促使网络营销更加关注移动端的推广，如 App 推广和移动广告投放等

3. 特点

网络营销的特点见表 1-2。

表 1-2 网络营销的特点

序号	特点	描述
1	全球覆盖	通过互联网，可以触达全球范围的潜在客户群体
2	低成本高效率	相比传统营销手段，成本更低，且更易于度量效果
3	定位精准	可以通过网络分析和大数据技术，实现精准定位和个性化营销
4	交互性强	提供了与受众互动的机会，增强品牌与客户之间的互动和信任
5	即时反馈	可以即时收集和分析数据，了解营销活动的效果，并迅速调整策略
6	多样化的内容形式	可以采用文字、图片、视频、音频等多种内容形式，提升营销效果
7	易于传播	营销内容可以迅速传播，形成口碑效应，扩大品牌影响力
8	持续性和持久性	网络上的内容可以长期存在和被搜索到，具有持久性、延续性

（二）网络营销产生的原因

1. 信息化的发展

随着互联网技术的飞速发展，信息传播的方式发生了根本性的变革。传统的信息传播有赖于电视、广播、报纸等媒体，而互联网的出现使得信息传播之快速、高效和低成本前所未有。网络技术的实时性使得信息能够即时传递，无论是在国内还是在国际上，信息的传播速度都大大加快。互联网改变了人们获取信息的方式。过去，人们需要通过购买报纸、订阅杂志或观看电视来获取新闻和资讯，现在只需要一台连接互联网的电脑或手机，就可以随时随地获取全球范围内的信息。搜索引擎、社交媒体、新闻网站等提供了丰富的信息来源，使得信息的获取变得更加便捷。

随着网民数量的不断增加，互联网上的信息量也呈现爆炸式增长。每天都有无数的信息被发布到互联网上，包括新闻、图片、视频、音频等多种形式。这些信息涵盖了各个领域，从政治、经济、文化到科技、娱乐、体育等无所不包。上述信息量的爆炸式增长为网络营销提供了丰富的内容和资源。同时，信息的复杂化和多样化趋势日益明显，信息的来源越来越广泛，质量也参差不齐。由于信息的多样化，人们在获取信息时需要根据自己的需求和兴趣进行筛选和过滤。这种复杂化和多样化的趋势对网络营销提出了更高的要求，需要企业更加精准地把握目标受众的需求和兴趣，制定个性化的营销策略。

网络营销能够突破地域限制，实现全球范围内的营销覆盖。无论是大型企业还是中小型企业，都可以通过网络平台展示产品和服务，吸引潜在客户。此外，网络营销能够实现与消费者的实时互动和沟通，提高客户满意度和忠诚度。企业可以通过社交媒体、在线客服等方式与消费者进行交流和互动，及时解决消费者的问题。此外，网络营销还能够实现精准营销和数据分析，通过数据分析了解消费者的行为和需求，优化营销策略并提高营销效果。

2. 消费者需求的变化

随着经济的发展和社会的进步，消费者的需求也在不断变化。消费者不仅要求产品的质量要好，而且要求产品的价格适中，并且能够获得优质的服务。此外，消费者还会主动通过各种可能渠道获取与商品有关的信息进行比较，以此增加对产品的信任和争取心理上的满足感。而网络营销恰好能够满足消费者的这些需求，提供个性化的服务和产品推荐。

另外，在激烈的市场竞争中，企业需要寻找新的营销手段来吸引顾客和占领市场。网络营销具有低成本、高效率、全时性等特点，能够帮助企业快速响应市场变化，提高市场竞争力。具体表现如表 1–3 所示。

表 1–3　消费者需求的变化

消费者需求的变化	产品质量与价格的平衡	1. 消费者对产品质量的要求日益提高，希望购买到物有所值、经久耐用的产品。 2. 价格依然是影响消费者购买决策的重要因素，消费者更倾向于购买价格合理、性价比高的产品
	服务体验的优化	1. 消费者不仅关注产品本身，还重视购买过程中的服务体验——体现在售前咨询、售中配送、售后服务等各个环节。 2. 优质的服务能够提升消费者的满意度和忠诚度，促进重复购买和口碑传播
	信息获取与比较	1. 互联网的普及使得消费者可以更加便捷地获取商品信息，消费者可以通过搜索引擎、社交媒体、评价网站等途径了解产品的性能、价格、口碑等信息。 2. 消费者还倾向于通过比较不同产品的优缺点，做出更加明智的购买决策
	个性化需求与心理满足	1. 消费者越来越注重个性化需求的满足，希望购买到符合自己喜好、能够展现个人风格的产品。 2. 消费者在购买过程中还追求心理上的满足感和成就感，如通过购买某款产品来获得社交认同、实现自我价值
网络营销如何满足消费者需求	提供高质量的产品	1. 网络营销平台可以通过严格筛选供应商、建立质量监控体系等方式，确保所售产品的质量。 2. 企业还可以利用大数据和人工智能技术，分析消费者的购买行为和偏好，提供满足其需求的产品
	优化价格策略	1. 网络营销平台可以通过降低运营成本、提高供应链效率等方式，实现产品的价格优势。 2. 企业还可以根据市场需求和竞争状况，灵活调整价格策略，吸引更多消费者
	提升服务体验	1. 网络营销平台可以建立完善的客户服务体系，提供响应快速、解答专业的售前咨询服务。 2. 在售中环节，企业可以通过优化物流配送系统、提供多种支付方式等方式，提升消费者的购物体验。 3. 在售后环节，企业可以建立完善的退换货政策和投诉处理机制，解决消费者的问题和疑虑
	提供个性化服务和产品推荐	网络营销平台可以利用大数据和人工智能技术，分析消费者的购买历史和偏好，提供个性化的产品推荐和服务。例如，根据消费者的浏览记录和购买记录，推荐符合其兴趣的产品；根据消费者的地理位置和天气情况，推荐适合当地使用的产品等

续表

商业竞争的激烈化与网络营销的优势	低成本	网络营销相比传统营销方式具有更低的成本，企业可以通过互联网平台进行产品推广和销售，减少广告投放和渠道拓展的费用
	高效率	网络营销能够快速响应市场变化和消费者需求，企业可以通过互联网平台实时收集和分析市场数据，调整产品策略和推广计划
	全时性	网络营销不受时间和地域的限制，可以实现全天候、全球范围内的推广和销售，这有助于企业扩大市场份额和提高品牌影响力
	互动性	网络营销具有互动性强的特点，企业可以通过社交媒体、在线客服等方式与消费者进行实时交流和互动，增强与消费者的联系和提升互动体验

3. 新技术的应用

互联网和相关的数字技术的发展为网络营销提供了技术支持。例如，搜索引擎优化（SEO）、社交媒体营销（SMM）、电子邮件营销（EMM）、移动营销等技术的应用，使得网络营销变得更加精准和高效。

1）搜索引擎优化（SEO）

SEO 是一种利用搜索引擎的规则提高网站在有关搜索引擎内自然排名的方式。它的作用有：优化网站及页面结构，以便于搜索引擎更好地检索和收录网页内容；分析和研究关键词竞争度及转化率，制定有效的 SEO 策略；监控和分析网站数据，包括网站软硬件环境运行性能、搜索引擎蜘蛛爬取情况、网站流量及访客的跳出率和黏度、网站收录及关键词排名的监测等。通过 SEO 技术，企业可以提高网站的曝光率和可见性，吸引更多的潜在客户访问网站，从而增加销售和提升品牌知名度。

2）社交媒体营销（SMM）

SMM 是指利用社交媒体和社交网络去宣传一个公司的产品和服务。它的作用有：维护与老客户之间的联系，同时开发新客户；传播企业文化、职责和风格等；提供数据分析作为追踪的辅助工具，监测数据的踪迹和转化率。通过社交媒体平台，企业可以直接与消费者互动，传递品牌信息，增加品牌曝光度和用户忠诚度。此外，社交媒体营销还可以帮助企业收集用户反馈，优化产品和服务。

3）电子邮件营销（EMM）

EMM 是通过电子邮件进行的营销活动。它的作用有：发送个性化的营销邮件，直接触达目标用户；推广新产品、服务和优惠活动；收集用户反馈，建立用户关系。EMM 是一种低成本、高效率的营销方式，可以快速地将信息传递给目标用户。通过精心设计的邮件内容和个性化的推广策略，企业可以提高用户的参与度和购买意愿。

4）移动营销

移动营销是指利用移动设备（如智能手机、平板电脑等）进行的营销活动。它的作用有：借助移动设备的普及，广泛覆盖目标消费者群体；通过多样化和个性化的交互方式，提供更好的用户体验。随着移动设备的普及和移动互联网的发展，移动营销已经成为企业网络营销的重要组成部分。通过移动应用程序、短信推送、移动支付等方式，企业可以直接与消费者互动，提供便捷的产品和服务，增强用户黏性和提高用户忠诚度。

（三）我国网络营销的发展历程

相较于发达国家，我国的网络营销起步较晚，但发展迅速。迄今为止，我国的网络营销大致可分为三个发展阶段：播种期、萌芽期、发展应用期。

1. 播种期（1997 年之前）

中国互联网于 1994 年 4 月 20 日正式开通，网络营销随之逐步为企业所应用。在 1997 年之前，中国的网络营销尚处于起步阶段，缺乏清晰的网络营销概念和方法，也鲜有企业将网络营销作为主要营销手段。早期的网络营销案例常带有一些传奇色彩，诸如网上发布商品供应信息后接到大量订单的故事等，往往夸大了互联网的作用，给人以只要上网就能轻易获得成功的印象。这些传奇故事多发生在互联网信息匮乏的时代，难以总结出可复制的、一般性的规律。尽管当时尚无网络营销的概念和方法，但其已在我国网络营销的土壤中播下了希望的种子。

据现在可查的资料记载，山东陵县西李村支部书记李峰 1996 年 5 月上网，所采用的网络营销方法为“注册了自己的域名，把西李村的大蒜、菠菜、胡萝卜等产品信息一股脑儿地搬上互联网，发布到了世界各地”。早期的“网络营销”更多地具有传奇色彩，与网络营销的实际应用还有很大一段距离。无论是学术界还是企业界，当时大多数人没有网络营销的概念，更不用说将网络营销应用于企业经营了。在此阶段，虽然网络营销的概念和方法不明确，产生的效果主要取决于偶然因素，但毕竟在我国网络营销的沃土中播下了种子。

2. 萌芽期（1997—2000 年）

根据中国互联网络信息中心（CNNIC）发布的《第一次中国互联网络发展状况调查统计报告》（1997 年 10 月），到 1997 年 10 月底，我国上网人数达到 62 万，WWW 网站数量约 1 500 个。尽管上网人数和网站数量相对较少，但部分事件标志着中国网络营销进入萌芽阶段，如网络广告和 E-mail 策略的出现、电子商务的推动、域名注册和搜索引擎服务的兴起等。到 2000 年底，多种形式的网络营销被广泛应用，网络营销呈现出快速发展的势头，并逐渐走向实用化。

3. 发展应用期（2001 年至今）

进入 21 世纪后，网络营销已不再只是概念，而是进入了实质性的应用和发展阶段，主要特征表现在以下几个方面：

1）网络营销服务市场初步形成

尽管网络营销服务市场当时尚不完善，但自 2001 年以来，以“企业上网”为主要业务的一批专业服务商开始快速发展，一些公司在该领域形成了显著的优势。这标志着国内的网络营销服务领域正逐渐清晰化。域名注册、虚拟主机和企业网站建设等服务已经相当成熟，成为网络营销服务的基本业务内容。其他具有代表性的网络营销服务还包括大型门户网站的分类目录登录、专业搜索引擎的关键词广告和竞价排名、供求信息发布等。同时，专业的 E-mail 策略、电子商务平台等也取得了显著发展，并涌现出一批知名度较高的规范服务商。与此同时，以出售收集邮件地址的软件、贩卖用户邮件地址、发送垃圾邮件等为主要业务的所谓“网络营销公司”也在悄然发展，成为网络营销健康发展的障碍。

2）网站建设已成为企业网络营销的基础

根据中国互联网络信息中心的统计报告，2001—2007 年，我国网站数量从 24 万个增加到 150 万个，其中绝大多数为企业网站。企业网站数量的快速增长，充分反映出网站建设已经成为企业网络营销的基础。

3）网络广告形式和应用不断发展

进入 21 世纪后的头几年，尽管国内网络广告市场受到网络经济波动的影响，但仍保持了一定的增长势头。更重要的是，网络广告市场的集中趋势愈发明显。例如，进入 2002 年后，中国最大的两家网络广告媒体新浪和搜狐均取得了令人瞩目的业绩。从 2001 年开始，网络广告在表现形式、媒体技术等方面都发生了显著的变革，如广告规格尺寸逐渐增大、表现方式更为丰富多样，通过网络广告可以展示更多信息等。

4）E-mail 策略在困境中期待曙光

E-mail 策略是国内较早出现的一项网络营销活动，但始终未在网络营销服务市场中占据主要地位。尽管面临市场不成熟、垃圾邮件冲击以及服务商屏蔽等问题的困扰，但 E-mail 策略的重要性依然不容忽视。总体而言，采用专业手段进行的 E-mail 策略的效果仍然值得肯定。然而，由于规范的 E-mail 策略活动未能得到普遍应用，给垃圾邮件发送者提供了可乘之机。垃圾邮件的泛滥，不仅损害了正规 E-mail 策略的声誉和网络环境，还直接威胁到了规范的 E-mail 策略，严重时甚至影响了整个网络通信环境，导致一些电子商务和顾客服务工作无法正常进行。

5）搜索引擎策略向深层次发展

搜索引擎注册一直是网站推广的基本手段，甚至一度被认为是网络营销的核心内容。在数字营销领域，随着技术的不断进步和市场的变化，搜索引擎策略正向着更深层次发展。在互联网时代，用新闻稿传播品牌故事的方式已经证明了其有效性。如今，新闻稿的作用依然显著，且随着多媒体元素的加入（如视频和图片），它们变得更加形象生动，传播性更好、互动性更强，且能够更精准地触达目标用户。营销视频制作作为一种融合了创意与技术的创新方式，正逐渐成为网络营销的首选。

营销视频制作不仅要求高水准的视频制作，而且要求深入发掘营销内容中的亮点。其优势主要体现在以下几个方面：

（1）传播精准。一部内容价值高、观赏性强的视频，能够极大地吸引潜在顾客的注意力，对其视觉和大脑产生强烈的冲击力。这样的视频往往能锁住潜在顾客的目光，真正提高产品的转化率。

（2）一劳永逸。一段视频一旦制作好，将其投放到各大视频平台，就可能会有成千上万的人去搜索、观看。这种营销方式的传播速度远超其他方式，且随着时间的推移，观看视频的人数会不断增加。这是一种省时省力的营销方式，具有病毒式传播的特点。

（3）应用广泛。视频在搜索引擎应用中的权重越来越大，Google、百度等搜索引擎对视频搜索的投入不断增加，而土豆、优酷等视频网站的权重也较高。因此，视频营销能够取得很好的传播效果，这一主流趋势是不可逆转的。

（四）网络营销的定义

网络营销，亦称网上营销或电子营销，是基于现代营销理论，借助网络、通信和数字媒体技术等实现营销目标的商务活动。它基于互联网和相关的数字技术，采用各种营销方式和手段，以实现产品或服务的推广、营销和销售，提高企业品牌的知名度、美誉度、竞争力和效益。为用户创造价值是网络营销的核心思想。

网络营销是基于网络及社会关系网络连接企业、用户及公众，向用户及公众传递有价值的信息与服务，是为实现顾客价值及企业营销目标所进行的规划、实施及运营管理活动。

（五）网络营销的常用工具

在网络营销活动中，现阶段常用的网络营销工具包括企业网站、搜索引擎营销（SEM）、搜索引擎优化（SEO）、社交媒体营销、电子邮件营销、即时信息工具、浏览器工具条等客户端专用软件、电子书、博客与 RSS（Really Simple Syndication，简易信息聚合）、网络广告投放平台、H5 制作工具、社群运营工具、微信营销工具等。

在现阶段网络营销活动中常用的网络营销工具可以归纳如下：

1. 企业网站

企业网站是网络营销的基石，用于展示企业形象、产品与服务、企业文化等信息。企业网站具有全方位展示企业，提供实时更新的信息，与客户进行交互，支持在线销售等功能（见表 1-4）。

表 1-4　企业网站的功能

主要功能	详细说明
展示企业形象	企业网站通过精心设计的网页布局和视觉效果，可以展示企业的品牌形象、企业文化、发展历程等信息，提升客户对企业的认知度和信任度
产品和服务展示	企业网站可以展示企业的产品和服务，详细介绍产品特点和优势，提供产品说明书，样品图片、视频等，帮助客户了解并选择企业的产品
在线销售	对于电商企业，企业网站可提供在线销售渠道，通过购物车、在线支付等功能，方便客户进行购买。同时，网站还可以提供订单查询、客服咨询等服务，改善客户购物体验和提升满意度
客户服务与支持	企业网站可提供在线客服、投诉建议、常见问题解答、技术支持等功能，为客户提供全方位、及时的帮助和支持，增强客户对企业的信任感
资讯发布与传播	企业网站可以发布企业新闻、行业动态、产品案例等信息，通过博客、新闻资讯、论坛等模块，吸引客户的关注并促成互动，提升企业在行业中的影响力和知名度
在线招聘	企业网站可提供在线招聘功能，发布招聘信息、接收简历等，方便企业招聘人才。同时，网站还可以提供员工福利信息、培训计划等，加强员工对企业的归属感和提升满意度

续表

主要功能	详细说明
数据收集与分析	通过网站注册、订阅、留言等功能，企业可以收集客户的基本信息和意见反馈，通过数据分析，了解客户需求，优化产品设计和服务提供，提高客户满意度和忠诚度

1）企业网站的特点

企业网站的特点见表1-5。

表1-5　企业网站营销特点

全方位展示	企业网站可以全方位地展示企业的形象、产品和服务，为客户提供全面的信息
互动性强	企业网站可提供在线客服、论坛等功能，增强了客户与企业的互动和沟通
营销效果好	通过搜索引擎优化（SEO）和搜索引擎营销（SEM）等手段，企业网站可以提高自身在搜索引擎中的排名，吸引更多的潜在客户
成本效益高	相比传统的营销方式，企业网站的建立和运营成本较低，且可以全天候运行

2）企业网站的设计与制作

企业网站设计与制作见表1-6。

表1-6　企业网站设计与制作

设计要素	企业网站的设计应注重美观、易用、专业等方面，同时要考虑用户体验和搜索引擎优化（SEO）的需求
内容规划	企业网站的内容应包括企业介绍、产品展示、新闻资讯、客户服务等模块，同时要注重内容的更新和维护
技术支持	企业网站的制作需要专业的技术支持，包括前端开发、后端开发、数据库管理等方面

2. 搜索引擎营销（SEM）

通过搜索引擎平台投放广告，如Google Ads、百度推广等，以关键词触发广告展示。搜索引擎营销（SEM）能够精准定位目标用户，快速提高品牌曝光度和网站流量。

1）谷歌AdWords案例：苹果（Apple）

苹果作为全球知名的科技公司，经常使用谷歌AdWords来推广其新产品和服务。通过精心选择关键词，如“最新苹果手机”“苹果笔记本”等，确保广告在相关搜索中获得展示，开展广告投放策略；根据用户的地理位置、搜索历史和设备类型进行定向投放，以提高广告的转化率。通过谷歌AdWords，苹果得以迅速吸引大量潜在客户，提高品牌曝光度和销售额。

2）百度推广案例：华为（Huawei）

华为作为中国领先的科技公司，利用百度推广来拓展中国市场。华为针对其产品线和目标市场，选择了大量相关关键词，如“华为手机”“华为笔记本”等；通过设计吸引人的广告文案和图片，华为的广告在搜索结果中脱颖而出；华为持续监控广告效果，根据数据调整关键词和投放策略，以提高广告效果，不断进行数据分析与优化。通过百度推广，华为在中国市场的品牌知名度和销售额均得到了显著提升。

3）跨平台整合营销案例：星巴克（Starbucks）

星巴克不仅利用搜索引擎营销，还与其他在线平台（如社交媒体、移动应用等）进行整合营销。在搜索引擎中投放广告，引导用户访问星巴克官网或下载移动应用，进行搜索引擎营销；在社交媒体平台上发布有趣的内容，与用户互动，提高品牌曝光度，开展社交媒体营销；通过移动应用提供优惠券、会员服务等功能，吸引用户下载和使用，进行移动应用营销。通过跨平台整合营销，星巴克不仅提高了品牌知名度，还增加了用户黏性和销售额。

3. 搜索引擎优化（SEO）

通过优化网站结构、内容和外部链接等，提高网站在搜索引擎自然排名中的位置。搜索引擎优化（SEO）具有长期、显著的效益，有助于提升网站流量和品牌知名度。进行关键词研究，选择合适的关键词是 SEO 优化的基础；网站结构优化：良好的网站结构有助于搜索引擎更好地理解网站内容；内容优化：高质量、原创性强的内容是提高网站排名的关键；外部链接建设：高质量的外部链接可以提高网站的权重和排名；社交媒体优化：社交媒体已经成为重要的信息传播渠道，对于 SEO 也有重要影响。搜索引擎优化是一个持续的过程，需要定期监测和调整优化策略。表 1-7 是企业 SEO 优化案例说明。

表 1-7　企业 SEO 优化案例说明

案例一：某电商网站的 SEO 优化	案例二：某餐饮企业的 SEO 优化
背景： 某电商网站在 SEO 优化之前，其网站在搜索引擎结果中的排名并不理想，导致网站流量和销售业绩都不尽如人意	背景： 某餐饮企业在进行 SEO 优化之前，其官方网站的曝光度并不高，导致线下门店的客流量也不理想
优化措施： 1. 关键词研究。通过对潜在客户搜索习惯和关键词的研究，选择了与产品相关性较高的关键词，并在网站内容中进行了合理布局和使用。 2. 网站结构优化。改善了网站结构，优化了页面加载速度，提升了用户体验。 3. 内容优化。定期更新和优化网站内容，确保内容质量高、原创性强、与关键词相关	优化措施： 1. 外部链接建设。通过与其他相关行业网站的合作，提高了外部链接的数量和质量，提高了网站的权重和排名。 2. 社交媒体优化。在社交媒体上发布优质内容，提升了品牌知名度和用户黏性。 3. 内容更新。定期更新餐饮企业的新闻、活动、菜品等信息，保持网站的活跃度
成果： 1. 网站排名逐渐提升，流量增长明显。 2. 销售业绩随之增长，具体增长数据可能因网站规模和产品差异而有所不同	成果： 1. 网站曝光度和线下客流量都得到了提升。 2. 具体提升数据可能包括网站访问量增长百分比、社交媒体关注度增长、线下门店客流量增长等

4. 社交媒体营销

社交媒体营销一般是指利用社交媒体平台（如微博、微信、抖音等）进行品牌宣传、内容发布、互动营销等。社交媒体营销互动性强、传播速度快，能够迅速扩大品牌影响力和用户参与度（见表 1-8）。

表 1-8　社交媒体营销活动

TikTok 的 Re：Make 活动 背景：TikTok 在 2021 年 7 月向其社区发起挑战，鼓励用户重新构想并创作 20 世纪 90 年代和 21 世纪前十年的怀旧广告。 参与者：首个参与的品牌包括 Skittles（彩虹糖）、Snickers（士力架）和 Old Spice（老香料）。 效果：活动成功地将怀旧情怀与 TikTok 平台结合，提高了品牌与用户的互动度，同时也证明了经典内容可以被二次创作并依然保持吸引力
Coca-Cola 的"Share a Coke"活动 创意：Coca-Cola 在 2024 年将常见的英文名字印在可乐瓶上，鼓励消费者与朋友分享。 影响力：活动在社交媒体上引起了巨大关注，用户纷纷分享自己与名字相关的瓶子，有效提高了品牌的知名度和亲和力
Airbnb 的"Belong Anywhere"活动 理念：Airbnb 鼓励用户分享在平台上租住房源时的独特体验。 效果：用户通过社交媒体分享他们不同城市的住宿故事，推动了 Airbnb 的品牌传播，并加强了社区间的连接
Oreo 的"Dunk in the Dark"推文 情境：在 2024 年超级碗比赛期间，由于供电问题导致球场陷入黑暗，Oreo 及时发布推文。 创意内容："你可以在黑暗中吃 Oreo（You can still dunk in the dark）。" 影响力：这条简洁而有趣的推文在社交媒体上引发了热议，并获得了广泛关注
Dove 的"真实美丽"活动 主题：Dove 在社交媒体上分享真实女性的照片和故事，倡导多样化的美丽标准。 效果：通过展示真实的模特和自然未经修饰的照片，传达了对于真实美丽的理解和支持，获得了广大消费者的认同和喜爱
社群建设策略 重要性：在社交平台上积极构建和参与社群，是深入了解目标受众的有效途径。 示例：销售人员通过社交媒体成为"网红"，分享专业知识，与潜在客户建立信任关系
用户生成内容（UGC） 价值：用户生成的内容不仅增加了品牌的可信度和吸引力，还为用户提供了互动和参与的机会。 示例：GoPro 利用社交媒体平台分享用户生成的精彩视频内容，鼓励用户分享自己的使用经验
利用时事热点 有效性：关注时事热点，将其与品牌内容结合，从而迅速吸引用户关注。 示例：服装品牌 Levis 在社交媒体上分享了大量关于美国中期选举的帖子，利用时事热点提升品牌曝光度

以上案例展示了社交媒体营销的多样性和创新性，通过不同的策略和手段，品牌可以有效地与消费者互动，提升品牌知名度和影响力。

5. 电子邮件营销

通过发送电子邮件向潜在客户和现有客户传递促销信息、产品更新等内容。电子邮件营销具有成本低廉的特点，可针对特定用户群体进行精准营销。

表 1–9 中的案例展示了电子邮件营销在不同场景下的应用及其效果。通过个性化、定期、节日营销以及用户调研等多种策略，电子邮件营销不仅可以提高用户的参与度和转化率，还可以增强用户与品牌的联系和提高对品牌的忠诚度。在实际应用中，企业应根据自身特点和目标受众的需求，制定合适的电子邮件营销策略，实现最佳的营销效果。

表 1–9　电子邮件营销活动

案例一：欢迎邮件与激活新用户	案例二：定期推送产品信息与促销活动	案例三：节日营销与情感链接	案例四：用户调研与反馈收集
背景：某电商平台在新用户注册后，立即向其发送一封欢迎邮件	背景：某时尚品牌通过电子邮件定期向订阅用户推送新品上市、限时折扣等信息	背景：在圣诞节、情人节等特殊节日，某鲜花电商平台通过电子邮件向用户发送节日祝福和优惠信息	背景：某在线教育平台通过电子邮件向用户发送调研问卷，收集用户对课程、服务等方面的意见和建议
内容：邮件中包含新用户专享的优惠券、平台介绍、产品推荐等信息	策略：邮件内容包含高清的产品图片、详细的产品描述、购买链接等。同时，该品牌会根据用户的购买历史和浏览行为，推送个性化的产品推荐	内容：邮件中不仅包含节日祝福和优惠信息，还通过精美的图片和文案，营造节日氛围，激发用户的购买欲望	目的：通过用户反馈，不断优化产品和服务，提高用户满意度
效果：通过个性化、有吸引力的欢迎邮件，提高了新用户的活跃度和转化率。据统计，发送欢迎邮件后，新用户的首次购买率提升了 20%	效果：通过定期且个性化的邮件推送，增强了用户与品牌的联系，提高了用户忠诚度和购买意愿。该品牌的电子邮件营销贡献的销售额占比达到了 30%	效果：节日营销邮件不仅提高了用户的参与度和转化率，还增强了用户对品牌的情感认同。在圣诞节期间，该平台的销售额同比增长了 50%	效果：通过电子邮件收集的用户反馈为平台提供了宝贵的改进方向。根据用户反馈，平台对课程内容和教学方式进行了调整，提高了用户的学习效果和满意度

6. 即时信息工具

企业可利用即时通信工具（如企业微信、QQ 等）与客户进行实时沟通和服务，即时信息工具能提高客户满意度和忠诚度，增强品牌与用户的联系。

1）功能特点

（1）实时消息传递。用户可以通过文字、语音、图片、视频等多种方式进行交流，确保信息即时传达。

（2）群组聊天。支持用户创建或加入多个群组，方便集体讨论和沟通。

（3）文件共享。允许用户轻松发送和接收文档、图片、音频–视频等文件，适用于远程工作和在线学习等场景。

（4）状态更新。许多应用提供了状态更新功能，用户可以发布自己的近况，分享心情。

（5）视频通话。部分高级应用支持视频通话功能，实现面对面的交流。

（6）消息回执。提供消息回执功能，让用户知道对方是否已阅读消息。

（7）个性化设置。大多数应用都提供了丰富的个性化设置选项，用户可以根据自己的喜好调整界面。

2）应用场景

表 1–10 所示为即时信息工具营销活动。

表 1–10　即时信息工具营销活动

社交	人们可以通过即时通信工具与亲朋好友保持联系，分享生活点滴，增进感情
工作	企业内部沟通、项目协作、远程办公等场景下，即时通信工具可以提高工作效率，降低沟通成本
教育	师生之间可以通过即时通信工具进行在线辅导、答疑解惑，提高教学质量
医疗	医生可以通过即时通信工具为患者提供在线咨询、远程诊疗等服务，方便患者就医
商务	企业可以通过即时通信工具与客户进行实时沟通，提高客户满意度，促进业务发展

3）主要的即时通信工具

表 1–11 所示为目前主要的即时通信工具。

表 1–11　即时通信工具

QQ	由腾讯公司开发，支持文字、语音、视频、图片等多种通信方式，用户数量超过 10 亿户
微信	同样是腾讯公司推出，除了支持即时通信功能外，还具备朋友圈、公众号、小程序等功能，用户量巨大
钉钉	专注于企业及协同办公的即时通信工具，具备打卡、考勤等办公管理功能
WhatsApp	由 Facebook 公司开发，支持文字、语音、视频、图片等多种通信方式，全球用户超过 20 亿户
Skype	一款网络即时语音沟通工具，提供视频聊天、多人语音会议、文件传输等功能
ICQ	最早的网络即时通信工具之一，改变了整个互联网的交流方式

7. 浏览器工具条等客户端专用软件

浏览器工具条，也被称为工具栏（Toolbar），是捆绑于浏览器的网络辅助软件，旨在帮助用户快速访问网站及提供特定功能，用于展示广告、提供服务等，具有较高的用户黏性和持续的品牌展示效果。

1）功能

它可实现用户常用网络功能的最小化整合，如快速搜索、常用网址导航、广告轮播、拦截弹出窗口等，成为用户实现高效上网的有力工具，用户只需点点鼠标即可迅速得到所需信息。

2）应用场景与优势

表 1-12 所示为浏览器工具条营销活动。

表 1-12　浏览器工具条营销活动

应用场景	优势
大、中、小型网站 网吧、股票交易所等公共场所 实现政府机关、企事业单位办公自动化	提升网站形象，增加竞争力 争取和留住更多用户

3）示例与推广

Best Toolbar 提供了一个 ToolbarStudio 软件，可以生成 EXE 安装执行文件方式和 CAB 自动下载安装方式，具备丰富的定制功能。制作完工具条后，需要将网站工具条提供给用户下载使用，以扩大其影响力和应用范围。

4）注意事项

浏览器工具条虽然提供了诸多便利，但也可能存在安全风险，如恶意软件、广告插件等。在安装和使用时，用户应谨慎选择来源可靠的工具条，并定期更新和检查浏览器安全设置。

8. 电子书

它是用于传递有价值信息的电子文档，可作为内容营销的一部分，提供行业洞察、产品指南等，吸引潜在客户并建立专业形象。

表 1-13 所示为电子书营销活动。

表 1-13　电子书营销活动

电子书制作与内容
例子：小小鸟制作的有关“（内存卡/U 盘）真伪识别技术+内存卡每日行情报价+淘宝选购技巧”的电子书。这本书至今每天仍有下载量，累计百度网盘下载量已达到 23 万多次
说明：电子书的制作应注重内容的质量和实用性，吸引目标群体的兴趣并满足其需求。通过提供高质量的内容，电子书能够吸引更多的读者，进而为后续的营销活动打下基础
电子书推广渠道
社交媒体：利用微博、微信等社交媒体平台发布电子书的相关信息，吸引潜在读者的关注
在线书店：与各大在线书店合作，将电子书推广至更广泛的市场，如与京东读书、当当网等合作，提高电子书的曝光率
论坛与博客：在相关领域的论坛和博客上发布电子书的信息和链接，吸引目标群体的注意
电子邮件营销：通过发送电子邮件给目标群体，介绍电子书的内容和特点，引导其下载和阅读

续表

电子书营销策略
免费下载与收费章节：提供部分章节的免费下载，吸引读者体验电子书的内容，再通过付费章节的形式实现盈利
与产品关联营销：将电子书与相关产品或服务关联起来，通过电子书介绍和推荐相关产品，实现交叉销售
会员制度：建立会员制度，为会员提供电子书的优惠购买、定期更新等服务，增强会员的黏性和忠诚度
合作推广：与其他行业或领域的专家、博主等合作，共同推广电子书，扩大影响力
电子书营销效果评估
下载量：通过统计电子书的下载量，了解电子书的受欢迎程度和传播效果
转化率：分析从电子书阅读到购买相关产品或服务的转化率，评估电子书营销的效果
用户反馈：收集用户的反馈和建议，了解用户对电子书的评价和需求，为后续的电子书制作和营销活动提供参考
电子书营销的优势
成本低廉：相比传统印刷书籍，电子书的制作成本更低，且无须承担库存和物流等费用
传播迅速：通过互联网平台，电子书可以迅速传播至全球各地，快速地实现市场覆盖
互动性强：电子书可以提供丰富的交互功能，如书签、笔记、搜索等，提升读者的阅读体验
可定制性强：电子书可以根据目标群体的需求和兴趣进行定制，实现更加精准的市场定位和推广

9. 博客与 RSS

博客是企业发布有价值内容、建立品牌权威性的平台；RSS 用于订阅博客内容。企业可通过发布高质量的内容吸引用户关注，并通过 RSS 订阅保持与用户的联系。RSS 营销利用 RSS 技术，通过个性化的内容推送，实现了精准营销，提高了用户的订阅和购买转化率，为企业带来了更多的销售机会。无论是图书、音乐还是其他数字内容，RSS 营销都展现了其独特的优势和效果。表 1-14 所示为博客与 RSS 营销活动。

表 1-14　博客与 RSS 营销活动

Patricecassard 博客营销案例	RSS 营销举例说明
Patricecassard 是一位法国的网络游戏和社群开发师，对中国的文化衫 T 恤情有独钟。 2004 年，他开了一家自己的 T 恤网店，并开设个人博客，通过博客与客户交流。顾客可以在博客上分享自己喜欢的设计风格，并参与投票。设计者一旦成功，可获得 300 欧元的奖励	Amazon 的 RSS 营销案例 Amazon 作为全球最大的在线书店之一，通过 RSS 技术为用户提供个性化的订阅服务。 方法： 用户可以订阅自己感兴趣的图书分类或作者的最新作品推送；及时了解最新的书籍信息，提高用户的订阅和购买转化率。 成果： 这种个性化的推送方式为 Amazon 带来了可观的销售额

续表

Patricecassard 博客营销案例	RSS 营销举例说明
吸引了大量感兴趣的用户，2005 年 T 恤平均月销量达 1 500~1 800 件，并有上涨趋势。 通过博客这一平台，Patricecassard 不仅吸引了大量目标客户，还成功将用户的创意转化为产品，实现了销售和品牌的双赢	iTunes 的 RSS 营销案例 iTunes 是苹果公司推出的音乐、电影等数字内容服务平台。 方法： 用户可以根据自己的喜好订阅感兴趣的音乐或影片的更新内容；通过 RSS 订阅功能，用户能获取最新的音乐、电影推送服务。 成果： 提高了用户的忠诚度，并为苹果公司的数字内容销售带来了更多的曝光和销量

10. 网络广告投放平台

这些投放平台包括百度推广、腾讯广点通等，用于在互联网上投放广告，提升品牌知名度和销售业绩。它能够精确定位目标用户，提供丰富的数据分析和优化功能。表 1-15 所示为网络广告投放营销活动。

表 1-15 网络广告投放营销活动

蜜雪冰城：主题曲营销	海底捞：服务营销	广点通：多元策略营销
蜜雪冰城是一家知名的茶饮品牌，通过一首洗脑的主题曲“你爱我，我爱你，蜜雪冰城甜蜜蜜”成功引发了一场全民热潮	海底捞以其卓越的服务著称，其已成为国际知名的餐饮企业	广点通是腾讯的广告投放平台，提供了多元化的营销策略
策略： 通过消费者唱主题曲送免费奶茶的活动，让这首歌迅速传播开来。 效果： 相关视频播放量超 8 亿次。 抖音上蜜雪冰城相关话题近 150 亿次。 提升了品牌知名度和销售量，甚至推动了公司的 A 股上市申请	策略： 提供各种增值服务，如生日庆祝、美甲、DIY 手机壳等。 营造活跃的就餐氛围，如唱歌、跳舞等。 效果： 赢得了消费者的口碑和忠诚度，成功开遍各大中小城市	策略： 内容营销：如采用明星代言人头像投放品牌 TVC，加入互动元素，创造点击率纪录。 效果营销：通过直播引流、线索收集、公众号“挖客”等多种方式实现销售增长。 私域营销：利用微信搜一搜等策略，引导用户进入私域阵地，如公众号、视频号等。 效果： 方太品牌用户规模近 3 年提升了 6.5 倍，高消费人群规模提升了 5.3 倍。 朋友圈广告的互动点击率纪录保持在 19.86%，创造了家电行业互动点击率的三次纪录

11. H5 制作工具

这是指用于制作 H5 页面的工具，如兔展、易企秀等，可轻松制作出具有高度互动性和易于分享的 H5 页面，提升用户参与度和品牌影响力。表 1-16 所示为几款受欢迎的 H5 制作工具及其特点。

表 1-16　H5 制作工具营销活动

工具	具体特点
青柠设计	特点：在线设计平台，覆盖 20 多个行业和领域，包含 H5、海报和视频模板。 功能：融入最新 AI 技术，如智能海报自动生成、批量抠图换背景、自动文案生成和 AI 绘画功能。 模板数量：平台内有 H5 模板 1 000+，包括企业宣传、活动招生、个人生日邀请、结婚邀请等模板。 适用场景：企业宣传、产品介绍、活动促销、预约报名、会议组织、收集反馈、微信增粉、网站导流、婚礼邀请等
易企秀	特点：模板类 H5 制作工具，拥有海量模板资源。 适用场景：适合中小企业快速搭建宣传、活动页面，无需过多设计技能即可上手
初页	特点：移动端 H5 制作与分享应用，功能强大且学习成本低。 适用场景：邀请函、发布海报、微杂志、手机相册等
意派 Epub360	特点：专为有较高设计要求的用户打造，提供大量基础功能供免费使用。 交互功能：支持多种互动效果设计，如大转盘抽奖、你画我猜等，且具备手势触发、拖拽交互等高级功能
人人秀	特点：在线演示制作平台，支持创建和分享 PPT、图片、视频等多媒体演示文稿。 适用场景：在线展示、远程会议等多种场景
Mugeda 木疙瘩	特点：专业级 H5 制作工具，适用于移动端。 功能：帮助用户快速制作营销广告、邀请函、节日贺卡、求职和招聘等类型的 H5 页面
iH5	特点：专业级 H5 制作工具，功能强大，支持编写代码。 适用场景：设计制作 PPT、应用原型、数字贺卡、相册、简历、邀请函、广告视频等多种内容
HBuilder	特点：支持 HTML5 的 Web 开发 IDE，由 DCloud 推出。 功能：具有快速开发的优势，通过完整的语法提示和代码输入法、代码块等功能，大幅提升了开发效率
WebStorm	特点：强大的 HTML5/JavaScript Web 前端开发工具，被广大 JS 开发者誉为“Web 前端开发神器”。 功能：具有智能的代码补全、代码格式化、智能提示、代码重构等功能，支持多种编码语言混合或内嵌
70 度	特点：定位普通用户，体验佳，活动比较丰富。 适用场景：无须编程便可在线创建 H5 页面、微信场景应用、微杂志制作、商业展示等交互内容

12. 社群运营工具

一般包括微信群发、QQ 群机器人等，用于管理粉丝社群、提高粉丝活跃度和忠诚度，能够深入挖掘潜在客户，实现精准营销。表 1-17 所示为社群运营工具营销活动。

表 1-17　社群运营工具营销活动

社群运营工具	具体说明
社群平台	QQ 群、微信群、微博、豆瓣小组等，是社群运营的首选工具。 允许企业或个人建立不同主题的群体，用于向大量粉丝或用户进行推广、宣传和互动
腾讯系产品	企业微信：提供客户联系、客户朋友圈、客户群等功能，适合企业与客户进行直接沟通和服务。 腾讯文档：在线协作工具，支持多人同时编辑文档、表格等，适合团队内部协作和信息共享。 腾讯问卷：专业的问卷调查系统，用于收集用户反馈和进行数据分析
小程序系列	报名接龙工具、接龙管家等，提供了丰富的社群管理功能，如信息收集、活动报名等
社群裂变工具	建群宝、爆汁裂变等，通过朋友圈转发活动实现粉丝增长，提供快速建群、机器人自动发送消息等功能
在线协作工具	石墨文档、腾讯文档等，提供实时共享文档和表格的平台，支持多人同时编辑，提高团队协作效率
投票工具	腾讯投票、群投票等小程序，用于在社群中征集意见，确保投票的匿名性和公正性
打卡工具	鹅打卡、群打卡等小程序，适用于学习类社群，提高群成员的参与度，保持社群活跃度
短链接生成工具	小码短链接、短网址助手等，将长链接转换为短链接，方便在社群中分享，并提供数据统计报表
内容总结工具	虽然没有具体提及某一工具，但社群运营中确实需要这样的工具来汇总和整理信息，便于用户快速获取有价值的内容
图片设计工具	创客贴、搞定设计等，提供大量的图片、字体、模板等素材，方便制作海报、PPT 等，增强社群内容的吸引力
问卷调研工具	问卷星、腾讯问卷等，用于收集用户对产品或活动的意见和建议，帮助社群运营者更好地了解用户需求

13. 微信营销工具

一般包括安卓小奶龙、苹果百花香、Wetool 微信社群管理工具等，用于辅助微信营销工作，提供快速发圈、图片制作、抖音去水印等功能，增强微信营销效果。表 1-18 所示为一些常见的微信营销工具，它们各自具有不同的功能和特点。

表 1-18　微信营销活动

微信营销工具	具体说明
微信公众号	功能：微信公众号是企业在微信平台上与用户进行互动的重要渠道。通过公众号，企业可以发布文章、推送活动信息、提供客户服务等。 细分类型： 服务号：每月可发送 4 条群发消息，主要用于提供服务，如查询、预约等。 订阅号：每天可发送 1 条群发消息，主要用于向用户推送内容，如资讯、文章等。 优势：公众号具有广泛的用户基础和强大的互动功能，可以帮助企业提升品牌知名度，增加用户黏性

续表

微信营销工具	具体说明
微信小程序	功能：微信小程序是一种轻量级应用，无须下载安装即可使用。企业可以开发自己的小程序，满足用户的特定需求，如在线购物、餐饮点餐等。 优势：小程序具有即用即走的特点，用户体验好，同时可以降低企业的开发成本和维护成本
微信广告	功能：微信广告是一种在微信平台上投放的广告，可以通过定向投放、精准营销等方式，提高广告效果。 投放形式：朋友圈广告、公众号广告、小程序广告等。 优势：微信广告具有覆盖范围广泛和用户定位精准的特点，可以帮助企业快速获取潜在客户
微信群发	功能：微信群发可以向微信好友或微信群发送消息，宣传企业活动、产品促销等。 注意事项：精细化分组、选择适当的时间、内容简明扼要，以提高用户关注度和反馈效果
企微 SCRM 系统	功能：企微 SCRM 系统是一款基于微信公众号的客户关系管理系统，可以实现客户信息管理、精准营销、客户互动等功能。 优势：企微 SCRM 系统可以实现对客户数据的精准统计和分析，帮助企业深入了解客户需求和行为习惯，制定更有效的营销策略
第三方营销工具	微堂、圈量 SCRM 等，提供多行业全功能微信营销功能，为商家提供极具交互能力的微信客户营销服务功能
其他辅助工具	微信支付、腾讯文档、腾讯问卷等，虽不直接用于营销，但在微信营销过程中可起到重要的辅助作用，如支付、协作、调研等

总的来说，微信营销工具种类繁多，企业应根据自身需求和预算选择合适的工具。同时，要注意工具的组合使用，以充分发挥其营销效果。

补充资料

跨境网络营销的发展

一、市场规模与增长

跨境电商市场持续保持高速增长，2024 年全球电子商务销售额预计将达到数万亿美元，其中跨境电商占据重要地位。中国作为跨境电商的重要参与者和推动者，其市场规模也在不断扩大。

二、市场机遇

新兴市场如东南亚、拉美、中东和非洲等地区为跨境电商提供了广阔的市场空间，这些地区每年的跨境电商增速高达 20%。新技术如大数据、云计算、人工智能等在跨境电商领域的应用日益广泛，为企业提供了更多的创新机会和竞争优势。

三、挑战与对策

随着市场竞争的加剧，差异化竞争成为关键。企业需要借助品牌收购、全球合作等手段提升品牌影响力。服务本地化需求也成为重要挑战，要求企业在运营过程中更加注重本地化、精细化。知识产权保护与合规经营是企业必须重视的问题，企业需要遵守不同国家的法律法规，加强平台合规和知识产权保护体系建设。

四、政策环境

我国进一步优化了跨境电商政策，加强对进口商品的品质要求，推动跨境电商的全球化发展。同时，加强了对电商平台的监管，不断提升行业的知识产权保护水平。

五、营销策略与趋势

企业将通过数据分析工具来优化各渠道的流量引入效率，开展多渠道流量整合。利用视频、直播、博客等多种内容营销形式吸引全球消费者。通过社交媒体、影响力营销，与全球各地的网红、意见领袖合作，触达更广泛的潜在客户群体。发挥人工智能在流量优化中的应用，通过 AI 的数据分析和学习能力，提高流量获取的精准度和转化率。

综上所述，跨境网络营销在市场规模、市场机遇、挑战与对策、政策环境以及营销策略与趋势等方面都呈现出积极的发展态势。随着技术的不断进步和全球市场的进一步融合，跨境网络营销将继续保持增长的势头。

三、任务实施

通过本实训任务，使学生深入了解跨境网络营销岗位的工作任务和职业能力要求，提升其在跨境电商平台上的实际操作能力，增强市场分析、数据分析和营销策略制定等综合能力。

（一）步骤一：跨境网络营销岗位工作任务分析

深入了解跨境网络营销岗位的职责和任务，包括市场调研、产品推广、渠道拓展、客户关系维护等，分析目标市场的需求和趋势，制定合适的市场营销策略。

（二）步骤二：跨境网络营销职业能力提升

学习并掌握跨境电商平台的基本操作规则和流程，如产品上架、订单处理、客户服务等；提升多语言能力，尤其是英语和目标市场的语言，以便更好地与国际客户沟通；培养市场分析与定位能力，通过分析数据、研究竞争对手等，确定目标市场和目标客户群；增强团队协作能力，与团队成员共同完成任务，提高工作效率。表 1–19 所示为跨境网络营销岗位的工作任务和职业能力表。

表 1–19 跨境网络营销岗位的工作任务和职业能力表

	市场调研员	网络推广	在线客服	网站优化及服务	主播及主播等
工作任务					
职业能力					

四、任务评价

表 1–20 所示为任务评价表。

表 1-20 任务评价表

	学习态度（20%）	团队合作（20%）	完成率（50%）	其他表现（10%）	小计（100%）	综合评价
小组评分（30%）						
个人评分（20%）						
教师评分（50%）						
综合得分（100%）						

知识拓展

海外抖音（TikTok）营销

一、市场分析

在进行海外抖音营销之前，需要先对目标市场进行深入分析。这包括了解目标市场的文化背景、消费习惯、用户需求等。通过市场分析，可以制定更加精准的营销策略，提高营销效果。根据2023年的TikTok用户数据，其全球用户数量已达到19.2亿，其中许多国家（地区）的用户数量在持续增长之中。同时，TikTok在多个国家（地区）下载量排名第一，表明其在这些地方具有广泛的用户基础。因此，针对不同国家（地区）的用户特点，可以制定不同的营销策略。

二、内容创作

内容是海外抖音营销的核心。为了吸引用户的关注，需要创作有趣、有吸引力的视频内容。这包括选择合适的主题、拍摄高质量的视频、添加有趣的音效和特效等。在内容创作方面，Milamiamor在TikTok Shop中的成功案例显示，通过与达人合作创作短视频带货，取得了显著的销售额。这些达人通常具有较大的粉丝量和影响力，能够吸引大量用户关注并促进销售。

三、用户互动

与用户互动是增加用户黏性和提高品牌知名度的关键。在TikTok上，可以通过多种方式与用户互动，如回复评论、参与挑战、发起话题等。通过用户互动，可以建立品牌形象，提高用户对品牌的认知度和忠诚度。同时，通过收集用户反馈，可以不断优化营销策略，提高营销效果。

四、数据分析

数据分析是海外抖音营销中不可或缺的一环。通过对数据的分析，可以了解用户的行为习惯、喜好偏好等，为营销策略的制定提供有力支持。在数据分析方面，可以关注以下指标，通过分析这些指标，可以不断优化营销策略，提高营销效果。

（1）视频播放量，反映视频内容的吸引力和用户关注度。

（2）点赞、评论和分享量，反映用户对视频内容的喜爱程度和参与度。

（3）粉丝数量，反映品牌的影响力和用户忠诚度。

（4）销售额，反映营销策略的转化效果。

五、营销策略

在海外抖音营销中，可以运用以下多种策略来提高营销效果。

（1）付费广告。通过投放广告，提高品牌曝光度和用户关注度。TikTok 推出了多种广告形式，如品牌收购、输入本地视频、标签课题等，可以根据需求选择合适的广告形式。

（2）利用 UGC（用户生成内容）。鼓励用户创作与品牌相关的内容并分享，增加用户对品牌的认知和忠诚度。可以通过举办 UGC 活动、设立奖励机制等方式激发用户的创作热情。

（3）精细化的定位策略。利用 TikTok 的算法分析服务，将内容和广告投放给最适合的用户。此举可以提高营销效果并降低营销成本。

（4）直播互动交流。通过直播方式与用户进行实时互动，建立深度联系和信任。直播可以作为发布新产品、提供优惠促销等活动的重要手段。

通过深入的市场分析、优质的内容创作、积极的用户互动和精准的数据分析，可以制定有效的营销策略并取得良好的营销效果。

习题

（一）选择题

1. 跨境网络营销的主要目标是（　　）。

A. 增加品牌知名度　　B. 拓展国际市场

C. 提高产品价格　　D. 降低生产成本

2. 下面哪项是跨境网络营销的优势？（　　）

A. 适应单一市场　　B. 低市场投入

C. 受地域限制　　D. 提供个性化服务

3. 在跨境网络营销中，最常用的支付方式是（　　）。

A. 现金　　B. 银行转账

C. 信用卡和电子钱包　　D. 支票

（二）填空题

1. 跨境网络营销通常利用____________来分析消费者行为，提升营销效果。

2. 跨境网络营销需要考虑不同国家的____________，以制定合适的营销策略。

3. 在跨境网络营销中，____________是连接品牌与消费者的重要平台。

（三）名词解释

1. 跨境网络营销

2. 电子商务平台

3. 市场定位

（四）简答题

1. 请简述跨境网络营销的定义及其在现代商业中的重要性。

2. 在进行跨境网络营销时，企业应如何适应不同国家的法律法规要求？

3. 举出一个成功的跨境网络营销案例，并分析其成功的原因。

任务二　跨境网络营销的发展历程

一、任务描述

随着全球化的加速和互联网技术的飞速发展，跨境网络营销已成为企业拓展国际市场、实现品牌全球化的重要手段。为了使同学们更好地理解和把握跨境网络营销的发展脉络，本次任务将对跨境网络营销的发展历程进行深入研究。

任务要求：

（1）学生需要独立完成任务，可参考相关书籍、期刊、报告等文献资料；

（2）任务报告包括引言、正文和结论三个部分，其中正文部分须按照任务内容进行详细阐述；

（3）任务报告须条理清晰、逻辑严密、观点明确；

（4）提交电子版任务报告一份，可通过指定邮箱提交。

二、相关知识

（一）跨境网络营销的定义和发展

跨境网络营销是以全球性的互联网为媒介和平台，通过数字化的信息和网络媒体的交互性，实现不同国家或地区之间交易主体（企业、团体、组织和个人）之间的交易活动。跨境网络营销的发展历程如表 1-21 所示。

表 1-21　跨境网络营销的发展历程

时间	阶段	具体详情
初始探索阶段（1998—2007 年）	从 B2B 到 B2C 的过渡	跨境电商在这一阶段经历了从传统的企业对企业（B2B）交易模式向企业对消费者（B2C）模式的转变。1998 年，具有东方特色的独立外贸 B2C 网站开始兴起，如 Good Orient，主要销售具有中国特色的商品
	代购模式的兴起	随着国人海外留学、经商、出国旅游的兴起，代购开始逐渐出现。到 2005 年左右，代购业务逐渐规模化，并催生了专门的代购网站
	国际电商平台的进入	eBay、亚马逊等国际电商平台开始拓展中国市场，吸引了一部分中国卖家参与跨境电商交易
快速发展阶段（2007—2013 年）	垂直电商的崛起	在这一阶段，跨境电商开始朝垂直方向发展，专注于某一特定领域或产品类型的销售。例如，兰亭集势就是一家专注于时尚服饰的跨境电商平台
	跨境电商模式的多样化	除了 B2C 模式外，跨境电商还出现了 M2C（制造商对消费者）等新的模式。这些模式的出现，为消费者提供了更加多样化的选择

续表

时间	阶段	具体详情
快速发展阶段（2007—2013 年）	跨境电商行业的整合	随着竞争的加剧，跨境电商行业开始进行整合，一些实力较弱的企业被淘汰，而一些实力较强的企业则通过并购、上市等方式进一步扩大了市场份额
成熟与多元化阶段（2013 年至今）	从垂直向多元化转型	跨境电商开始从垂直领域向多元化方向转型，不仅销售商品，还提供跨境物流、金融服务等增值服务。 跨境电商平台爆发式增长：随着跨境电商行业的发展，出现了大量的跨境电商平台，如 Wish、网易考拉、唯品会等。这些平台通过提供丰富的商品、便捷的购物体验和优质的客户服务，吸引了大量消费者
	政策环境的改善	各国政府纷纷出台支持跨境电商发展的政策措施，包括简化跨境贸易流程、优化海关通关服务等。这些政策的改善为跨境电商提供了更加便利和开放的政策环境
	技术的推动	大数据、人工智能等技术的广泛应用为跨境电商的发展提供了强大的技术支持。通过数据分析，企业能够更精准地了解消费者需求，优化商品推荐，开展个性化营销。同时，跨境电商企业也积极运用新技术提高运营效率和管理水平

（二）跨境网络营销的特点

1. 全球化市场

跨境网络营销通过互联网这一全球性的媒介，使得企业能够跨越地域限制，将产品和服务销售到全球各地。全球化市场不仅降低了成本，还提高了市场覆盖率，使企业能够利用全球资源，提高市场占有率和销售额。

2. 目标客户多样性

与国内网络营销不同，跨境网络营销主要面向境外市场，目标客户大多是外国人，其语言、文化、交易习惯等多与国内不同。因此在营销中需要从客户的角度考虑（如建立符合客户所在地需要的营销网站），以更好地吸引和满足目标客户的需求。

3. 多元化营销策略

跨境网络营销需要采用多种营销策略来吸引全球消费者，包括社交媒体营销、搜索引擎优化（SEO）、内容营销等，旨在提高品牌知名度、吸引潜在消费者、提高网站排名和流量，并增强消费者与品牌之间的互动和信任。

4. 个性化需求满足

跨境电商营销应致力于满足消费者的个性化需求，这可以通过定制化产品服务和个性化推荐系统来实现。定制化产品服务可以根据消费者的喜好和需求定制产品的颜色、尺寸、配置等，个性化推荐系统则可以根据消费者的历史购买记录、浏览记录等信息为消费者推荐相关产品和服务。

5. 实时互动的重要性

跨境网络营销需要加强与消费者的实时互动，可通过在线客服支持、社交媒体互动等方式实现。实时互动不仅可以提高消费者的购买体验和满意度，还可以帮助企业更好地了解消费者的需求并获得反馈，从而优化产品和服务。

6. 匿名性和无形性

由于跨境电子商务的全球性和非中心化特征，对身份和地理位置很难识别，买家具有匿名性。同时数字化产品及服务形式的盛行使得交易过程更加无形化，主要以数据代码的形式存在。

7. 即时性和无纸性

跨境网络营销中的信息交流非常便捷，基本可以做到实时沟通，提高交易效率。电子商务主要采用无纸化的方式进行操作，整个信息的发送和接收过程均可实现无纸化交易。

8. 快速演进

跨境电商是一个新的模式，尚处于发展阶段，其网络设施和相应协议软件的发展具有很大的不确定性。跨境网络营销需要随着市场和技术的变化而不断演进，以适应不断变化的消费者需求和市场环境。

（三）我国跨境电子商务的发展现状

1. 中国跨境出口电商行业政策背景分析

2022 年 2 月及 11 月，中国跨境电子商务综合试验区进行了两轮扩围，先后在鄂尔多斯市等 27 个城市和地区，以及廊坊等 33 个城市和地区设立跨境电商综合试验区。自 2015 年首批设立后，国务院已分七批设立 165 个跨境电商综合试验区，涉及 31 个省份，其中山东、江苏、浙江、广东四省实现地市级全覆盖，跨境电商“试验田”规模不断扩大，产业向纵深发展（见图 1-1）。

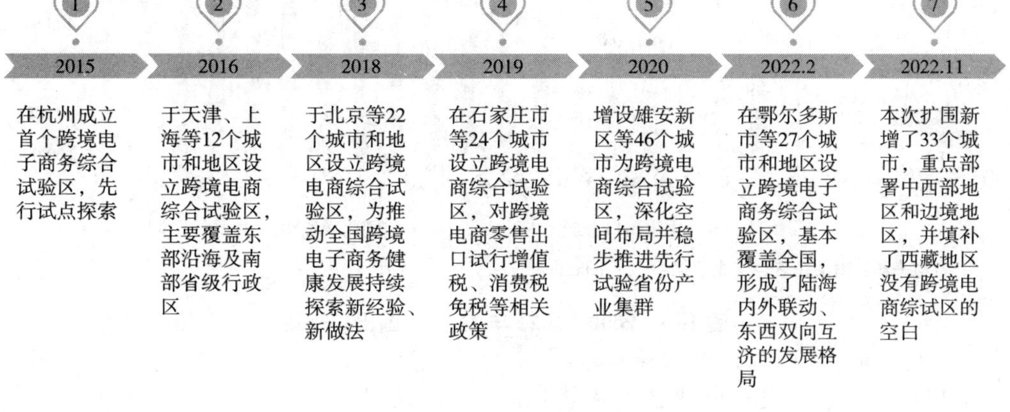

图 1-1　2015—2022 年中国跨境电子商务综合试验区发展进程

2. 中国跨境出口电商行业经济背景分析

图 1-2 的数据显示，2021 年中国工业增加值为 37. 3 万亿元，中国连续 12 年位居世界第一制造业大国。中国制造业对世界制造业贡献的产值比重接近 30%。艾媒咨询分析师认为，中国具备强大的工业制造体系，这为中国跨境出口电商的发展奠定了很好的物质基础。

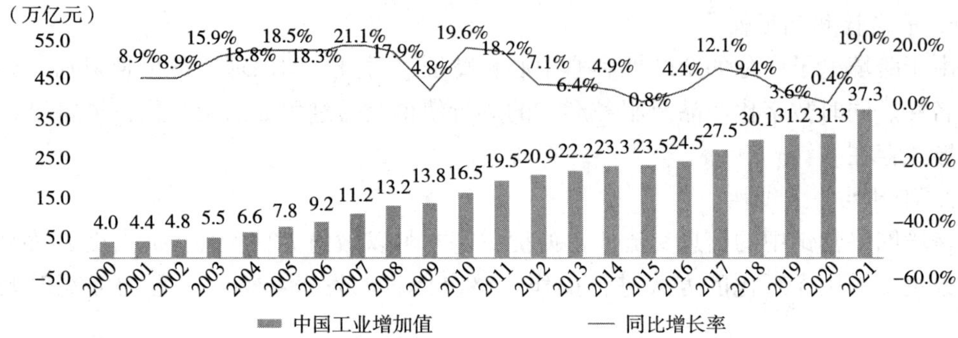

资料来源：国家统计局、艾媒数据中心（data.iimedia.cn）。

图 1-2　2000—2021 年中国工业增加值规模

图 1-3 的数据显示，2000—2021 年中国出口金额年均复合增长率为 26. 5%，2015—2021 年中国出口金额年均复合增长率为 9. 4%，近年来中国出口金额增速有所放缓，但仍在持续增长中。2022 年前 11 个月中国出口总额为 21. 8 万亿元，是世界第一大出口国，跨境出口电商在出口中的渗透率稳步提升。艾媒咨询分析师认为，中国出口贸易的强劲态势有利于跨境出口电商的持续发展。

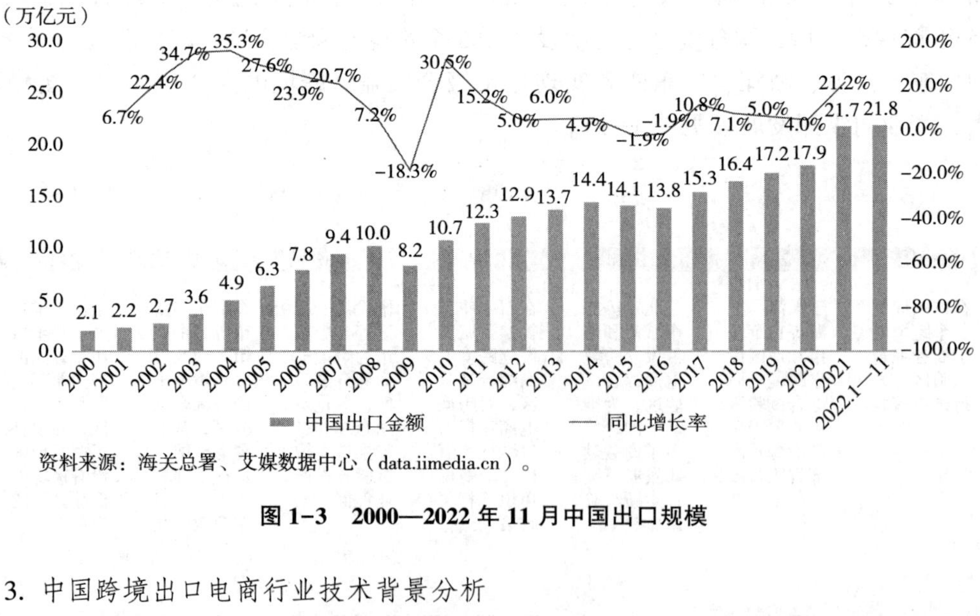

资料来源：海关总署、艾媒数据中心（data.iimedia.cn）。

图 1-3　2000—2022 年 11 月中国出口规模

3. 中国跨境出口电商行业技术背景分析

图 1-4 的数据显示，2022 年全球互联网人数为 54. 7 亿人，同比上涨了 17. 4%；

渗透率为69%，相比2021年增加9.5%。艾媒咨询分析师认为，随着全球互联网用户人数的增长，电商潜在消费者数量也在提升，从而将进一步促进电商行业的发展。

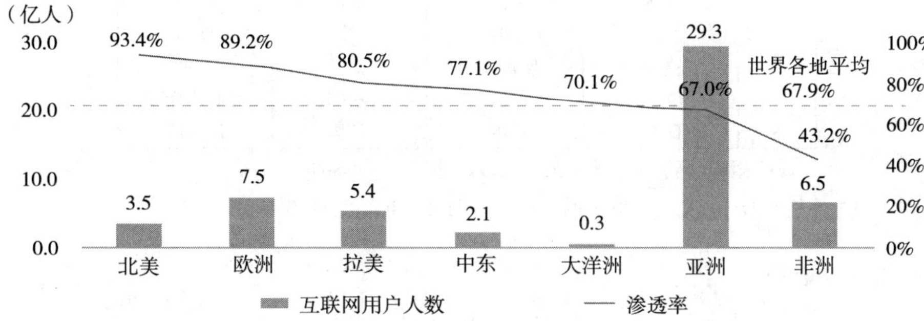

资料来源：Hootsuite、Internet World Stats、艾媒数据中心（data.iimedia.cn）。

注：数据截至2022年6月30日。

图1-4 2022年全球互联网用户及渗透率数据

4. 中国跨境出口电商行业规模分析

图1-5的数据显示，2021年中国跨境电商出口规模为1.44万亿元，同比增长24.5%。艾媒咨询分析师认为，在跨境贸易往来日益增加及互联网技术渗透率提升的作用下，中国跨境电商出口规模将持续增长，2024年有望达到2.95万亿元。

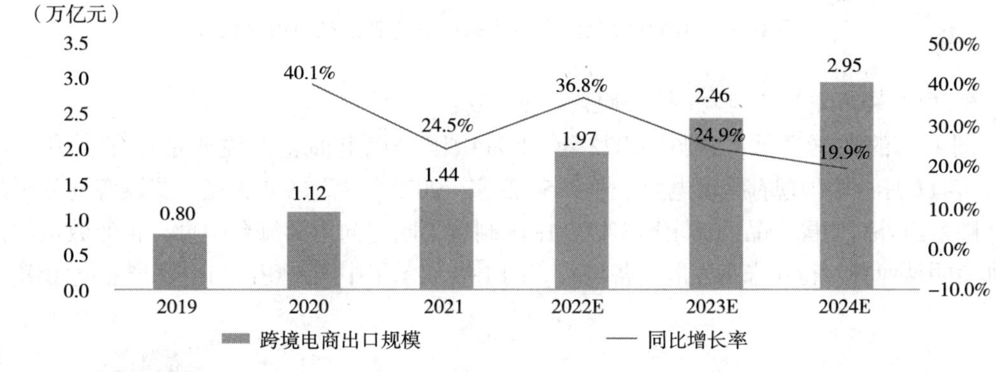

资料来源：海关总署、艾媒数据中心（data.iimedia.cn）。

注：年份+E表示未来预测。

图1-5 2019—2024年中国跨境电商出口规模及其同比增长率数据及预期

5. 中国跨境电商出口国家分布与各国电商市场现状分析

图1-6的数据显示，从跨境电商主要出口国家上看，2021年中国跨境电商主要出口国为美国、英国、马来西亚等。从电商市场的体量上看，这些国家电商市场规模排名较为靠前，美国为全球第二大电商市场，但从电商渗透率看，美国、法国、德国等国的电商领域仍有较大的发展空间。

2017—2021年中国跨境出口电商规模TOP8国家

	2017	2018	2020	2021
1	美国	美国	马来西亚	美国
2	俄罗斯	法国	美国	英国
3	法国	俄罗斯	新加坡	马来西亚
4	英国	英国	英国	法国
5	巴西	巴西	菲律宾	德国
6	加拿大	加拿大	荷兰	日本
7	德国	德国	法国	西班牙
8	日本	日本	韩国	俄罗斯

资料来源：网经社、通联数据、艾媒数据中心（data.iimedia.cn）。

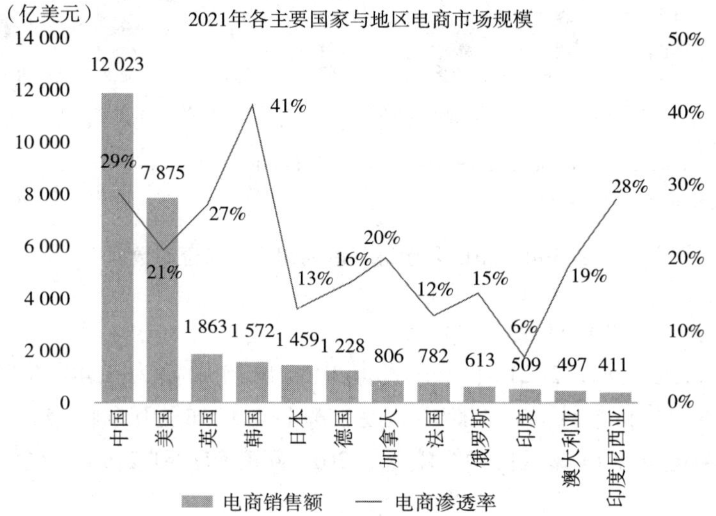

图 1-6　中国跨境电商出口国家分布与各国电商市场现状

6. 中国跨境电商企业数量及地区分布

图 1-7 的数据显示，2016—2022 年 11 月中国跨境电商企业注册量逐年上升。截至 2022 年 11 月，中国现有跨境电商企业 2.54 万家，2022 年新增 9 433 家。艾媒咨询分析师认为，随着海外对中国产品的需求增多以及中国制造不断走向世界舞台中央，企业数量的持续增加表明从业者对行业未来发展具备信心。图 1-8 展示了中国跨境出口电商产业链图谱。

资料来源：艾媒数据中心（data.iimedia.cn）。

图 1-7　2016—2022 年 11 月中国跨境电商相关企业注册量

资料来源：iimedia Research（艾媒咨询）。
注：本图谱仅标注报告出版时的行业典型案例，持续更新中。

图 1-8　中国跨境出口电商产业链图谱

7. 独立站与第三方平台经营差异

独立站与第三方跨境电商平台经营的优势产品特性并不相同，独立站经营的优势产品应具备差异性、品牌优势明显、复购率较高等特征。艾媒咨询分析师认为，不同的跨境电商出口商家应根据自身产品，选取合适的经营模式，才能最大化获得自身的发展（见图 1-9）。

资料来源：iimedia Research（艾媒咨询）。

图 1-9　独立站与第三方平台经营差异

1）中国跨境出口电商行业企业竞争案例：花西子（站点运营）

花西子开设的全球独立站 Florasis 运营状况良好，其引流的主要方式之一是社媒营销。Youtube 上以言语犀利著称的美国顶流美妆博主 Jeffree Star 2022 年初在其视频中将花西子夸为“世界最美美妆”，一举拉动了 Florasis 的站内流量，2022 年 2 月流量达到 150 万，其中社交流量占独立站总流量的 30. 5%（见图 1-10）。

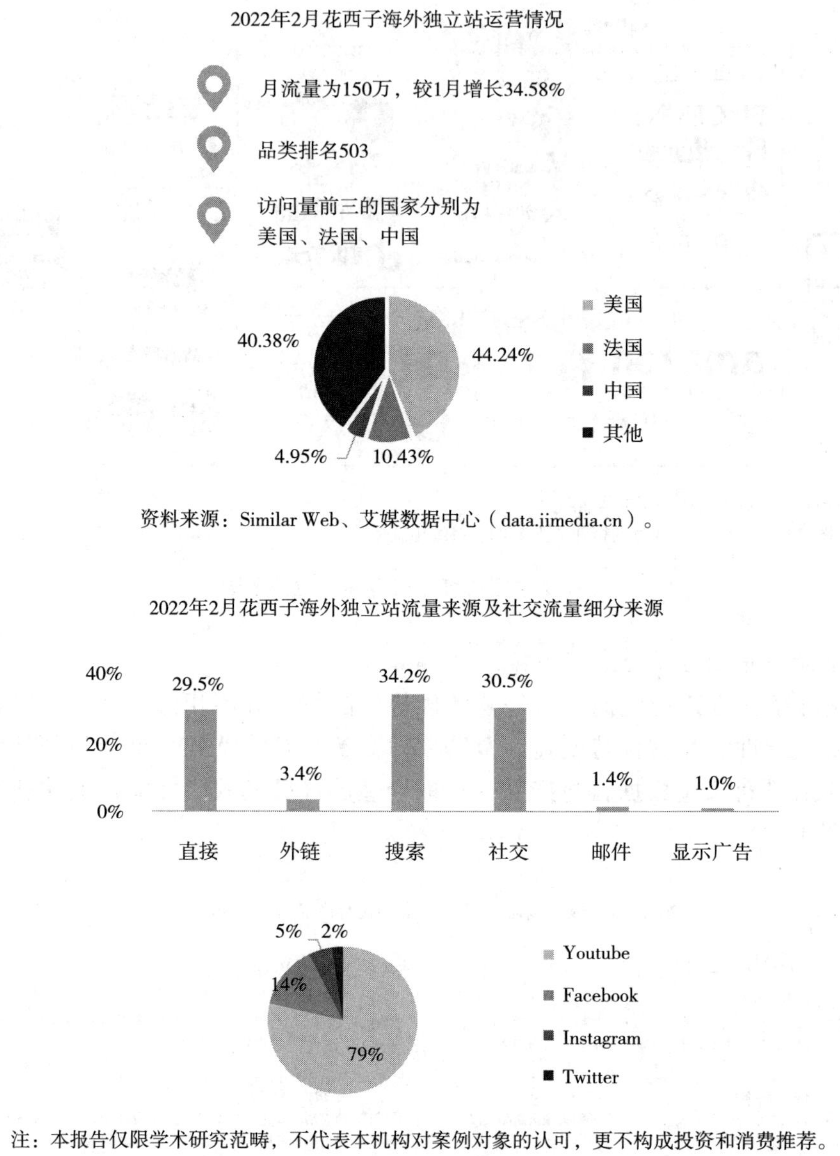

图 1-10　花西子（站点运营）

花西子扎实地做精产品，将中国元素融入品牌本身，在与用户的品牌对话过程中占领用户心智，并凭借主流社交平台掀起海外消费者购买热浪，目前形成了产品品牌力、用户运营、多元营销三者并重的经营模式（见图 1-11）。

2）中国跨境出口电商行业企业竞争案例：安克创新（渠道发展）

近年来，安克创新从第三方平台向“第三方平台+独立站”方向转变，建立并运营管理跨境电商独立站 Anker。数据显示，2022 年上半年旗下独立站的收入合计达到 2. 15 亿元人民币，同比上升 30. 03%，是上半年增长最多的渠道，但整体占比仍较小，报告期占总营业收入的比例为 3. 7%。多渠道策略帮助安克创新在新冠疫情和 2021 年下半年的亚马逊封号风波影响下，依然实现稳健增长（见图 1-12）。

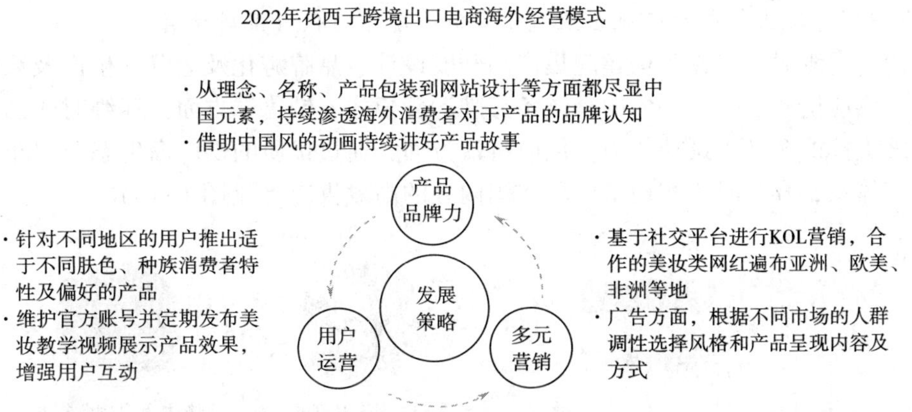

资料来源：艾媒咨询（iimedia Research）。

注：本报告仅限学术研究范畴，不代表本机构对案例对象的认可，更不构成投资和消费推荐。

图 1-11　花西子（经营模式）

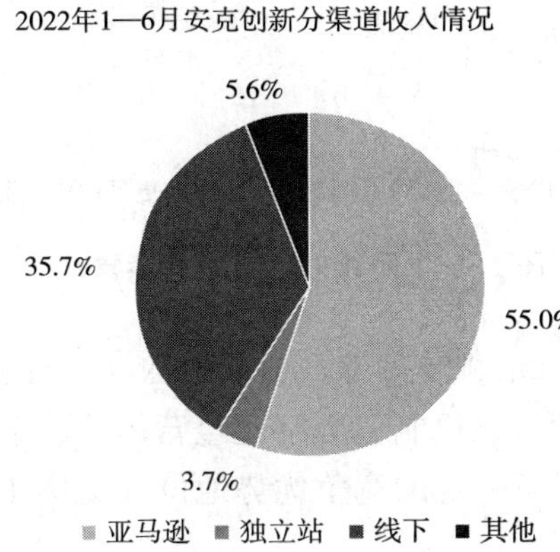

资料来源：艾媒数据中心（data.iimedia.cn）。

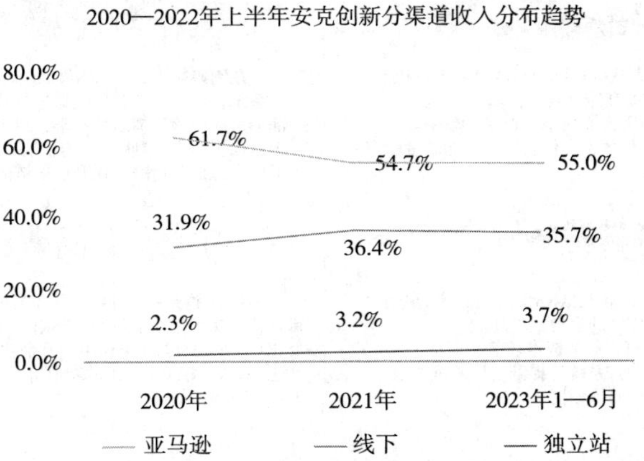

注：本报告仅限学术研究范畴，不代表本机构对案例对象的认可，更不构成投资和消费推荐。

图 1-12　安克创新（渠道发展）

3）中国跨境出口电商行业企业竞争案例：赛维时代（品牌运营）

目前，赛维时代已逐步构建起集产品开发设计、品牌孵化及运营、生产及采购、智能制造、供应链整合等于一体的全链条品牌运营模式。销售端方面，赛维时代已构建了品牌矩阵支撑的多品类延伸能力。供应链端方面，通过优质的供应商生态及遍布全球的仓储物流体系，赛维时代实现了产品在国内外的高效供应（见图 1-13）。

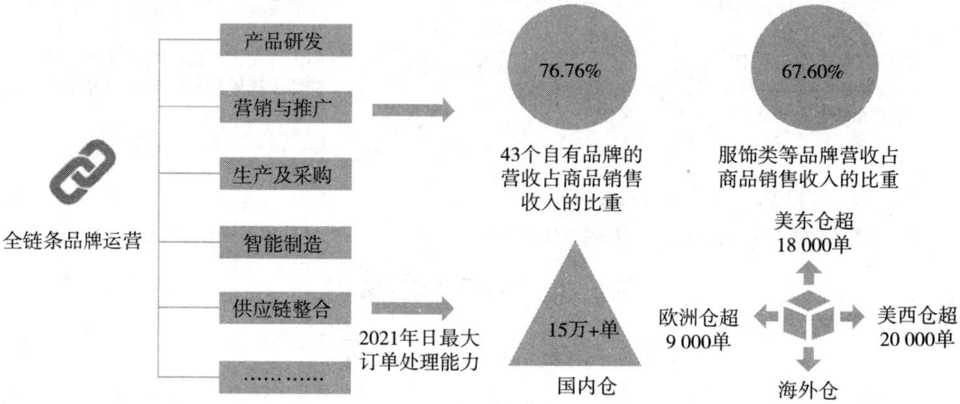

资料来源：艾媒数据中心（data.iimedia.cn）。
注：本报告仅限学术研究范畴，不代表本机构对案例对象的认可，更不构成投资和消费推荐。

图 1-13　赛维时代（品牌运营）

4）中国跨境出口电商行业企业竞争案例：SHEIN（经营模式）

SHEIN 凭借标准化的经营考核机制、数字化经营体系、掌握产业链有利地位以及高上新率在众多服饰品牌中获得了一定的竞争优势地位（见图 1-14）。

2022年SHEIN经营特色分析

标准化的经营考核机制

SHEIN通过设立一套从设计到交付的经营考核机制，利用一定的标准化模式提升经营效率，如：
· 设计师考核:开款率、销售成功率、首单下单率等
· 制造厂商考核:如期交付率、交付质量、产能产量稳定及合作态度等

数字化经营体系

在销售端上，SHEIN借助Google Trends Finder等系统，对商品的各项数据进行数据分析，利用内部模型或经验反馈至生产端，对不同款式的商品是否追加生产进行判断。在生产端上，SHEIN对生产工厂实行订单追踪，提升供应链效率

掌握产业链有利地位

SHEIN的上游厂商相比ZARA等时尚品牌的上游厂商，规模更小，SHEIN的定价权更高。

SHEIN通过承担打样等高成本环节、支持工厂贷款、压缩账期、共享IT系统等提升工厂效率，也提升工厂对SHEIN的产业依赖度

高上新率

SHEIN主要采取自主设计和买手现货采购两种上新渠道，2019年约上新8万个SKU，在2020约上新15万个SKU，平均每月上新SKU一万余款。其全年上新SKU可达ZARA全年上新SKU的7到10倍，不断满足消费者对于“快时尚”的需求

资料来源：艾媒数据中心（data.iimedia.cn）。
注：本报告仅限学术研究范畴，不代表本机构对案例对象的认可，更不构成投资和消费推荐。

图 1-14　SHEIN（经营模式）

5）中国跨境出口电商行业企业竞争案例：棒谷科技（企业概况）

棒谷科技集团，成立于 2009 年，从事 B2C 跨境出口电子商务业务，当前经营 Banggood、Newchic 和 YOINS 三个独立站，同时其产品也在多个第三方跨境电商平台销售，如 eBay、Amazon、AliExpress、Wish 和 Shopee。旗下产品主要销往北美、欧洲和澳大利亚，当前棒谷科技集团也正积极布局南美、中东和东南亚等新兴市场（见图 1-15）。

资料来源：艾媒咨询（iimedia Research）。

注：本报告仅限学术研究范畴，不代表本机构对案例对象的认可，更不构成投资和消费推荐。

图 1-15　棒谷科技与合作的跨境电商平台

6）中国跨境出口电商行业企业竞争案例：微盟 ShopExpress（公司概况）

微盟成立于 2013 年，2019 年于香港主板上市，2021 年 7 月正式对外发布 ShopExpress。这是一款针对国内商家出海的 SaaS 解决方案，包括对接海外主流社交媒体、搜索引擎等多个渠道，为卖家提供海外媒体引流服务；提供 SaaS 独立站系统；提供品牌营销策略、广告投放策略、企业建站、店铺运营等服务（见图 1-16）。

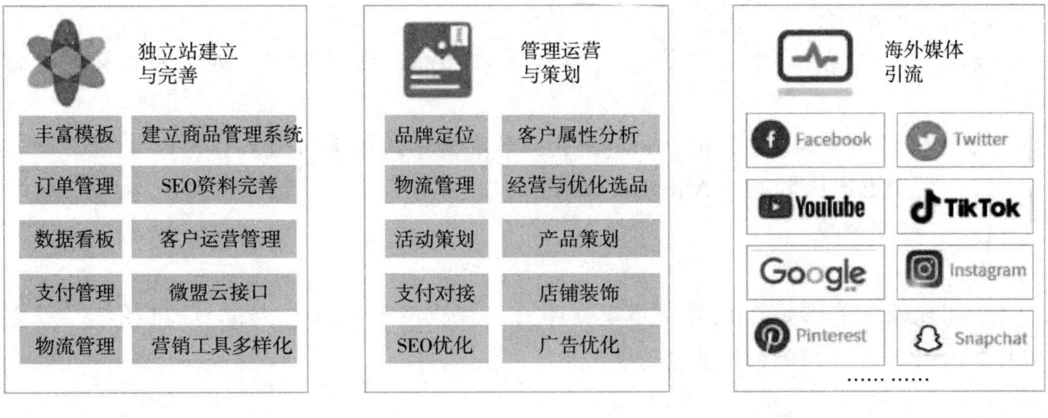

资料来源：艾媒咨询（iimedia Research）。

注：本报告仅限学术研究范畴，不代表本机构对案例对象的认可，更不构成投资和消费推荐。

图 1-16　微盟 ShopExpress 可提供的产品服务

跨境电商市场竞争日益激烈，随着世界主流经济体消费者对产品“质”的要求不断提升，商家纷纷着手独立站建设，在内容创意、整体视觉、产品包装等各方面进行品牌升级，从而找到差异化的市场突破口。但物流和支付等痛点仍制约着跨境电商的发展，面对海外市场的不确定因素，跨境出口电商要在品牌、产品、营销、物流等方面契合当地的政治、经济和文化背景。未来可通过搭建有效的用户数据中台、盘活私域流量，根据各家产品特性匹配不同的引流渠道，利用不同方式关联潜在的消费人群进行定向宣传，促进消费行为的再次发生，以此强化消费者对品牌的认知。

补充资料

几大主流跨境电商平台

一、亚马逊（Amazon）

（一）基本信息

成立时间：1994 年

总部地点：美国西雅图

业务范围：各种电子产品、数字媒体、食品、服饰、家具、玩具等海量商品的国际网上零售商。

（二）平台特点

全球影响力：作为全球较大的电商平台之一，亚马逊提供了丰富的销售渠道和巨大的用户基础，覆盖全球多个国家和地区。

功能丰富：提供广告推广、品牌保护、销售数据分析等功能，帮助卖家更好地管理和促进销售。

高门槛严要求：平台对申请入驻卖家企业的资质进行严格审查，并对卖家的运营和销售过程有严格要求。

去个性化：强调产品形象，弱化店铺功能，引导卖家加强售后服务能力。

（三）市场优势

多站点运营：面向中国卖家开放 19 大海外站点，包括美国、加拿大、英国、德国等。

用户基础：拥有超过 2 亿 Prime 会员，触达全球数亿活跃用户。

二、阿里巴巴国际站（Alibaba. com）

（一）基本信息

成立时间：1999 年

业务范围：全球知名 B2B 跨境电商平台，提供货物从工厂到港口/报关/清关/完税及末端配送的“门到门”服务。

（二）平台特点

B2B 模式：适合大额交易和长期合作关系的建立，买家和卖家主要是企业。

产品种类丰富：涵盖几乎所有行业，买家可以在平台上轻松找到所需商品。

交易便捷：支持多种支付方式，包括信用证、电汇、在线支付等，简化交易流程，降低交易风险。

（三）市场优势

国际化程度高：用户主要集中在亚洲地区，但具有全球影响力。

数字外贸服务：提供全套数字外贸服务，帮助卖家实现全球生意增长。

三、全球速卖通（AliExpress）

（一）基本信息

成立时间：2010 年

业务范围：阿里巴巴旗下，面向国际市场的 B2C 跨境电商平台，商品囊括日常消费类目。

（二）平台特点

准入门槛低：对卖家组织形式和资金没有限制，企业、组织和个人均可入驻。

交易活跃：订单反应迅速，交易活跃，满足中国小供应商出口业务快速发展的需求。

商品品种齐全：涵盖时尚服装、家居用品、电子产品等多个类别，价格具有竞争力。

（三）市场优势

全球市场覆盖：商品可销往全球 200 多个国家和地区。

无关税开支：由于单笔订单交易量小，通常未达到进口国海关的最低关税门槛。

四、TEMU

（一）基本信息

成立时间：2022 年 9 月

业务范围：拼多多旗下跨境电商平台，面向海外市场，主要提供家居园艺、宠物用品、服装、电子产品等品类。

（二）平台特点

新兴市场：作为新兴跨境电商平台，TEMU 正在快速发展，吸引大量卖家入驻。

价格优势：通过低价策略吸引消费者，增强市场竞争力。

五、TikTok Shop

（一）基本信息

业务范围：抖音旗下跨境电商品牌，通过兴趣内容推荐功能帮助卖家商品直接触达消费者。

（二）平台特点

内容驱动：利用 TikTok 的短视频和直播功能，通过兴趣内容推荐激发消费者购物兴趣。

一站式购物：集浏览、支付、下单、客服于一体的购物平台，提升用户体验。

六、eBay

（一）基本信息

成立时间：1995 年

总部地点：美国加利福尼亚州圣荷西

业务范围：全球知名线上拍卖及购物网站，提供 B2C 和 C2C 销售渠道。

（二）平台特点

专业客服：为卖家提供专门的客服支持。

运营门槛低：相较于其他平台，eBay 的开店门槛较低。

定价方式多样：包括无底价竞标、有底价竞标、定价出售、一口价成交等多种定价方式。

（三）市场优势

全球用户基础：拥有广泛的全球用户基础，帮助卖家触达全球市场。

三、任务实施

本实训任务是让学生调研一家跨境电子商务企业，要了解平台网站、销售模式、经营范围、销售情况等基本情况（见表 1-22）。

表 1-22 跨境电子商务企业调研

模板	同学们请试一试
• 企业基本信息 本次调研选取的跨境电子商务企业为安克创新（Anker）。安克创新是一家全球知名的智能充电及智能创新硬件品牌，其产品畅销全球 100 多个国家和地区，全球用户数接近 1 亿	
• 平台网站 安克创新主要通过自建商城和第三方电商平台进行销售。其自建商城提供了品牌直销的渠道，而第三方电商平台则包括亚马逊（Amazon）、eBay 等全球知名的跨境电商平台。这些平台为安克创新提供了广泛的用户覆盖和销售渠道	
• 销售模式 自营品牌+平台双引擎发展：安克创新形成了自营品牌与第三方电商平台相结合的双引擎发展模式。通过自营品牌，安克创新能够直接控制产品质量和品牌形象；通过第三方电商平台，安克创新则能利用平台的流量和用户基础，扩大销售规模。 多渠道销售：除了线上销售外，安克创新还积极拓展线下销售渠道，如与零售商合作、参加国际展会等，以进一步提升品牌知名度和市场占有率	
• 经营范围 安克创新的经营范围主要包括智能充电设备、移动电源、户外电源、车载充电设备、手机壳膜及其他智能周边产品。这些产品以其高品质、高性能和创新设计而广受全球消费者喜爱	

续表

模板	同学们请试一试
• 销售情况 （一）市场地位 安克创新在全球智能充电市场占据领先地位，其产品销售覆盖全球多个国家和地区。最新数据显示，安克创新的年销售额约为 322 亿美元（折合人民币约 2 338 亿元），是跨境电商领域的佼佼者。 （二）销售增长 受益于全球电商市场的快速增长和消费者对高品质智能充电产品的需求增加，安克创新的销售业绩持续保持稳健增长。特别是在欧美等发达国家市场，安克创新的产品更是受到了消费者的热烈追捧。 （三）用户反馈 安克创新注重产品质量和用户体验，通过不断优化产品设计和提升服务质量，赢得了广大消费者的信赖和好评。其产品在各大电商平台上的好评率和复购率均保持在较高水平	

四、任务评价

任务评价表见表 1-23。

表 1-23　任务评价表

	学习态度（20%）	团队合作（20%）	完成率（50%）	其他表现（10%）	小计（100%）	综合评价
小组评分（30%）						
个人评分（20%）						
老师评分（50%）						
综合得分（100%）						

知识拓展

商务部等 9 部门关于拓展跨境电商出口推进海外仓建设的意见[①]

各省、自治区、直辖市人民政府：

跨境电商是以科技创新为驱动，积极运用新技术、适应新趋势、培育新动能的外贸新业态新模式，与海外仓等新型外贸基础设施协同联动，能够减少中间环节、直达消费

① 引文有删减。

者，有利于促进外贸结构优化、规模稳定，有利于打造国际经济合作新优势，已经成为我国外贸发展的有生力量，也是国际贸易发展的重要趋势。为拓展跨境电商出口，优化海外仓布局，加快培育外贸新动能，经国务院同意，现提出以下意见。

一、积极培育跨境电商经营主体

（一）大力支持跨境电商赋能产业发展

指导地方依托跨境电商综合试验区、跨境电商产业园区、优势产业集群和外贸转型升级基地等，培育“跨境电商赋能产业带”模式发展标杆。鼓励有条件的地方聚焦本地产业，建设产业带展示选品中心，与跨境电商平台开展合作，设立产业带“线上专区”。支持依法合规引入数字人等新技术，通过网络直播等方式拓展销售渠道，带动更多优势产品出口。鼓励地方立足特色优势支持传统外贸企业发展跨境电商，建立线上线下融合、境内境外联动的营销服务体系。

（二）提升服务跨境电商企业能力

支持有条件的地方对本地贸易规模大、带动效应好的跨境电商企业“一企一策”提升“一对一”服务能力。符合条件的电子商务技术企业可按规定申报高新技术企业或技术先进型服务企业，培育壮大一批科技领军企业。持续推进品牌建设，鼓励有条件的跨境电商企业建设独立站、海外品牌运营中心，增强品牌培育能力，积极履行社会责任，塑造良好企业形象。

（三）支持跨境电商企业“借展出海”

支持跨境电商平台、出口、支付、物流、海外仓等企业参加中国进出口商品交易会（广交会）、全球数字贸易博览会等重点展会。支持按市场化原则提升现有地方性跨境电商展会办展水平，针对重点产品、重点市场举办海外专场推介、对接活动。鼓励有条件的地方组织企业赴境外参展，为跨境电商企业提供更多展示对接平台。

（四）加强跨境电商行业组织建设与人才培养

充分发挥地方性行业组织作用，加强跨境电商行业自律，引导有序竞争，提升维权能力。指导有条件、有意愿的主体研究申请建立全国性跨境电商行业组织。鼓励有条件的地方出台跨境电商行业高层次人才认定标准，将相关领域人才纳入人才需求目录和高层次人才目录，结合实际配套出台支持举措。落实好现行相关个人所得税优惠政策。鼓励高校通过全日制和非全日制方式开设“跨境电商+小语种”相关课程，为跨境电商出口企业开拓新兴市场提供人才支持。

二、加大金融支持力度

（五）畅通跨境电商企业融资渠道

鼓励金融机构探索优化服务模式，为具有真实贸易背景的跨境电商企业提供金融支持。鼓励优化出口信用保险承保模式，为跨境电商国内采购提供保险保障。

（六）优化跨境资金结算服务

支持跨境电商企业按规定将出口货物在境外发生的营销、仓储、物流等费用与出口货款轧差结算。简化小微跨境电商企业外汇收支手续，进一步拓宽结算渠道。支持符合条件的银行和非银行支付机构按规定凭交易电子信息，为跨境电商企业提供高效、低成本的跨境资金结算服务。

（七）推动跨境电商供应链降本增效

推动头部跨境电商企业加强信息共享，鼓励金融机构充分利用企业相关信息，依法依规开展供应链金融服务，更好赋能上下游产业链发展。鼓励有实力的跨境电商企业在遵守国内外法律法规前提下，积极应用大数据、云计算、人工智能等新技术新工具，提高数据分析、研发设计、营销服务、供需对接等效率。

三、加强相关基础设施和物流体系建设

（八）推动跨境电商海外仓高质量发展

统筹用好现有资金渠道，支持跨境电商海外仓企业发展。发挥服务贸易创新发展引导基金作用，引导更多社会资本以市场化方式支持跨境电商海外仓等相关企业发展。鼓励有条件的地方用好现有股权投资基金资源，探索以市场化方式设立产业发展基金，加强对跨境电商海外仓企业支持。编制出台跨境电商出口海外仓业务退税操作指引，进一步指导企业用好现行政策。

（九）增强跨境电商物流保障能力

促进中欧班列沿线海外仓建设，积极发展“中欧班列+跨境电商”模式。支持物流企业结合跨境电商行业发展特点，加强海运、空运、铁路、多式联运等运输保障能力建设。鼓励物流企业与东道国寄递企业开展合作，提升“最后一公里”履约能力。

（十）助力跨境电商相关企业“走出去”

更新发布国别合作指南，加强对跨境电商相关企业“走出去”指导和境外报到登记，引导合规有序经营，实现互利共赢。鼓励跨境电商海外仓企业入驻商贸物流型境外经贸合作区，用好合作区电信、网络、物流等配套设施与服务。支持跨境电商综合试验区加强与各类境外经贸合作区、港口等合作，探索创新国内外产业协同联动的经验做法。

四、优化监管与服务

（十一）优化跨境电商出口监管

探索推广跨境电商出口拼箱“先查验后装运”模式。加强海关跨境电商通关服务系统信息化建设并进一步完善系统功能，提升企业通关便利化水平。研究扩大跨境电商零售出口跨关区退货试点。

（十二）提升跨境数据管理和服务水平

在符合法律法规要求、确保安全的前提下，促进和规范数据跨境流动，允许跨境电商、跨境支付等应用场景数据有序自由流动。鼓励跨境电商、海外仓企业依法依规利用数据赋能产业链上下游，增强生产企业柔性化供应能力。

五、积极开展标准规则建设与国际合作

（十三）加快跨境电商领域标准建设

鼓励地方汇聚行业、企业、高校、智库等资源，积极参与跨境电商生产、营销、支付、物流、售后等各领域的标准建设。引导有条件的协会、企业等参与制定跨境电商等外贸新业态领域国家标准、行业标准。推动与跨境电商主要市场开展进出口产品标准对接。

（十四）提升企业合规经营水平

修订跨境电商知识产权保护指南。鼓励地方加大知识产权保护、境外知识产权权益维护等培训力度，提升企业风险应对能力。支持有条件的地方探索建设跨境电商合规出海服务平台，为企业提供海外法务、税务资源对接，指导企业妥善应对海外纠纷。引导企业遵守东道国法律法规、尊重当地风俗习惯。积极推动企业提升绿色化水平，推广可再生、可回收、可降解产品与技术。

（十五）持续深化国际交流合作

积极参与世贸组织、二十国集团、金砖国家、亚太经济合作组织、万国邮联等多边机制谈判和交流合作，深入参与电子单证、无纸贸易、电子交易等方面的国际标准与规则制定。在自贸区谈判、双边经贸联（混）委会、贸易畅通工作组中推动加入跨境电商、物流快递、支付结算等议题。大力发展“丝路电商”，加强与共建“一带一路”国家相关领域的经贸合作。鼓励跨境电商综合试验区、“丝路电商”合作先行区等深入对接《全面与进步跨太平洋伙伴关系协定》（CPTPP）、《数字经济伙伴关系协定》（DEPA）等国际高标准经贸规则，积极开展先行先试和压力测试。

各地区、各有关部门和单位要坚决贯彻落实党中央、国务院决策部署，按照本意见提出的各项措施和要求，根据职责分工细化工作举措，形成工作合力。商务部要会同有关部门和单位，加强统筹协调，强化央地协同，推动各项任务落实落细，不断总结推广好经验好做法，以适当方式宣介跨境电商出口和海外仓建设成效，促进外贸新业态新模式健康持续发展。

商务部　国家发展改革委　财政部　交通运输部　中国人民银行
海关总署　税务总局　金融监管总局　国家网信办
2024 年 6 月 8 日

习题

（一）选择题

1. 跨境网络营销的起步阶段主要受到以下哪项技术的推动？（　　）

A. 移动支付　　B. 互联网
C. 社交媒体　　D. 大数据

2. 电子商务的快速发展始于哪一年代？（　　）

A. 20 世纪 80 年代　　B. 20 世纪 90 年代
C. 21 世纪前十年　　D. 21 世纪 10 年代

3. 下列哪一平台最早开始支持跨境网络营销？（　　）

A. Facebook　　B. eBay
C. Instagram　　D. TikTok

（二）填空题

1. 跨境网络营销的快速发展与____________和____________密切相关。

2. 1994 年，____________推出了第一个在线购物网站，标志着跨境电子商务的开端。

3. 随着移动互联网的发展，____________成为跨境网络营销的新兴渠道。

（三）名词解释

1. 跨境网络营销

2. 电子商务

3. 全球化

（四）简答题

1. 请简述跨境网络营销的发展历程，重点说明其重要的里程碑事件。

2. 在跨境网络营销的发展过程中，技术进步扮演了怎样的角色？请举例说明。

3. 结合历史发展，分析跨境网络营销在未来可能面临的挑战与机遇。

任务三　跨境网络营销与传统营销的区别

一、任务描述

经过前期的调研，同学们知道了跨境网络营销作为信息化社会的必然产物，将成为新世纪的主要营销方式。在我们构建营销思维的过程中，也要知道传统营销与跨境网络营销的区别，以便更好地理解网络营销的营销理念以及营销方式。

二、相关知识

(一) 网络营销与传统营销的区别

1. 营销理念

传统营销理念大多以企业利益为出发点，如生产观念，产品观念，推销理念等，不能充分考虑消费者的需求，生产的产品或提供的服务无法满足或没有满足用户的需求，极易导致产销不一的现象发生。而网络营销的理念要求企业以市场需求为出发点，如市场营销观念、社会营销观念等，在满足用户需求的前提下针对性地生产产品和提供服务。相比之下，网络营销操作繁琐，具体执行情况不如传统营销。

2. 信息传播方式和内容

在信息传播的方面，传统营销争取客户的手段是单向的信息传播方式（如广告宣传），消费者处于被动地位，他们只能根据企业提供的固定信息来决定购买意向，有存疑之处也无法反馈，即企业向广大用户释放信息，然后由用户决定是否购买该企业生产的商品或提供的服务。而在 Internet 上，网络营销采用交互式双向的信息传播方式，企业与消费者之间的沟通及时而充分，消费者将自己的需求信息、关注要点通过网络传递给企业，企业根据用户反馈的信息，生产相对应的产品或提供相对应的服务，然后再向用户群体传递产品或服务的信息，吸引有需求的用户购买。

3. 竞争方式

传统营销是在现实中厂商之间进行竞争，如大企业吞并小企业，且大多以规模和资金来取胜。而网络营销是在网络虚拟空间中进行的，以谁最快、最先提出某个消费点来取胜。

(二) 跨境网络营销与网络营销的区别

跨境网络营销与网络营销在多个方面存在显著的区别，这些区别主要体现在目标客户、营销思路、营销方式以及与其他相关概念的关系上（见表 1-24）。

表 1-24　网络营销和跨境网络营销的区别

目标客户	
网络营销	目标客户通常定位于国内市场，即主要面向本国的消费者进行产品或服务的推广和销售
跨境网络营销	目标客户主要面向境外市场，即跨越国界，将产品或服务推广至全球其他国家和地区的消费者。这种差异决定了两者在营销策略和执行上将有所不同
营销思路	
网络营销	主要关注国内市场的需求和趋势，根据国内消费者的偏好和行为习惯来制定营销策略
跨境网络营销	由于目标客户大多是外国人，其语言、文化、交易习惯等均与国内不同，因此在营销时需要更多地从客户的角度考虑，尽可能地融入目标市场的文化环境，以满足和符合当地消费者的需求和习惯
营销方式	
网络营销	虽然涵盖了多种营销方式，如社交媒体营销、搜索引擎优化、电子邮件营销等，但这些方式在国内市场中的应用和效果是其主要的关注点
跨境网络营销	同样可以运用上述营销方式，但需要考虑其在国际市场的适用性和效果。例如，博客营销和论坛营销在国内可能效果较好，但在国际市场中可能由于语言和文化差异而难以取得相同的效果。因此，跨境网络营销需要更多地采用符合国际市场特点的营销方式，如利用国际社交媒体平台、进行多语言营销等
与其他相关概念的关系	
跨境网络营销与跨境电子商务	两者既有联系又有区别。跨境电子商务是企业通过电子商务手段进行跨境贸易的活动，跨境网络营销则是跨境电子商务整体战略中的核心环节之一。跨境网络营销更侧重于如何通过互联网和数字平台来推广和销售产品或服务，以实现跨境销售的目的
跨境网络营销与跨境网络推广	虽然两者都涉及通过互联网进行推广的活动，但跨境网络营销更注重“营销”二字，即更关注推广产生的经济效益和销售目标的实现；跨境网络推广则更侧重“推广”二字，即利用各种网络推广方法使产品尽可能让更多的人知道

补充资料

跨境网络营销与传统营销

跨境网络营销主要通过数字渠道（如社交媒体、搜索引擎和电子商务平台）在全球市场推广产品或服务，重点在于网络化和全球化。而传统营销主要使用传统媒介（如电视、广播、印刷广告和户外广告）进行市场推广，通常局限于某一地方性市场或国家市场。

一、目标市场的范围

跨境网络营销	传统营销
全球范围：可以覆盖多个国家和地区	地方性：多集中在特定地区或国家
目标细分：能够根据不同市场的需求进行细分和定位	一刀切：通常采用统一的营销策略，难以针对特定市场进行调整

二、数据分析与反馈

跨境网络营销	传统营销
实时数据分析：利用大数据和分析工具，实时监测营销效果	数据获取有限：依赖市场调研和销售数据，反馈周期较长
用户反馈：可以迅速收集用户反馈，调整策略	效果评估难度：难以准确衡量广告投放的直接效果

三、成本与投入

跨境网络营销	传统营销
成本相对低：通过社交媒体和电子邮件等渠道，营销成本通常低于传统媒体	高成本：电视广告、印刷广告等成本较高，回报周期长
灵活预算：可以根据市场反应快速调整投入	固定预算：预算通常在活动开始前确定，调整空间有限

四、营销策略与工具

跨境网络营销	传统营销
多样化工具：使用 SEO、SEM、社交媒体营销、内容营销等多种数字工具	单向传播：主要通过广播、电视、报纸等媒介进行信息传递，消费者的互动性较低
互动性：强调与消费者的互动和参与，通过社交媒体与用户建立联系	标准化广告：通常使用统一的广告内容，缺乏灵活性和针对性

五、消费者行为与互动

跨境网络营销	传统营销
个性化体验：通过用户数据分析，提供个性化的产品推荐和营销信息	消费者被动接受：消费者通常是信息的被动接收者，缺乏参与感
即时互动：消费者可以通过评论、点赞、分享等方式与品牌进行互动，增加品牌忠诚度	反馈机制滞后：消费者的反馈往往需要通过调查或后期市场研究来获取，反应速度较慢

六、国际化与文化适应

跨境网络营销	传统营销
文化适应性：能够根据不同国家和地区的文化特点调整营销策略和内容	文化局限性：在国际市场上，传统广告可能因文化差异而产生误解或效果不佳
多语言支持：通过多语言网站和社交媒体平台，更好地服务不同语言的消费者	语言障碍：通常难以实现多语言传播，限制了其国际化的能力

七、案例分析

跨境网络营销	传统营销
亚马逊：通过全球电商平台，利用数据分析和个性化推荐实现高效的跨境销售	可口可乐：通过电视广告在特定区域进行品牌推广，尽管面临文化差异，但其依然保持了品牌的一致性
耐克社交媒体活动：利用社交媒体与全球消费者互动，推出针对不同市场的营销活动	麦当劳的地方化广告：在不同国家推出符合当地文化和口味的广告，但整体传播策略较为固定

三、任务实施

通过本实训任务，全面分析跨境网络营销与传统营销的区别。明确本次实训任务的目的，理解跨境网络营销和传统营销之间的区别，以及各自的优势与劣势（见表1-25）。

步骤一：文献回顾。查阅相关书籍、学术论文和市场研究报告，了解跨境网络营销和传统营销的基本概念、发展历程和趋势。分别整理出跨境网络营销与传统营销的基本理论框架。

步骤二：案例分析。选择一些成功的跨境网络营销和传统营销案例，分析其营销策略和效果。收集和整理案例，通过对比分析法突出两者的不同之处。

步骤三：问卷调查。设计问卷，向目标受众（如消费者和营销专业人士）收集对两种营销模式的看法和体验。进行问卷调查，分析受众对两种营销方式的认知和偏好。

表1-25　跨境网络营销与传统营销区别的实训任务

	文献回顾	案例分析	设计问卷	问卷调查
第一小组				
第二小组				
第N小组				
…………				

四、任务评价

任务评价表见表1-26。

表1-26　任务评价表

	学习态度（20%）	团队合作（20%）	完成率（50%）	其他表现（10%）	小计（100%）	综合评价
小组评分（30%）						
个人评分（20%）						
老师评分（50%）						
综合得分（100%）						

知识拓展

一、A 公司概况

A 公司成立于 2015 年，注册地为中国（上海）自由贸易试验区，注册资金为 500 万元人民币，是一家有限责任公司，有两名股东，其中大股东（法人）股份占公司的 67%，另一名股东股份占公司的 33%。A 公司是一家以 LED 照明灯具出口北美为主业的贸易型外贸企业，成立之初主要是为一些无进出口权的小企业提供出口服务。目前公司成员 11 名，其中核心成员共四人，都在照明领域深耕多年，有丰富的产品和管理经验，同时也拥有丰富的人脉基础，分别负责采购、销售、平台、物流工作。A 公司的年营业额在 1 000 万元人民币左右。A 公司跨境电商的交易模式主要以 B2B 为主，公司的经营理念是通过满足客户个性化的需求来提高消费者的黏合度，进而提升公司的核心价值。A 公司的供应商现在主要包括两大类：一类是以做商场、超市为主的综合性照明公司（如浙江的阳光公司和广东的佛山照明公司），这类公司的特点是经营规模都比较大，同时产品的认证资质比较全面，主要为北美的商超做“代工”（OEM），价格低廉，生产和研发的能力强。另一类是以做工程为主的专业性照明公司（如江苏的恒太和深圳的联域）。江苏恒太公司的产品主要以办公照明为主，同时在马来西亚拥有生产线，这就避免了关税等因素的影响。深圳联域公司主要以室外照明为主，产品的品类多且价格低。这两家公司在各自专业领域的排名都比较靠前。这两类供应商为 A 公司的跨境电商平台提供了丰富的产品，同时它们的公司实力也保证了产品的售后，服务对象主要是从事照明行业的批发商、工程商和零售商。其销售网络主要是以美国市场为中心，向周边进行辐射，现在已经遍及整个北美及中美地区，对销售的产品承诺 5 年质保的服务。

2017 年 A 公司开始依托阿里跨境平台涉足跨境电商业务，当前只依赖阿里平台提供的流量来进行交易。由于平台免费的流量有限，公司成交的订单数较少。为了迅速打开经营局面，A 公司也曾尝试通过竞价排名的方式来提高公司产品的曝光度。虽然流量的增加确实帮助公司提高了订单数量，但是公司所获利润低于投入的成本。2018 年，A 公司产品的主要销售市场美国的对华贸易政策又发生了改变，导致 A 公司的出口业务雪上加霜。

二、照明灯饰行业出口现状

（1）出口额变化：2023 年中国照明产品出口总额出现了下降。不同来源的数据显示，出口总额分别为约 490.80 亿美元、582 亿美元和约 563 亿美元，同比下降的幅度在 7%左右。

（2）LED 照明产品占主导：LED 照明产品在出口中占据主导地位，出口额占总出口额的 74%。

（3）市场结构：亚洲大洋洲市场、美国及北美市场、德国及欧盟市场、英国市场、中东市场等依然是中国照明产品出口的主要市场。

（4）新兴市场：区域全面经济伙伴关系协定（RCEP）市场和“一带一路”沿线国家市场成为支撑中国照明出口的重要力量。

(5) 价格竞争：逾八成的产品类别出口均价同比下滑，行业价格竞争加剧。

三、竞争环境分析

(一) 潜在进入者的威胁

对于A公司所从事的照明领域而言，它的潜在进入者可以分为两类。一类属于提供产品，依靠低买高卖的形式来赚取利润，A公司目前就属于这一类。由于北美照明市场的消费者大多数是实用主义，不太考虑产品品牌，只要能满足需求就可以。所以企业进入照明领域的门槛比较低，仅以A公司所在的阿里平台为例，到目前为止，出口北美市场的照明跨境电商将近有6 000家。另一类属于提供平台服务，它们没有固定的产品，依靠为买卖双方提供交易的平台来赚取佣金。这类潜在的进入者对于A公司来说威胁最大。

(二) 替代品的威胁

A公司跨境电商经营的产品主要集中在商业照明这一领域。在商业照明这一块，产品同质化比较严重，大家相互模仿，只要市场上出现一个热款，马上就会有相似的产品推出。所以A公司经营产品的替代品也较多。

(三) 购买者的议价能力

对于像A公司这样的跨境电商来说，它的客户群体主要是批发商和工程商这两类，购买者的议价能力和购买者所在的地区和城市规模有关。以美国为例，美国西部地区由于华人较多，而且大多数从事照明的公司都与中国大陆的工厂有联系，照明产品价格相对来说比较透明，这一地区购买者的议价能力较强；美国规模较大的城市集中了一些批发商和工程商，这类消费群体成为中国大陆厂家主攻阵地后，价格也已比较透明。相对来说，美国中小城市客户的议价能力较弱。

(四) 供应商的议价能力

A公司大部分产品都来自珠三角地区的照明工厂，这类工厂进入美国的市场比较早，都有稳定的客户来源。如果外贸公司手中没有大量订单，很难对它们构成吸引。而A公司属于刚进入这个行业，手中订单数量有限，如果达不到工厂最低生产数量要求，一般工厂都不接单，更谈不上与供应商的议价能力。

(五) 行业内的竞争对手

A公司所处行业内的竞争程度是很高的。它的竞争对手既包括中国本土的工厂和贸易公司，又包括美国本地的批发商和照明公司。一些成立时间较长的照明公司现在都采用线上和线下双渠道销售，而A公司现在主要还是以线上为主，并且仅依赖阿里国际这一平台。

四、内部环境分析

(一) 企业资源

目前公司成员共11人，管理人员四名，工作人员七名，总经理一名主要负责公司的销售工作，副经理二名，一名负责市场、一名负责产品，财务一名。平均年龄在35岁左右，都具有大学学历，其中总经理和副总经理都是研究生学历。

(二) 企业能力水平

阿里国际平台对商家的综合能力评定主要通过商家力、营销力、交易力和保障力等四个方面进行，以这四个方面的综合表现作为评星等级的依据。

商家力分析：是指商家提供的产品信息的完整性、准确性和规范性。从图 1-17 中我们可以看到，A 公司的得分为 77 分，仅略高于行业的平均值。商品成长平均分（非直接下单品）和实力优品数（非直接下单品）这两项指标下降，说明 A 公司对平台橱窗中非活跃的商品没有及时进行处理。这也反映出在平台运营方面 A 公司有所欠缺。

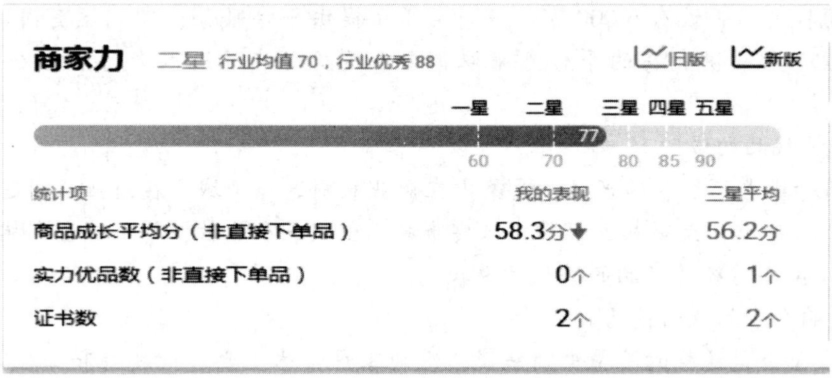

图 1-17　A 公司的商家力表现

营销力分析：营销能力是代表卖家多场景触达买家的能力，基于客户广告的基础操作、流量获取和投入意愿综合计算的营销能力等级。从图 1-18 中我们可以看到，A 公司的得分为 84 分，接近行业优秀水平。但从具体的得分中可以看到，主动营销能力是短板，服务意识是它的优势。这说明 A 公司还不够重视网络营销，虽然在名义上是做电子商务，但传统的贸易思想还没有彻底转变。

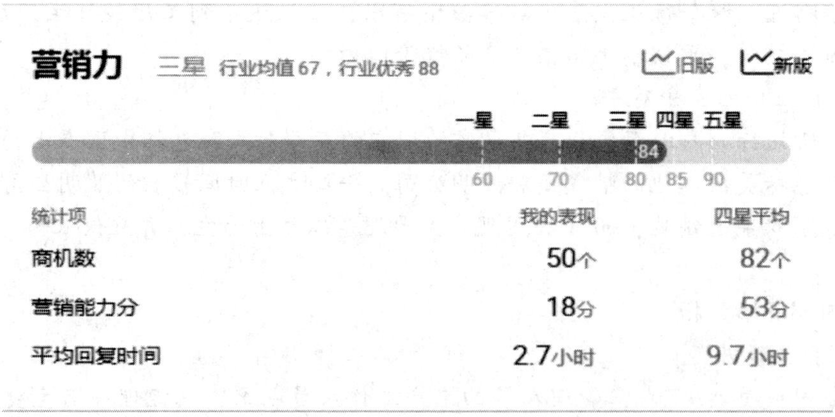

图 1-18　A 公司的营销力表现

交易力分析：交易能力是代表卖家从询盘到形成订单的转化能力。从图 1-19 中我们可以看到，A 公司的得分为 80 分，接近行业优秀水平。但从具体的得分中可以看到，信用保障交易额比同行业优秀水平还有一定的差距，在对 A 公司进行调研时发现 A 公司存在平台上获取了客户信息但实际交易中没有走平台提供的信保订单的现象。这也是初做电商企业经常会出现的问题。

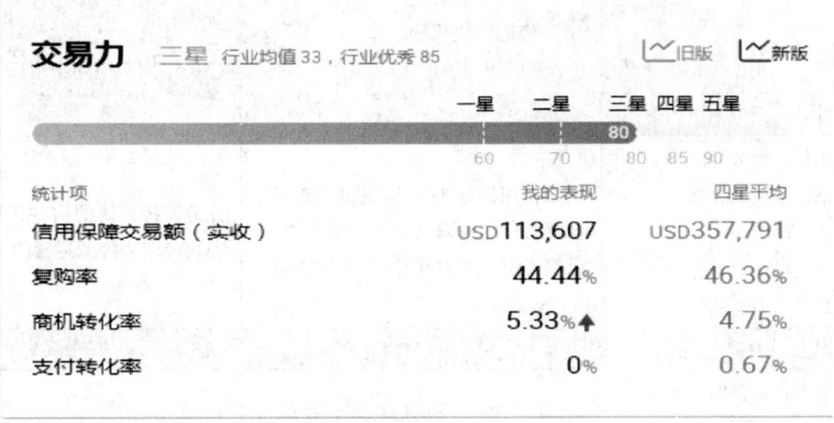

图 1-19 A 公司的交易力表现

保障力分析：保障能力是代表卖家履约保障能力。从图 1-20 中我们可以看到，A 公司的得分为 90 分，接近行业优秀水平。而且卖家的评价分比较高，充分说明 A 公司是一个值得信赖的企业。

图 1-20 A 公司的保障力表现

五、A 公司战略选择

综观当下北美照明市场，已经度过成长期，进入饱和期，市场需求趋向饱和，潜在顾客已经很少，销售额增长缓慢，竞争逐渐加剧，产品售价降低，促销费用增加，企业利润下降。随着产品的不断丰富，消费者需求也发生了根本性变化，从最开始的产品需求逐渐升级为客户价值的提升。这就给 A 公司重新点燃起了希望，通过对 A 公司外部环境及内部环境的分析，得到 SWOT 矩阵如表 1-27 所示。

表 1-27　A 公司的 SWOT 组合分析

外部环境 / 内部环境	机遇（O） （1）平台上卖家重新洗牌 （2）国家政策的支持 （3）支付手段便利 （4）跨境物流的发展 （5）照明产品迭代的需要	挑战（T） （1）美国对华政策的不确定性 （2）跨境电商平台的业务延伸 （3）照明技术的迭代 （4）同行业同质化竞争 （5）经营风险冲击不确定性
优势（S）	SO 战略	ST 战略
（1）经营成本低、财务风险小 （2）经营灵活，适应能力强 （3）货源丰富，品类多元 （4）专业经验丰富，营销能力强 （5）供应链整合能力强	充分利用国家对跨境电商的政策，借照明行业重新洗牌的机会，扩大经营规模，大力开发北美照明市场	充分发挥公司的内在优势，采取多元化经营来降低运营的风险
劣势（W）	WO 战略	WT 战略
（1）缺乏精通平台运营的人才 （2）资金匮乏，融资困难 （3）产品推广渠道单一 （4）无产品研发能力 （5）采购、物流成本高	把握跨境电商发展的机遇，克服自身不利的因素，扭转当前不利的局面，找到一个适合企业发展的新起点	保持现有规模，积极防御

资料来源：段永利 . A 公司跨境电商营销策略研究［D］. 大连：大连理工大学，2019. 有改动。

习题

（一）选择题

1. 跨境网络营销的主要渠道是（　　）。

A. 电视广告　　B. 社交媒体

C. 传单　　D. 报纸

2. 传统营销通常注重于（　　）。

A. 线上互动　　B. 线下推广

C. 数据分析　　D. 用户反馈

3. 以下哪项不属于跨境网络营销的优势？（　　）

A. 更低的营销成本　　B. 全球市场覆盖

C. 实时数据分析　　D. 人际关系建立

（二）填空题

1. 跨境网络营销主要依赖于＿＿＿＿＿＿＿＿，而传统营销通常依赖于＿＿＿＿＿＿＿＿。

2. 相比于传统营销，跨境网络营销更能实现＿＿＿＿＿＿＿＿和＿＿＿＿＿＿＿＿的即时获取。

3. 在跨境网络营销中，＿＿＿＿＿＿＿＿分析可以帮助企业更好地了解消费者的偏好。

（三）名词解释

1. 跨境网络营销

2. 传统营销

3. 互动营销

（四）简答题

1. 请简述跨境网络营销与传统营销的主要区别，并举例说明。

2. 在实施跨境网络营销时，企业应该如何利用数据分析来优化营销策略？

3. 结合实际案例，分析某个品牌在跨境网络营销中成功的关键因素。

任务四　跨境网络营销的主要挑战与机遇

一、任务描述

为了更好地理解跨境网络营销的现状与未来发展潜力，本任务要求深入分析跨境网络营销所面临的主要挑战与机遇。

任务要求：

（1）挑战分析。识别并详细阐述跨境网络营销在实施过程中可能遇到的主要挑战，包括但不限于文化差异、法律法规、市场竞争、物流与支付等方面的障碍。

（2）机遇探讨。探讨跨境网络营销所蕴含的市场机遇，分析技术进步、消费者行为变化和市场需求等因素如何为企业提供新的增长点。

（3）案例研究。通过实际案例，展示成功与失败的跨境网络营销策略，从中提炼可供参考的经验与教训。

通过本任务的完成，帮助参与者全面理解跨境网络营销的复杂性，发掘潜在的商业机会，并为企业在国际市场中的成功提供理论支持与实践指导。

二、相关知识

（一）跨境网络营销的主要挑战

1. 文化差异

不同国家和地区的文化、价值观和消费习惯存在显著差异，这可能影响产品的接受度和营销策略的有效性。根据一项针对全球消费者的调研，约67%的受访者表示，品牌在营销中未能充分考虑当地文化时，会对其产生负面印象。某些广告语言或形象可能在特定文化中被视为不恰当。根据 Statista 的数据，成功的跨境电商企业中，约74%的企业认为理解和适应当地文化是进入新市场的关键因素。表1-28所示为文化差异案例分析。

表1-28　文化差异案例分析

案例	分析
一、麦当劳的“麦辣鸡腿堡”	1. 背景：麦当劳在不同国家推出的同一产品常常根据当地文化进行调整。在中国，麦当劳推出了“麦辣鸡腿堡”，并将其营销为一种具有地方特色的产品。 2. 文化影响：在中国，消费者偏好口味较重、调味丰富的食品。因此，麦当劳调整了产品的口味以适应当地消费者的偏好，成功吸引了大量顾客
二、耐克的“Just Do It”广告	1. 背景：耐克在国际市场上推广其“Just Do It”口号时，面临文化适应的问题。 2. 文化影响：在某些文化中，过于激励竞争的口号可能被视为不恰当。例如，在一些东亚国家过于强调个人成就可能与集体主义文化相悖。耐克对这些地区的广告用语和策略进行了调整，以更好地与当地文化相适应

续表

案例	分析
三、H&M 的广告争议	1. 背景：H&M 在 2018 年发布了一则广告，展示了一位黑人小男孩穿着印有“最酷猴子”的卫衣。 2. 文化影响：此广告因其种族敏感性而引发了广泛的争议和抗议，品牌形象受到影响。H&M 迅速道歉并撤回广告，这显示了在多元文化环境中，品牌对文化敏感性缺乏重视可能导致的严重后果

2. 法律法规

各国的法律法规差异很大，涉及贸易限制、知识产权、数据保护等方面，企业需要遵循不同国家的法律要求，增加了合规的复杂性。根据 Deloitte 的调查，企业在国际市场上运营，与合规相关的成本通常占总运营成本的 20%~30%。对于跨境电商而言，法律合规的复杂性直接影响利润空间。据 PwC 的研究，约 80%的消费者表示他们更倾向于选择那些能确保数据安全和隐私的品牌，这使得企业在跨境营销中必须投入更多资源以遵循相关法律法规。表 1-29 所示为遵循相关法律法规案例分析。

表 1-29 遵循相关法律法规案例分析

案例	分析
一、Facebook 在欧洲的 GDPR 合规	1. 背景：欧盟于 2018 年实施了《一般数据保护条例》（GDPR），对数据收集、存储和处理提出了严格要求。 2. 影响：Facebook 和其他社交媒体公司在欧洲运营时，必须遵循 GDPR，包括用户同意数据使用的要求、用户数据访问权和删除权等。这使得 Facebook 需要大幅修改其数据处理流程和隐私政策，以确保合规，从而增加了运营成本
二、亚马逊的知识产权争议	1. 背景：亚马逊在多个国家面临知识产权侵权的指控，包括商标和专利问题。 2. 影响：在某些国家（如德国），亚马逊被要求下架涉嫌侵权的产品，并赔偿受害者损失。这种法律风险使得跨境电商企业在选品和市场推广时更加谨慎，并因此增加了合规的复杂性
三、Alibaba 与美国贸易管制	1. 背景：由于中美贸易摩擦，阿里巴巴在美国面临一系列贸易限制和合规要求，尤其是在进口和出口商品的监管方面。 2. 影响：阿里巴巴需要不断更新其合规策略，以应对不断变化的法律环境，并确保其平台上的商品符合美国的法律要求。这一过程不仅增加了运营成本，还可能影响其在美国市场的竞争力

3. 市场竞争

跨境电商市场竞争激烈，许多企业面临来自本土和国际竞争对手的压力，有效的市场定位和差异化策略是成功的关键。表 1-30 所示为市场竞争案例分析。

表 1-30　市场竞争案例分析

案例	分析
一、Shein 的快速崛起	1. 背景：Shein 是一家中国的在线时尚零售商，凭借其超快的生产模式和合理的价格迅速占领全球市场。 2. 市场策略：Shein 通过精准的社交媒体营销和与网红的合作，成功吸引了年轻消费者。其独特的“快时尚”模式使得新产品能够在几天内完成从设计到上架，大幅提升了市场反应速度。 3. 结果：Shein 在 2022 年的销售额达到了 160 亿美元，成为全球最大的在线时尚零售商之一，显示了其有效的市场定位和差异化策略
二、亚马逊的本土化策略	1. 背景：亚马逊在进入不同国家市场时，采取了本土化的市场策略以应对当地竞争。 2. 市场策略：在印度市场，亚马逊通过推出“Prime India”服务，提供本地语言支持、快速配送和特定商品的独家销售，增强了与当地电商平台 Flipkart 的竞争力。 3. 结果：根据 Statista 的数据，亚马逊在印度的市场份额在 2022 年达到了 31%，成为仅次于 Flipkart 的第二大电商平台
三、Lazada 与本土竞争者的竞争	1. 背景：Lazada 是东南亚地区的一家大型电商平台，面临来自 Shopee 等当地竞争者的挑战。 2. 市场策略：Lazada 通过加强物流基础设施、推出本地化的促销活动（如“双十一”购物节）和增加对卖家的支持，从而提升了用户体验。 3. 结果：2023 年，Lazada 的活跃用户数达到了 4 000 万户，市场份额稳步增长，显示了其应对激烈竞争的能力

4. 物流与支付

跨境交易涉及复杂的物流安排和支付方式。不同地区的物流成本、运输时间和支付安全性都可能影响消费者的购买决策。复杂的物流安排和多样的支付方式在不同地区的表现差异，直接影响电商企业的销售和客户满意度。根据 DHL 的研究，跨境电商的物流成本通常占商品总成本的 20%~30%，提升物流效率能够显著降低这些成本，增强竞争力。表 1-31 所示为物流与支付案例分析。

表 1-31　物流与支付案例分析

案例	分析
一、AliExpress 的全球物流网络	1. 背景：AliExpress 是阿里巴巴旗下的国际电商平台，面向全球消费者。 2. 物流策略：AliExpress 通过与多个物流服务提供商合作，建立了“全球邮政”及“仓储配送”解决方案，优化了物流网络。例如，AliExpress 采用“菜鸟网络”进行海外仓储管理，提升了配送速度。 3. 结果：数据显示，AliExpress 的平均运输时间在某些地区缩短至 7~15 天，提升了用户体验，促进了销售增长
二、Amazon Prime 的快速配送	1. 背景：亚马逊在多个国家推出了 Prime 会员服务，提供快速配送选项。 2. 物流策略：通过建立高效的物流系统和遍布的仓储网络，亚马逊在一些地区能够实现当日或次日送达。 3. 结果：根据亚马逊的财报，Prime 会员的购买频率是非会员的两倍，这表明快速物流对消费者的购买决策有显著影响

续表

案例	分析
三、PayPal 在国际支付中的应用	1. 背景：PayPal 是全球广泛使用的在线支付平台，支持多种货币交易。 2. 支付策略：PayPal 通过提供买家保护政策和简便的支付流程，增强了消费者的信任感，尤其是在跨境交易中。 3. 结果：根据 Statista 的数据，2022 年，PayPal 在全球电商支付市场的份额达到了 21%，显示了其在支付安全性和便利性方面取得的成功

5. 技术挑战

数字技术的快速发展要求企业不断更新其技术基础设施，以适应变化的市场需求和消费者行为。根据 Gartner 的研究，2022 年全球 IT 支出预计达到 4.5 万亿美元，其中数字化转型支出占比逐年上升，显示出企业对技术的重视。表 1-32 所示为技术挑战案例分析。

表 1-32　技术挑战案例分析

案例	分析
一、Zalando 的技术升级	1. 背景：Zalando 是一家总部位于德国的在线时尚零售商，面临着来自各国竞争对手的压力。 2. 技术策略：Zalando 在人工智能技术领域进行了重点投资，通过个性化推荐系统提升用户体验。此外，他们还实施了微服务架构，以提高平台的灵活性和扩展性。 3. 结果：根据 Zalando 的报告，个性化推荐使得购买转化率提升了 20%以上，显示了技术更新对销售的积极影响
二、Shopify 的多渠道销售支持	1. 背景：Shopify 是一个广受欢迎的电商平台，支持企业建立在线商店。 2. 技术策略：Shopify 推出了多渠道销售功能，允许商家在社交媒体、市场平台等多个渠道上销售商品，并通过统一的后台进行管理。 3. 结果：根据 Shopify 的数据，使用多渠道销售的商家，其销售额比仅在自家网站上销售的商家高出 50%
三、Walmart 的数字化转型	1. 背景：作为全球最大的零售商，Walmart 在面临亚马逊等电商巨头的竞争时，进行了一系列数字化转型。 2. 技术策略：Walmart 通过大数据分析和云计算技术，优化库存管理、改善客户体验，并推出了自己的电商平台。 3. 结果：据 Walmart 财报，2023 年其电商销售额增长了 40%，显示出技术转型对业务发展的推动作用

（二）跨境网络营销的主要机遇

1. 全球市场访问

跨境网络营销使企业能够接触到全球消费者，拓展市场规模，增加销售机会。根据 Statista 的数据，2023 年全球电子商务销售额预计将达到 6.3 万亿美元，跨境电商市场的增长速度更是高于整体市场的增速。在消费者行为变化方面，根据 PayPal 发布的报告，2022 年，超过 60%的消费者表示愿意通过国际电商平台购买商品。表 1-33 所示为全球市场访问案例分析。

表 1-33 全球市场访问案例分析

案例	分析
一、阿里巴巴的全球平台	1. 背景：阿里巴巴集团通过其 B2B 平台，帮助小型企业触达全球买家。 2. 市场策略：阿里巴巴提供多语言支持和跨境支付解决方案，简化了国际交易流程。 3. 结果：根据阿里巴巴的财报，2022 年，其国际营销业务的收入增长超过 30%，显示了跨境电商的巨大潜力
二、Etsy 的手工艺品市场	1. 背景：Etsy 是一个专注于手工艺品和独立设计师产品的电商平台，允许卖家向全球消费者销售商品。 2. 市场策略：Etsy 通过社区建设和社交媒体营销，吸引了大量国际买家，并提升了品牌知名度。 3. 结果：据 Etsy 的统计，2022 年平台上有超过 460 万卖家，国际销售额占其总销售额的 15%以上，证明了其对全球市场的吸引力
三、Lazada 的东南亚市场	1. 背景：Lazada 是东南亚领先的电商平台，隶属阿里巴巴集团。 2. 市场策略：Lazada 针对东南亚各国消费者的特点，提供本土化的产品和支付方式，同时利用物流网络提升配送效率。 3. 结果：数据显示，Lazada 在 2022 年的订单量增长了超过 60%，并吸引了大量国际品牌入驻，进一步拓展了市场规模

2. 成本效益

相较于传统营销方式，跨境网络营销通常具有更低的运营成本，尤其是在广告和市场推广方面。根据 eMarketer 的研究，2022 年，数字广告的平均点击成本（CPC）比传统广告低约 40%。这表明企业通过数字平台进行市场推广的成本效益明显。根据 Statista 的预测，到 2026 年，全球跨境电商市场规模将达到 4. 8 万亿美元，年均增长率为 25%。这一趋势表明越来越多的企业认识到了跨境网络营销的成本优势。表 1-34 所示为成本效益案例分析。

表 1-34 成本效益案例分析

案例	分析
一、Wish 的直接面向消费者模式	1. 背景：Wish 是一家专注于低价商品的电商平台，通过直接连接消费者与制造商，削减传统零售中间环节的成本。 2. 市场策略：Wish 主要通过社交媒体广告和精准营销来推广商品，减少了高额的传统广告费用。 3. 结果：根据 Wish 的数据，用户获取成本降低了约 30%，同时平台的年销售额在 2022 年达到近 30 亿美元，充分显示出成本控制的有效性

续表

案例	分析
二、Shopify 的营销工具	1. 背景：Shopify 为商家提供了多种内置的数字营销工具，帮助企业以较低成本进行市场推广。 2. 市场策略：通过电子邮件营销、社交媒体集成和 SEO 优化，商家可以以较低的预算触达全球客户。 3. 结果：根据 Shopify 的报告，使用其内置营销工具商家的营销成本降低了约 20%，而销售额却增加了 40%，从而显示出跨境网络营销的高效性
三、Printful 的按需生产	背景：Printful 是一家按需打印和发货的电商平台，允许企业在不需提前准备库存的情况下销售定制商品。 市场策略：Printful 为商家提供了无前期投资的方式，商家只需在有订单时支付生产费用，从而降低了运营风险和成本。 结果：数据显示，使用 Printful 的商家能够将运营成本降低约 50%，同时实现了快速的市场响应

3. 数据驱动决策

通过网络营销，企业可以收集大量消费者数据，利用数据分析优化营销策略，提高精准营销的效果。根据 Forrester 的研究，使用数据驱动营销的公司，其营销效果提升了 5~10 倍。数据分析可以帮助企业更好地理解消费者需求，从而优化产品和市场策略。对于精准营销的回报率，McKinsey 的报告指出，数据驱动的营销决策可以提升企业的营销回报率。表 1-35 所示为数据驱动决策案例分析。

表 1-35　数据驱动决策案例分析

案例	分析
一、Amazon 的个性化推荐系统	1. 背景：Amazon 利用消费者的浏览历史、购买记录和搜索行为，构建了一套强大的个性化推荐算法。 2. 市场策略：通过分析用户数据，Amazon 能够向消费者推荐相关商品，从而提高转化率。 3. 结果：据统计，Amazon 的个性化推荐系统为其贡献了约 35%的总销售额，从而证明了数据驱动决策在提升销售业绩中的重要性
二、Netflix 的内容推荐和制作	1. 背景：Netflix 在内容推荐和新剧集制作上都依赖于用户数据分析。 2. 市场策略：通过分析用户观看历史、评分和偏好，Netflix 能够精准推荐内容，并判断何种类型的节目更受欢迎。 3. 结果：根据 Netflix 的数据，用户观看推荐内容的概率高达 80%，同时基于数据分析制作的新剧集（如《纸牌屋》）的成功率明显提高
三、Coca-Cola 的社交媒体营销	1. 背景：Coca-Cola 利用社交媒体平台收集消费者反馈和互动数据。 2. 市场策略：通过分析用户生成的内容和评论，Coca-Cola 能够实时调整营销策略和产品推广方向。 3. 结果：Coca-Cola 的“分享可乐”营销活动通过社交媒体互动提升了品牌知名度，促使销量增长了超过 7%。此外，社交媒体活动的参与度提升了 50%，显示出数据驱动决策的成功

4. 创新营销方式

社交媒体、内容营销和搜索引擎营销等新型手段为企业提供了多样化的营销渠道，增强了品牌的线上影响力。根据 HubSpot 的研究，71%的消费者更有可能购买在社交媒体上看到的品牌的产品。社交媒体的互动性使品牌能够与消费者建立更紧密的联系，提高转化率。同时根据 Content Marketing Institute 的研究，内容营销能够为公司带来三倍于传统营销的潜在客户。内容营销还帮助企业节省了 62%的营销成本，并且能够提高品牌的可信度和客户忠诚度。表 1-36 所示为创新营销方式案例分析。

表 1-36　创新营销方式案例分析

案例	分析
一、Nike 的社交媒体营销	1. 背景：Nike 利用 Instagram 和 Twitter① 等社交媒体平台与消费者互动，发布品牌故事和用户生成内容。 2. 市场策略：Nike 通过社交媒体上的挑战活动（如"#JustDoIt"）激励用户分享他们的运动体验，从而提高品牌参与度。 3. 结果：在 2019 年，Nike 的 Instagram 粉丝超过 1.3 亿人，其社交媒体活动推动了品牌的忠诚度，销售额增长了 10%以上
二、GoPro 的内容营销	1. 背景：GoPro 专注于用户生成的内容，通过用户拍摄的精彩视频展示其相机的功能。 2. 市场策略：GoPro 创建了一个社区，让用户分享他们的冒险视频，利用这些内容进行广告宣传。 3. 结果：GoPro 的 YouTube 频道订阅者超过 800 万，用户生成的内容为品牌带来了很高的曝光率，帮助其在竞争激烈的市场中占据领先地位
三、Airbnb 的搜索引擎营销（SEM）	1. 背景：Airbnb 通过搜索引擎广告（如 Google Ads）吸引潜在客户，推广其在线房源。 2. 市场策略：Airbnb 运用精准的关键词策略，确保当用户搜索相关住宿时，能够看到其广告。 3. 结果：根据 Airbnb 的报告，通过 SEM 获得的流量转化率达到了 15%，大大提高了其在全球市场的曝光率和用户获取效率

5. 灵活性与适应性

跨境网络营销允许企业快速调整其市场策略，以适应不同地区的消费者需求和文化特点。表 1-37 所示为灵活性与适应性案例分析。

表 1-37　灵活性与适应性案例分析

案例	分析
一、Spotify 的个性化推荐	1. 背景：Spotify 利用用户数据分析，为不同地区的用户提供个性化的音乐推荐和播放列表。根据用户的听歌习惯和文化背景，Spotify 能够快速调整其推荐算法。 2. 结果：Spotify 报告称，2020 年，其用户增长率达到了 27%，其中个性化推荐功能显著提升了用户黏性和满意度

① 现已改称"X"。

续表

案例	分析
二、星巴克的文化适应	1. 背景：星巴克在进入中国市场时，推出了茶饮品（如绿茶拿铁和抹茶饮品），以符合当地消费者的饮食习惯。此外，星巴克还在店内环境和产品设计上融入了中国文化元素。 2. 结果：星巴克在中国的门店数量从 2011 年的 700 家增长到 2021 年的超过 5 000 家，且在 2020 财年销量增长了 5%，显示出其成功的市场适应能力
三、欧莱雅的多样化营销	1. 背景：欧莱雅在全球各地推出适合不同肤色和文化的护肤品和化妆品。在南非市场，欧莱雅推出了针对非洲肤色的化妆品系列，满足当地女性的需求。 2. 结果：根据欧莱雅的年度报告，2021 年，亚非市场的销售额增长了 18%，显示了其灵活调整产品策略的成功

补充资料

网络营销的机遇与挑战：探索数字时代营销前沿

在数字化时代，网络营销已经成为企业推广产品和服务、建立品牌形象、吸引客户的重要方式。然而，随着竞争的加剧和消费者行为的变化，网络营销也面临着诸多挑战和困境。

一、网络营销的机遇

1. 全球市场覆盖。网络营销打破了地域限制，企业可以通过互联网将产品和服务推广至全球各地，扩大市场覆盖面，实现全球化发展。

2. 精准定位受众。通过大数据分析和人工智能技术，网络营销可以更精准地定位目标受众，了解其需求和偏好，从而提供个性化的营销策略，提高营销效果。

3. 低成本高效率。相较于传统营销方式，网络营销成本更低、效率更高，企业可以通过社交媒体、搜索引擎优化等渠道快速推广产品，以实现更好的营销效果。

4. 互动性与反馈。网络营销可以与客户进行实时互动，获取客户反馈和意见，及时调整营销策略，增强客户黏性，建立良好的品牌关系。

二、网络营销所面临的困境

1. 竞争激烈。随着互联网的普及，网络营销竞争愈发激烈，企业需要不断创新，提升营销策略的差异化和独特性，这样才能脱颖而出。

2. 信息过载。消费者在网络上接收到大量的广告和信息，容易产生信息过载的情况，导致营销信息被忽视或混淆，影响营销效果。

3. 信任危机。网络环境存在虚假广告、信息泛滥等问题，消费者对网络营销的信任度下降，企业需要建立诚信品牌形象，提升消费者信任度。

4. 隐私保护。随着个人信息泄露事件频发，消费者对个人隐私保护愈发重视，企业需要遵守相关法律法规、加强数据保护，保障消费者权益。

三、应对网络营销挑战的策略

1. 内容为王。提供高质量、有价值的内容是吸引消费者的关键。企业需要制定更具吸引力的内容营销策略，为消费者提供有用的信息和体验。

2. 社交化营销。利用社交媒体平台进行营销，与消费者建立互动关系，提高用户参与感，提升品牌认知度和忠诚度。

3. 数据驱动。通过数据分析和监测，及时调整营销策略，优化营销效果。不断优化营销策略，提高 ROI（投资回报率）。

4. 创新技术应用。利用人工智能、虚拟现实等新技术，提升用户体验，创造更具吸引力的营销方式，与时俱进、保持创新。

5. 建立信任。树立诚信品牌形象，遵守法律法规，保护消费者隐私，增强消费者对品牌的信任感，建立长期稳定的品牌关系。

网络营销作为数字时代的重要营销方式，既面临着挑战，也蕴藏着机遇。只有不断学习和创新，抓住机遇，应对挑战，才能在激烈的市场竞争中脱颖而出，实现营销的成功与可持续的发展。

三、任务实施

（一）步骤一：市场调研

1. 选择目标市场

学生可以分组选择一个或两个国家作为目标市场（如美国、加拿大、英国等）。

2. 收集信息

（1）使用网络资源（如 Google、社交媒体平台）收集关于目标市场的基本信息，包括文化、消费习惯和热门产品。

（2）制作一个简短的报告，包含市场的基本信息和消费者偏好等。

（二）步骤二：分析竞争对手

1. 寻找竞争对手

选择至少三个在目标市场中销售类似产品的品牌或电商平台。

2. 比较分析

（1）创建一个表格，比较竞争对手的产品、价格、促销策略和客户评价。

（2）讨论每个竞争对手的优缺点，并总结其对自己品牌的启示。

（三）步骤三：制定营销策略

1. 确定产品特色

确定要推广的产品，并列出其独特卖点（USP）。

2. 选择推广渠道

（1）学生可以选择至少两个网络营销渠道（如社交媒体、电子邮件、SEO 等）。

（2）讨论每个渠道的优缺点，并决定如何使用它们。

3. 制订内容计划

（1）计划创建多种形式的内容（如短视频、图文广告、社交媒体帖子）。

（2）每个小组设计一个社交媒体帖子或广告，突出产品的特色。

（四）步骤四：实施与反馈

1. 模拟营销活动

（1）在班级内或学校的社交媒体上模拟推广活动，可以使用虚拟账户。

（2）记录互动数据（如点赞、评论和分享）。

2. 收集反馈

（1）让同学们参与互动，并收集他们对营销内容的反馈。

（2）进行小组讨论，了解哪些内容吸引了他们，哪些则不够有吸引力。

（五）步骤五：总结与展示

1. 效果评估

各小组整理数据，评估自己营销活动的效果（如参与人数、反馈质量）。

2. 制作展示材料

准备一个简短的展示（PPT或海报），分享市场调研、竞争分析、营销策略和活动效果。

3. 分享与讨论

在班级内进行展示，鼓励同学们提问和讨论，分享不同的看法和经验。

通过这个简化的任务实施方案，学生能够在较短的时间内掌握跨境网络营销的基本概念，并通过实际操作加深理解。

四、任务评价

任务评价表见表1-38。

表1-38　任务评价表

	学习态度（20%）	团队合作（20%）	完成率（50%）	其他表现（10%）	小计（100%）	综合评价
小组评分（30%）						
个人评分（20%）						
老师评分（50%）						
综合得分（100%）						

知识拓展

不同国家和地区，消费观念的差异会直接影响产品的接受度和营销策略。企业在制定国际营销计划时，必须深入了解目标市场的文化背景、消费习惯和偏好，以便制定符合当地消费者需求的策略，从而提高市场竞争力。

一、美国

美国消费者通常重视品牌、质量和便利性。Statista 的数据显示，2022 年，约 70%的美国消费者在购物时会优先考虑品牌的知名度。便利性方面，亚马逊等电商巨头的崛起，使得快速配送成为消费者的重要考虑因素。

企业应注重提供高效的配送服务和简洁的购物体验。营销策略可利用社交媒体（如 Instagram 和 Facebook）来增强品牌知名度，使用用户生成内容（UGC）来增强信任感。此外，产品宣传应强调用户评价和品牌故事，以吸引目标消费者。

二、中国

当今中国消费者的消费观念受年轻一代的影响日益显著，开始重视性价比和社交影响。消费者更倾向于通过社交媒体获取产品信息，尤其是通过 KOL 和网红推广。

对此，企业应在产品设计上注重个性化和时尚元素，营销策略可通过微信、抖音等平台进行精准投放，利用短视频和直播带货提升销量。同时，应重视用户评价和互动，营造良好的社区氛围，以增强用户黏性。

三、日本

日本消费者注重产品质量和细节，倾向于选择高品质和品牌故事有深度的产品。根据日本消费者协会的调查，约 80%的消费者在购买时会考虑产品的品牌和口碑。

企业应提供高质量的产品和卓越的客户服务，营销策略需关注细节，通过高端的广告视觉和情感共鸣来吸引消费者。此外，结合日本的文化元素（如节日和传统），能够提升品牌的认同感。

四、德国

德国消费者偏向于理性消费，重视产品的功能性和可持续性。根据 Statista 的数据，2022 年，近 60%的德国消费者在做出购买决策时会考虑产品的环保性能。

企业应强调产品的实用性和环保特性，营销策略要直白且实用，信息传递避免过于夸张的广告手法。同时，品牌的社会责任感和可持续发展策略也应纳入推广内容，以吸引注重道德消费的消费者。

五、印度

印度消费者价格敏感，重视家庭和社区的影响。根据尼尔森的调查，2023 年，约 75%的印度消费者在购买时会考虑产品的价格和折扣。

企业应突出产品的性价比，营销可以利用社交媒体和本地化推广策略，结合节日和文化活动进行宣传。通过与当地社区建立联系，增强品牌的信誉和认知度。

六、巴西

巴西消费者重视社交和体验，注重品牌的声誉和故事。根据 Euromonitor 的数据，2022 年，70%的巴西消费者更愿意选择有良好社会形象的品牌。

企业应通过社交活动和娱乐元素来提升品牌吸引力，营销策略需结合当地文化，利用节日和社区活动进行推广，以增强品牌与消费者的联系。

七、法国

法国消费者注重生活方式和个人品位，倾向于高端和奢侈品牌。根据法国家庭消费研究所的研究，2023 年，超过 65%的消费者认为品牌故事和文化背景对购买决策有重要影响。

营销策略可通过高质量的品牌故事和视觉营销传达产品的独特性和文化价值，利用时尚杂志和社交媒体进行推广，以吸引注重品位的消费者。

八、中东地区

中东地区消费者重视奢华和品牌的社会地位，受宗教和传统影响较大。2019 年的阿布扎比商业调查显示，约 70%的消费者在选择品牌时考虑品牌的声誉和社会影响。

企业需提供奢华体验和合规性，营销内容需尊重当地文化和宗教信仰，利用传统节日和文化活动进行推广，以增强品牌认同感。

九、俄罗斯

相较于其他国家的消费者，俄罗斯消费者更倾向于追求高性价比和功能性。根据俄罗斯市场研究机构的数据，2022 年，约 65%的消费者在购物时会关注产品的质量和价格。虽然品牌知名度也重要，但实际的使用体验更能影响购买决策。

企业需要在产品的性价比和质量上下功夫，营销策略可通过线上线下结合的方式进行。利用社交媒体平台（如 VK）进行精准营销，并通过客户评价和案例分享来增强品牌的可信度。此外，考虑到俄罗斯地域广阔，提供灵活的配送选项也至关重要。

十、南非

南非消费者在购买决策时越来越关注社会责任和可持续性问题。根据咨询公司的研究，2023 年，大约 60%的南非消费者表示，他们更愿意支持那些有社会责任感的品牌。

企业应当强调品牌的社会责任和可持续发展，营销策略上可以通过社区参与和公益活动来提升品牌形象。此外，考虑到南非多元的文化和语言背景，制定本地化的营销策略能够更好地吸引目标群体。

各国和地区的消费观念差异不仅影响消费者的购买决策，还直接关系到企业的产品设计和营销策略。了解这些差异，企业可以制定更为精准和有效的市场进入策略。在全球化背景下，灵活应变、深入洞察当地市场，企业才能在激烈的竞争中脱颖而出。结合数据分析与消费者行为研究，企业能够更好地定位产品，提升品牌知名度，取得更高的市场份额。

习题

（一）选择题

1. 跨境网络营销中，最常见的支付方式是（　　）。

A. 现金支付　　　　B. 信用卡

C. 货到付款　　　　D. 加密货币

2. 以下哪项是跨境网络营销面临的主要挑战？(　　)

A. 语言障碍　　B. 本地化产品

C. 全球市场需求　　D. 成本控制

3. 在跨境营销中，哪个因素可能影响产品的定价策略？(　　)

A. 竞争对手的数量　　B. 货币汇率波动

C. 社交媒体影响力　　D. 以上皆是

(二) 填空题

1. 在跨境网络营销中，________________是指将产品和服务调整为符合目标市场文化和消费者喜好的过程。

2. 跨境网络营销的一个重要机遇是________________，这使得企业能够触达全球客户。

3. 跨境网络营销常常需要应对________________的法律和政策差异。

(三) 名词解释

1. 跨境电子商务

2. 本地化

3. 市场准入壁垒

(四) 简答题

1. 请简述跨境网络营销面临的三大主要挑战，并给出相应的应对策略。

2. 讨论跨境网络营销中如何利用社交媒体平台来提升品牌知名度。

3. 请分析在不同国家进行跨境网络营销时，企业如何处理文化差异问题。

项目二　跨境网络营销环境分析

随着全球化的不断深入，跨境网络营销已成为企业拓展国际市场的重要手段。本项目通过一个虚构的“绿意生活”公司，来深入探讨跨境网络营销环境分析的实际应用。“绿意生活”是一家专门销售环保生活用品的公司，其产品包括有机棉服装、可降解塑料替代品和节能家电等。公司希望利用跨境网络营销进入欧洲市场，特别是德国和法国。

“绿意生活”公司在国内市场取得了一定的成功，但面对本土竞争的日益激烈和市场饱和，公司高层决定将目光投向海外市场。他们注意到德国和法国的消费者对环保和可持续发展越来越关注，认为这是一个巨大的市场机遇。然而，公司缺乏国际营销经验，对目标市场的文化、法律、经济和技术环境知之甚少。

案例讨论：

1. “绿意生活”公司在进入德国和法国市场前，需要进行哪些方面的环境分析？
2. 公司如何评估自身的优势和劣势，以及可能面临的机遇和威胁？
3. 在进行市场细分时，公司应该考虑哪些因素？
4. “绿意生活”公司如何利用PEST分析来指导其跨境网络营销策略？

案例解析：

1. 在进入德国和法国市场前，“绿意生活”公司需要进行政治、法律、经济、社会文化和技术环境分析。这包括了解目标国家的贸易政策、消费者权益保护法律、经济发展趋势、社会价值观、文化差异和技术基础设施等。

2. 公司可以通过SWOT分析来评估自身的优势（如产品的独特性和环保理念）、劣势（如缺乏国际市场经验）、机遇（如目标市场的环保意识增强）和威胁（如当地竞争对手和潜在的贸易壁垒）。

3. 进行市场细分时，公司应考虑消费者的地理位置、年龄、收入水平、生活方式和环保意识等因素，以确定最有可能对其产品感兴趣的消费者群体。

4. PEST分析可以帮助“绿意生活”公司识别和评估宏观环境中的政治、经济、社会和技术因素，从而制定相应的营销策略。例如，政治稳定性可能影响贸易政策，经济状况可能影响消费者的购买力，社会趋势可能影响消费者偏好，技术发展可能影响产品的分销和推广方式。

项目任务书

任务编号	分项任务	职业能力目标	知识要求	参考课时
任务一	全球市场环境概述	1. 理解全球市场环境对跨境网络营销的影响。 2. 分析不同经济体的网络营销特点。	1. 掌握全球经济形势、技术发展对网络营销的宏观影响。 2. 了解不同国家和地区市场环境的特点。	2
任务二	政治法律环境分析	1. 识别不同国家政治法律对跨境电商的影响。 2. 理解法律法规在网络营销中的应用。	1. 了解国际贸易法规、电商法规。 2. 掌握不同国家对跨境电商的法律要求。	4
	经济环境分析	1. 分析经济因素如何影响跨境消费者的购买力。 2. 评估汇率变动对电商的影响。	1. 掌握宏观经济指标的基本知识。 2. 了解汇率、税收对电商的影响。	
	社会文化环境分析	1. 分析社会文化差异对营销策略的影响。 2. 学习如何在营销中融入文化元素。	1. 了解不同文化背景下的消费行为。 2. 掌握文化适应性在营销中的应用。	
	技术环境分析	1. 理解技术发展对跨境网络营销的推动作用。 2. 学习如何利用技术优化营销效果。	1. 掌握互联网技术、大数据、人工智能等在电商中的应用。 2. 了解技术趋势对营销策略的影响。	
任务三	国际市场细分	1. 学习市场细分的方法和技巧。 2. 应用市场细分结果制定营销策略。	1. 掌握市场细分的理论和实践。 2. 了解不同细分市场的营销策略。	2
任务四	环境分析工具与方法	1. 掌握市场调研和数据分析的基本工具。 2. 学习如何运用工具进行市场预测。	1. 了解市场调研方法和数据分析工具。 2. 掌握预测模型的应用。	2
	环境分析策略与应用	1. 学习如何将环境分析结果应用于营销策略制定。 2. 提高应对环境变化的能力。	1. 掌握环境分析结果的解读技巧。 2. 了解环境变化对策略调整的影响。	
职业素养目标		培养具有国际视野的市场分析能力。 提高跨文化沟通和团队协作能力。 强化创新思维和解决复杂问题的能力。		

任务一　全球市场环境概述

一、任务描述

在全球经济一体化的背景下，企业面临前所未有的市场机遇和挑战。本任务旨在使学生了解全球市场环境对跨境网络营销的重要性，掌握分析全球市场环境的基本方法，并能够运用这些方法对特定市场进行初步分析。

二、相关知识

（一）全球市场的定义与特点

1. 什么是全球市场？

在全球经济一体化的背景下，跨境网络营销已经成为企业拓展国际市场的重要手段。全球市场是由不同国家和地区组成的经济网络，它允许产品和服务走向世界，面向全球的消费者。全球市场环境具有多样性和复杂性特点，受到文化、经济、政治和技术等多方面因素的影响。

全球市场环境要求我们理解不同国家和地区之间的经济联系和相互依赖性。在这样的环境中，企业不仅要关注本土市场的需求和特点，还要深入了解目标国家的文化差异、消费习惯、法律法规以及市场发展趋势。全球化市场的形成，得益于技术进步、交通和通信的便捷化以及贸易壁垒的降低，这些因素共同促进了商品和服务在全球范围内的自由流动。

在这样的全球市场中，跨境网络营销的核心在于利用数字技术和多渠道策略来连接不同国家和地区的消费者。企业需要构建一个适应性强、灵活多变的网络营销体系，以适应不同市场的需求，包括使用多语言网站、社交媒体平台、电子邮件营销以及搜索引擎优化等手段，来提高品牌的全球可见度和吸引力。

此外，全球市场环境还要求企业在制定营销策略时，考虑到货币汇率、国际物流、关税和税收政策等因素。这些因素都可能影响产品的价格竞争力和市场渗透策略。因此，企业必须具备跨文化沟通的能力，以及灵活应对市场变化的策略规划能力。

总之，全球市场为跨境网络营销提供了广阔的空间和无限的可能性。企业需要深入了解并适应这个多元化的市场环境，才能在全球竞争中获得成功。

2. 全球市场的特点

1）多样性与复杂性

全球市场由不同国家和地区组成，每个市场都有其独特的文化背景、消费习惯、经济状况和法律法规。这种多样性带来了市场的丰富性，同时也增加了企业进入和运营的复杂性。企业必须深入了解目标市场的文化差异，适应当地的消费偏好，并遵守相应的法律法规。

2）互联互通性

随着互联网和通信技术的发展，全球市场变得更加互联互通。企业可以通过网络平台轻松触达世界各地的消费者，而消费者也能方便地购买来自全球各地的产品和服务。这种互联互通性为企业提供了巨大的市场潜力，同时也带来了激烈的国际竞争。

3）动态变化性

全球市场环境是不断变化的，受到经济周期、政治变动、技术革新等多种因素的影响。企业需要保持高度的灵活性和适应性，及时调整营销策略以应对市场变化。此外，全球市场的趋势和消费者需求也在不断演变，对此企业必须保持敏锐的市场洞察力。

4）竞争激烈性

由于全球市场的开放性，企业不仅要与本土竞争对手抗衡，还要面对来自世界各地的企业竞争。这种竞争不限于价格和质量，还包括品牌、创新能力和营销策略等多个方面。企业需要构建强大的品牌影响力和竞争优势，以在激烈的全球市场竞争中脱颖而出。

5）依赖国际合作

在全球市场中，企业往往需要与不同国家和地区的合作伙伴建立合作关系，以获取资源、技术和市场支持。这种国际合作可以带来互补的优势，帮助企业更好地适应和拓展全球市场。同时，企业也需要管理好跨国合作中的风险和挑战。

6）法律和监管差异

不同国家和地区有着不同的法律体系和监管政策，这对企业的跨境营销活动提出了更高的要求。企业必须熟悉目标市场的法律环境，确保其营销策略和商业行为符合当地的监管要求，以避免法律风险和声誉损失。

通过深入分析全球市场的特点，企业可以更好地制定和实施跨境网络营销策略，实现在全球范围内的有效拓展和持续增长。

（二）经济全球化的影响因素

在全球市场环境中，经济全球化是一个关键的驱动力，它对跨境网络营销产生了深远的影响。

1. 技术进步与创新

技术是推动经济全球化的主要动力之一。从蒸汽机的发明到今天的互联网和数字化技术，科技进步不断缩短国与国之间的距离，降低了交流和交易的成本，促进了全球贸易和投资的发展。

2. 政策与法规框架

国家间的政策协调与合作对经济全球化至关重要。多边贸易体系、国际货币基金组织、世界银行等国际机构的建立，为全球经济活动提供了规则和标准，有助于降低贸易壁垒，促进经济全球化的深入发展。

3. 全球供应链与产业链的重塑

经济全球化促使企业在全球范围内寻求资源优化配置，形成复杂的全球供应链和产业链。然而，近年来非经济因素的影响上升，如地缘政治、贸易保护主义等，这些因素深刻改变了全球供应链的布局。

4. 新兴市场国家的崛起

发展中国家和新兴经济体的群体性崛起正在改变全球政治经济版图。这些国家和地区的经济增长加快，对世界经济增长的贡献显著，成为国际经贸的重要参与者和贡献者。

5. 文化与社会因素

全球化不仅是经济活动的全球扩展，也包括文化交流与融合。不同文化背景的国家和地区在经济活动中的互动，既促进了多元文化的相互理解和尊重，也增加了文化冲突和摩擦的风险。

6. 环境与可持续发展

随着全球对环境问题和可持续发展的重视，绿色化、低碳化成为经济发展的新趋势。这要求企业在进行跨境网络营销时考虑环境因素，推动绿色生产和绿色消费模式。

7. 国际治理与合作

经济全球化的发展需要有效的国际治理和合作机制。面对全球性挑战，如气候变化、疫情等，国际社会需要加强合作，共同应对，推动构建人类命运共同体。

8. 逆全球化现象

尽管经济全球化是大势所趋，但也存在一些逆流，如贸易保护主义、单边主义等。这些现象对全球贸易和投资自由化构成了挑战，需要国际社会共同努力，维护多边贸易体系，推动经济全球化健康发展。

经济全球化是一个复杂而多维的过程，它为跨境网络营销提供了广阔的空间，同时也带来了诸多挑战。理解和把握这些影响因素，对于企业制定有效的跨境网络营销策略至关重要。

（三）国际市场营销的基本理论

1. 霍夫斯泰德的文化维度理论

霍夫斯泰德的文化维度理论是国际市场营销中一个极其重要的分析工具，它能帮助我们理解不同文化背景下消费者的行为和价值观念。这一理论最初由荷兰心理学家吉尔特·霍夫斯泰德在20世纪70年代提出，并通过研究IBM公司在不同国家的员工，总结出了衡量不同文化间差异的六个维度。

（1）权力距离（Power Distance）。这一维度衡量社会成员对于权力分配不平等的接受程度。在高权力距离的文化中，下属通常不会对上司的权威提出质疑；而在低权力距离的文化中，员工更倾向于参与决策过程。

（2）个人主义与集体主义（Individualism vs. Collectivism）。个人主义文化中，人们倾向于关心自己和直系亲属；集体主义文化则强调团体的和谐与忠诚，个人利益常常服从于集体利益。

（3）男性化与女性化（Masculinity vs. Femininity）。这一维度衡量社会倾向于竞争、成就和成功等男性特质，还是更重视谦虚、关爱和生活质量等女性特质。

（4）不确定性规避（Uncertainty Avoidance）。这一维度反映社会成员在面对不确定性和非常规环境时的应对策略。高不确定性规避的文化倾向于建立严格的规则和制度来减少不可预测性。

（5）长期取向与短期取向（Long-term Orientation vs. Short-term Orientation）。该维度反映社会对长远目标和短期利益的价值观。长期取向的文化更注重未来规划和持续发展，而短期取向的文化更看重传统和履行社会责任。

（6）自身放纵与约束（Indulgence vs. Restraint）。该维度衡量社会对个人享乐和需求满足的宽容程度。自身放纵的文化允许较高的个人自由和表达，而约束的文化更强调自我控制和社会规范。

霍夫斯泰德的文化维度理论在国际市场营销中具有广泛的应用，它可以帮助企业更好地适应不同文化环境，制定有效的市场策略。当然，这一理论也有其局限性，例如，它主要适用于国家文化层面，并不完全适用于诸如企业文化等亚文化层面；同时它是一种静态的研究，没有涉及文化演变的过程。尽管如此，霍夫斯泰德的理论仍为理解全球化背景下的文化差异提供了宝贵的视角。

2. 波特的钻石模型

波特的钻石模型是一个分析国家或地区全球竞争地位的理论框架，由美国哈佛商学院著名的战略管理学家迈克尔·波特提出。该模型用于分析一个国家某种产业为什么会在国际上有较强的竞争力，指出一个国家的产业竞争力由四个主要因素决定：生产要素，需求条件，相关产业和支持产业的表现，企业战略、结构及行业竞争状况。此外，还存在两大变数：机会与政府，它们对四大要素产生影响。详见图 2-1。

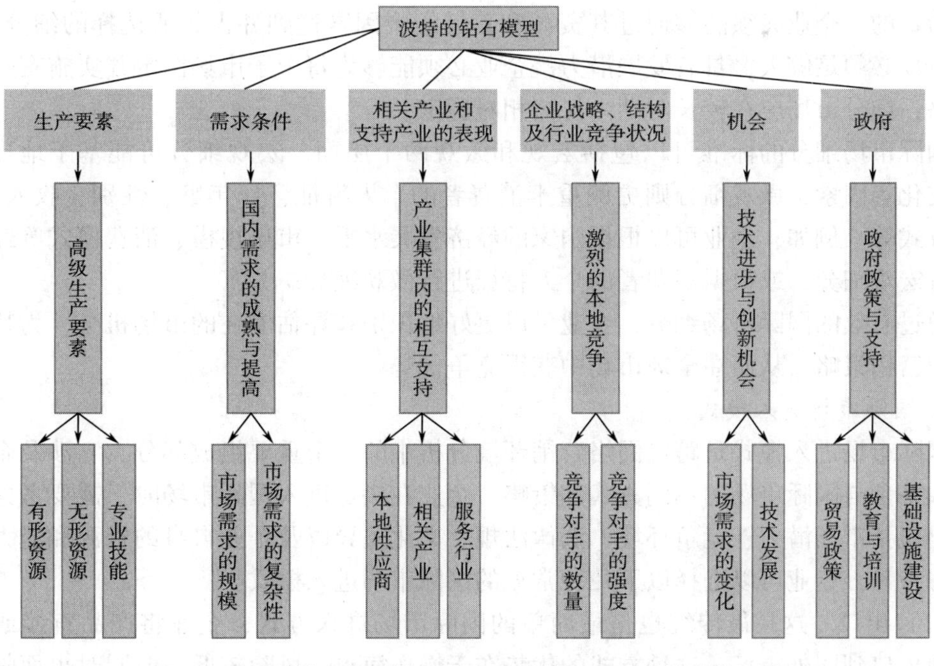

图 2-1 波特钻石模型的四个主要维度以及每个维度的细节

生产要素包括人力资源、天然资源、知识资源、资本资源和基础设施。需求条件主要指本国市场的需求水平和特点。相关产业和支持产业的表现指这些产业是否具有国际竞争力。企业战略、结构和同行业竞争的状况则涉及企业如何制定战略、组织结构以及面对的竞争压力。

波特认为，这四个要素是双向作用的，它们相互促进，共同构成一个国家产业竞争力的钻石体系。政府和机会作为外部因素，可以对这一体系产生积极或消极的影响。政府通过政策和法规可以改变国内需求条件、影响企业竞争程度以及促进高级生产要素的开发，而机会（如技术革新等偶然性事件），可能会对产业竞争优势产生影响。

波特的钻石模型已成为国际商业思维中不可或缺的一部分，帮助企业、政府和学者更好地理解和评估地区的竞争优势，并制定相应的战略和政策。

3. 国际市场细分

国际市场细分是跨境网络营销环境分析中的一个关键概念，它将国际市场按照不同的需求和特征划分为更小、更具体的市场部分，以便企业更精准地定位并满足这些市场的需求。这一过程不仅帮助企业理解不同市场间的差异性，还有助于企业制定更为有效的营销策略。

国际市场细分的理论基础主要建立在市场异质性的认识上。根据温德尔·史密斯的概念，市场细分是将具有不同需求的消费者分为不同的类别。而在国际层面，不同国家和地区的消费者由于经济发展阶段、文化背景、社会价值观等因素的差异，表现出不同的需求和购买行为，这为国际市场细分提供了理论依据。

进行国际市场细分时，企业需要遵循几个关键原则，包括可衡量性、可接近性、足量性、可实施性和稳定性。这意味着细分市场的特征（如市场规模和购买力）必须是可以衡量的；企业必须能够通过其资源和营销组合因素达到并占领所选择的细分市场；细分市场必须足够大，具有发展潜力；企业必须能够为每个子市场制定并实施有效的营销策略；细分市场应在较长时期内保持相对稳定。

国际市场细分的标准可以包括宏观和微观两个层面。宏观细分可能基于地理、经济、文化等因素，微观细分则更侧重于消费者的个人特征，如年龄、性别、收入水平、生活方式等。例如，企业可以根据国家的经济发展水平、市场规模、消费模式等经济标准进行宏观细分，或根据消费者的个人特征进行微观细分。

通过有效的国际市场细分，企业可以更好地识别和评估潜在的市场机会，为特定市场定制营销策略，从而在全球市场中获得竞争优势。

4. 国际市场进入模式

国际市场进入模式是跨境网络营销环境分析中的一个重要组成部分，它涉及企业如何进入并参与国际市场的不同方式和策略。企业在决定进入国际市场时，需要考虑多种因素，包括市场潜力、竞争环境、法律法规、文化差异以及企业自身的资源和能力。基于这些考量，企业可以选择以下几种常见的国际市场进入模式：

（1）出口。这是最传统也是最简单的国际市场进入方式，企业将产品直接或通过代理商出口到国外市场。这种方式的优势在于操作简单，风险较低，但同时也面临较大的市场适应性挑战和可能的贸易壁垒。

（2）许可经营。企业将其技术、商标、专利或生产工艺等无形资产授权给外国企业使用，以换取一定的许可费或版税。这种方式可以减少直接投资的风险，但同时也意味着对外国企业的控制力有限。

（3）特许经营。其与许可经营类似，但通常涉及更为全面的商业模式和系统，包括品牌、运营方式和管理支持等。特许经营允许企业在不直接投资的情况下快速扩张国际市场。

（4）直接投资。企业在目标国家设立子公司、工厂或办事处，进行生产和销售活动。这种方式可以更好地控制产品的生产和分销，但同时也需要较大的资本投入和承担更高的风险。

（5）合资企业。与外国企业合作，共同在目标市场投资设立企业。合资可以发挥双方的优势，降低风险，但也可能面临合作伙伴在管理和文化整合等方面的问题。

（6）并购。通过收购或合并目标市场上的企业，快速获得市场份额和资源。这种方式可以迅速扩大市场影响力，但也可能面临整合难题，同时需要较大的前期投入。

（7）战略联盟。与其他企业建立合作关系，共享资源和市场信息，共同开发新产品或服务。战略联盟可以提高企业的竞争力，但需要以良好的合作关系作为基础来进行管理和协调。

（8）数字市场进入。利用互联网和数字技术，通过电子商务平台直接面向全球消费者销售产品和服务。这是一种新兴的进入模式，具有较低的成本和较高的灵活性等优势。

每种进入模式都有其优势和劣势，企业在选择时需要根据自身条件和市场环境进行综合评估。有效的国际市场进入策略可以帮助企业降低风险，提高成功率，并在全球市场中实现可持续发展。

（四）全球市场环境分析工具

SWOT 分析：用以评估企业的优势、劣势、机会和威胁。

PEST 分析：用以分析宏观环境中的政治、经济、社会和技术因素。

五力模型：用以分析行业的竞争程度，包括供应商的议价能力、买家的议价能力、新进入者的威胁、替代品的威胁和行业内的竞争程度。详见表 2–1。

表 2–1　全球市场环境分析工具示例

	用途	考虑因素	优势	局限
SWOT 分析	内部和外部环境评估	优势、劣势、机会、威胁	全面性	可能过于主观
PEST 分析	宏观环境分析	政治、经济、社会、技术	结构性	可能忽略微观因素
五力模型	行业竞争分析	行业竞争度	竞争导向	仅从静态视角出发进行分析

（五）国际商务谈判与跨文化沟通

国际商务谈判与跨文化沟通是跨境网络营销中不可或缺的环节，它们对于建立国际合作伙伴关系、开拓海外市场以及取得全球业务成功至关重要。在全球化的商业环境中，企业经常需要与来自不同文化背景的个人或团体进行交流和谈判。因此，了解和掌握跨文化沟通的技巧对于国际商务谈判的成功非常重要。

国际商务谈判是一个复杂的过程，它不仅涉及商业条款的讨论，还包括对不同文化价值观、交流风格和商务礼仪的理解。在不同文化中，谈判的过程和策略可能截然不同。例如，一些文化可能更倾向于直接和坦率的交流方式，另一些文化则可能更重视关系建立和间接沟通。

跨文化沟通要求企业代表不仅要有清晰的沟通能力，还要具备文化敏感性和适应性。这包括对语言的准确理解、非语言交流的认识（如肢体语言、面部表情和个人空间），以及对文化差异的尊重。有效的跨文化沟通有助于建立信任，减少误解，促进谈判的顺利进行。

在准备国际商务谈判时，了解目标市场的商业习惯和文化特征是一项基础性工作，可能涉及对当地语言的学习、对商务礼仪的研究以及对谈判对手的文化背景进行深入了解。此外，灵活运用沟通策略，如适应对方的交流风格、展现对对方文化的尊重和理解，也是促进谈判成功的重要因素。

在谈判过程中，耐心和持续沟通是关键。由于文化差异，可能需要更多时间来建立关系和达成共识。在某些文化中，长时间的谈判和建立信任是达成商业合作的前提。同时，解决文化冲突和适应不同的决策风格也是国际商务谈判中的重要环节。

总之，国际商务谈判与跨文化沟通是一个涉及多方面技能的综合过程。它要求企业不仅要有扎实的商业知识和策略，还要深入理解和尊重不同文化。通过有效的跨文化沟通，企业能够在国际市场中建立稳固的合作关系，促进全球业务的顺利开展。

（六）国际市场法规与伦理

国际市场法规与伦理是跨境网络营销环境分析中的重要组成部分，其对企业的国际商务活动有深远影响。在全球化的商业环境中，企业不仅要遵守目标市场的法律法规，还要遵循国际商务的伦理标准。

国际市场法规通常包括贸易法规、投资法规、知识产权保护法规、产品安全与质量标准、环境保护法规等。例如，欧盟的共同贸易政策（CCP）由欧盟委员会负责具体多边/双边贸易事务，欧洲理事会审批通过法律法规和发布贸易政策指令，欧洲议会则代表公众进行质询。此外，各国对于跨境电商进口商品的广告活动也有一定的监管政策，要求企业在推广宣传时必须审慎对待，避免违规行为。

国际商务伦理关注的是企业在全球范围内的经济活动中应遵循的道德准则和行为规范，包括但不限于诚信经营、尊重人权、保护环境、公平竞争等。例如，跨国公司在经营活动中应坚持诚信原则，提高社会诚信度，降低交易成本，促进经济的良性互动和健康发展。

在跨境网络营销中，企业需要密切关注目标市场的法律法规变化，评估潜在的法律风险，并制定相应的合规策略。同时，企业还应积极履行社会责任，通过高标准的商业伦理来赢得消费者的信任和尊重。这不仅有助于企业建立良好的国际形象，也是实现其可持续发展的关键因素。

总之，国际市场法规与伦理为跨境网络营销提供了规范和指导，有助于企业在尊重各国法律和文化的基础上开展合法、合规、合乎伦理的国际商务活动。

（七）可持续发展与企业社会责任

可持续发展与企业社会责任是跨境网络营销中的重要议题，其对全球市场环境的健康发展起着至关重要的作用。在全球化的商业活动中，企业不仅要追求经济效益，还要关注社会福祉和环境保护，以推动实现相关各方的长期可持续发展。

可持续发展的核心是平衡经济增长、社会发展和环境保护三者之间的关系，确保当代人的需求得到满足，同时不损害后代人满足需求的能力。这要求企业在经营活动中采取前瞻性的思维和行动，如通过采用清洁能源、减少废物产生、优化资源配置和提高能效等方式来减少对环境的影响。

企业社会责任（CSR）则强调企业应对其运营过程中影响的所有方面负责，包括对员工、消费者、社区以及环境的责任。这不仅关乎法律遵守，而且关乎道德和伦理标准。企业应通过公平对待员工、提供安全健康的工作环境、尊重人权、保护消费者权益、参与社区发展项目以及支持教育和公共卫生事业等方式，积极履行其对社会的责任。

在跨境网络营销的背景下，企业面临的是一个多元化和互联互通的市场，其社会责任和对可持续发展的承诺会受到全球消费者的密切关注。企业需要了解不同国家和地区对于可持续发展和企业社会责任的期望和要求，并将其融入品牌价值和市场策略中。

此外，随着社会对环境问题的日益关注，消费者越来越倾向于支持那些展现出强烈社会责任感和做可持续发展承诺的企业。因此，企业在进行跨境网络营销时，应积极传递其在可持续发展和企业社会责任方面的努力和成果，以建立品牌形象，增强消费者信任，并在全球市场中获得竞争优势。

总之，可持续发展与企业社会责任是构建全球市场环境的基石，企业通过这些实践不仅能够提升自身的品牌价值和社会影响力，还能够为推动全球经济的长期健康发展做出贡献。

三、任务实施

（一）市场环境调研

1. 调研目的与范围确定

明确调研目标，包括了解目标市场的经济、政治、文化、技术等宏观环境因素。

确定调研范围，选择特定的国家或地区作为调研对象。

2. 数据收集方法

利用在线数据库、政府发布的统计数据、行业报告等进行二手数据收集。

进行问卷调查、深度访谈等一手数据收集。

3. 数据分析与解读

运用统计学方法对收集的数据进行分析，识别市场趋势和特点。

解读数据背后的市场意义，为制定营销策略提供依据。

（二）PPT 制作

1. 内容结构设计

设计 PPT 的开场、主体和结尾，确保内容逻辑清晰、连贯。

2. 视觉元素选择

选择合适的图表、图片和图形来辅助展示数据和分析结果。

3. 演讲准备

准备演讲稿，确保能够流畅地介绍调研结果和分析见解。

（三）案例分析

1. 案例选择

挑选具有代表性的企业案例，最好是在跨境网络营销方面有显著成效或深刻教训的。

2. 资料收集

收集案例企业的背景信息、市场策略、业绩数据等相关资料。

3. 策略分析

分析案例企业如何根据全球市场环境调整其营销策略。

4. 经验总结

从案例中提炼经验教训，为学生提供实际操作的参考。

（四）实施步骤

1. 初步研究

学生分组进行初步研究，了解全球市场环境的基本情况。

2. 实地调研

如有条件，进行实地考察或参与企业实习，收集一手市场信息。

3. 资料整理

整理调研资料，包括数据、访谈记录、观察笔记等。

4. 小组讨论

小组成员进行讨论，分享观点，形成统一的分析结论。

5. 报告撰写

撰写调研报告，包括市场环境分析、PPT 制作说明和案例分析。

6. 成果展示

向全班展示调研成果，包括 PPT 演讲和案例分析讨论。

（五）技术与工具应用

1. 市场分析软件

应用市场分析软件进行数据整理和分析，如 SPSS、Excel 等。

2. 演示工具

利用 PowerPoint、Prezi 等工具制作高质量的演示文稿。

3. 信息管理平台

使用信息管理平台（如 Nvivo），整理访谈和观察数据。

四、任务评价

任务评价表见表 2-2。

表 2-2　任务评价表

	学习态度（20%）	团队合作（20%）	完成率（50%）	其他表现（10%）	小计（100%）	综合评价
小组评分（30%）						
个人评分（20%）						
老师评分（50%）						
综合得分（100%）						

知识拓展

案例一：全球化汽车制造商的跨文化谈判

背景：一家德国汽车制造商计划与日本供应商建立合作关系。德国公司强调效率和直接沟通，而日本公司更注重关系建立和间接表达。

挑战：文化差异导致谈判初期出现误解，德国公司认为日本方面决策缓慢，日本方面则感觉德国方面过于急躁。

解决方案：双方通过增加文化交流和理解，调整沟通策略，最终达成了互利的合作协议。

启示：跨文化谈判中，了解对方的文化特征和商业习惯至关重要。

案例二：跨国 IT 企业的全球团队管理

背景：一家美国 IT 企业在全球范围内拥有多个开发团队，包括印度、中国和巴西。

挑战：团队成员来自不同文化背景，其沟通和工作方式存在差异，从而影响了项目进度和团队协作。

解决方案：企业引入跨文化培训，提高团队成员的沟通技巧，并采用灵活的管理策略以适应不同文化的工作习惯。

启示：有效的跨文化沟通和团队管理能够促进企业全球团队的协作和创新。

案例三：中国电子商务平台的国际扩张

背景：一家知名中国电子商务企业进入东南亚市场，面临不同的消费习惯和商业环境。

挑战：在适应当地市场的过程中，企业需要克服语言障碍和文化差异，同时保持品牌的一致性。

解决方案：通过市场调研了解当地消费者的需求，调整产品和服务策略，并与当地企业建立合作伙伴关系。

启示：在国际扩张中，企业需要灵活适应不同文化市场，同时保持品牌的核心价值。

案例四：国际工程项目的跨文化协调

背景：一个国际工程项目涉及来自欧洲、非洲和亚洲的工程团队。

挑战：项目团队在沟通和决策过程中遇到文化差异和工作方法等方面的冲突。

解决方案：项目管理层采取跨文化协调策略，包括建立共同的项目文化、促进团队成员之间的交流和理解。

启示：在跨文化工程项目中，构建一个包容和协同工作的团队环境是成功的关键。

问题讨论：

1. 在案例一中，德国和日本公司是如何克服文化差异，达成合作协议的？
2. 案例二中的IT企业采取了哪些措施来提高全球团队的协作效率？
3. 在案例三中，这家中国电子商务企业是如何适应东南亚市场的文化差异的？
4. 在案例四的国际工程项目中，管理层是如何建立一个有效的跨文化协调机制的？

习题

（一）选择题

1. 全球化的主要推动力不包括以下哪一项？（　　）

A. 技术进步　　B. 政府政策

C. 文化隔阂　　D. 市场需求

2. 以下哪个机构主要负责监督和促进国际贸易？（　　）

A. 世界银行　　B. 国际货币基金组织

C. 世界贸易组织　　D. 联合国

3. 在全球市场中，关税的主要作用是（　　）

A. 降低进口成本　　B. 保护本国企业

C. 增加外国投资　　D. 促进自由贸易

（二）填空题

1. 全球市场环境的主要因素包括____________________、经济、社会文化和法律政治等。

2. ____________________是指商品在不同国家之间流动的现象，通常受到关税和非关税壁垒的影响。

3. 在全球市场中，企业必须考虑不同国家的____________________，以确保合规和成功运营。

（三）名词解释

1. 全球化

2. 市场进入策略

3. 非关税壁垒

（四）简答题

1. 请简述全球市场环境的主要组成部分，并说明它们对国际贸易的影响。

2. 讨论技术进步如何改变全球市场环境及其对企业经营策略的影响。

3. 分析文化差异在国际市场中的重要性，并举例说明企业如何应对这些差异。

任务二 环境分析

一、任务描述

（一）案例导入

假设你是一家中国智能手机制造商的市场分析师，公司有计划进入印度市场。你需要对印度的跨境网络营销环境进行全面分析。

（二）任务拆解

1. 政治法律环境分析

（1）调查印度的进口关税、贸易协议和知识产权法律。

（2）评估该国政府政策对智能手机行业的支持或限制。

2. 经济环境分析

（1）分析印度的经济增长数据和消费者购买力。

（2）考虑汇率波动对定价策略的影响。

3. 社会文化环境分析

（1）研究印度的语言多样性和宗教节日，了解其如何影响消费者行为。

（2）考虑文化差异对广告和促销活动的影响。

4. 技术环境分析

（1）评估印度的互联网覆盖率和移动支付的普及程度。

（2）分析社交媒体在营销中的潜力和挑战。

5. 综合应用

（1）基于上述分析，制定一份进入印度市场的智能手机营销策略。

（2）包括产品定位、定价、促销和分销渠道的策略建议。

6. 任务要求

收集和整理案例相关的数据和信息：

（1）使用SWOT（优势、劣势、机会、威胁）分析来评估市场环境。

（2）提出创新的营销策略，以适应印度市场的特点。

7. 预期成果

（1）一份包含该国政治法律、经济、社会文化和技术环境分析的综合报告。

（2）一份基于分析结果的营销策略建议书。

二、相关知识

（一）政治法律环境分析

政治法律环境是影响跨境网络营销的关键因素之一，包括目标市场的法律法规、政策导向、政治稳定性等方面，该因素会直接或间接地影响企业的市场进入策略和运营模式。

1. 法律法规分析

1）贸易政策

贸易政策是国家参与全球经济竞争、保护国内市场、促进产业升级和推动可持续发展的关键工具，对经济繁荣和国家利益具有决定性影响。表2-3为全球重要贸易政策：

表2-3 全球重要贸易政策

贸易政策	作用
贸易自由化	通过降低关税和消除非关税壁垒，促进商品和服务的跨国界流动，推动市场准入和促进竞争，从而刺激经济增长
保护主义措施	包括关税、配额和进口限制，旨在保护国内产业免受外国竞争的影响，尽管这可能导致全球贸易紧张和效率降低
多边与双边协定	多边贸易协定如世界贸易组织（WTO）协议，旨在促进共识建立和规则统一；而双边协定则能够提供更多灵活性，允许国家根据具体利益制定条款
出口补贴和进口关税	在某些情况下，相关经济体可能会采取出口补贴或调整进口关税来提升自身产业的国际竞争力
贸易调整援助	为受到国际贸易影响的产业和工人提供支持，帮助其进行结构调整和再培训
数字贸易政策	随着数字经济的发展，制定和实施数字贸易政策，规范在线商业活动并保护消费者权益
可持续发展和包容性增长	确保贸易政策始终支持国家的发展优先事项（包括绿色贸易和投资），以及促进资源的高效利用
维护贸易安全	加强对外沟通磋商，丰富反制措施，通过法律手段捍卫合法权益，维护国家利益

2）知识产权保护

知识产权保护不仅涉及不同国家和地区的法律法规差异，还与国际合作与贸易政策相关联，并与电商平台和支付平台的责任与义务有关。

首先，知识产权保护是激励创新和提升国际竞争力的关键。随着全球化的发展，企业在进行跨境网络营销时，必须深入了解目标市场的知识产权法律框架，包括专利、商标、著作权以及商业秘密等方面的保护措施。这些法律框架为企业提供了创新成果的保护，确保了企业的合法权益不受侵犯。

其次，国际合作在知识产权保护中发挥着至关重要的作用。各国（地区）需要加强协作，共同打击侵权行为，维护公平竞争的市场环境。例如，中国在“十四五”期间将“知识产权国际合作取得新突破”作为重要目标之一，致力于拓展知识产权的海外影响力，并主动参与知识产权全球治理。

再者，跨境电商经营中的法律风险管理是企业不可忽视的一环。企业需要认识到，不同国家（地区）的法律体系和司法实践存在差异，这可能使企业在跨境交易中面临不同的法律挑战。例如，美国法院对跨境电商的知识产权侵权案件采取了较为进攻性的管辖策略，并且诉讼程序具有高效性，这要求中国电商在美经营时必须高度重视知识产权保护和法律风险的防范。

最后，电商平台和支付平台在知识产权保护中承担着重要责任。它们需要建立有效的监管机制，预防和处理知识产权侵权行为，同时也要保障平台内经营者的合法权益。在面对跨境法律诉讼时，平台需要与各方协作，相互提供必要的信息和支持，共同应对知识产权保护的挑战。

3）消费者保护法规

在跨境网络营销活动中，消费者保护法律法规起着至关重要的作用。这些法规不仅保障消费者的知情权、选择权和安全权，还确保了消费者在购买、使用商品或接受服务过程中的合法权益不受侵害。具体来说，消费者有权获得商品或服务的真实、全面信息，包括价格、性能、风险等关键信息，以便做出明智的消费决策。此外，消费者在购买跨境商品时享有无理由退货的权利，这大大降低了他们的购买风险。

为了加强对消费者权益的保护，相关法规还要求经营者建立健全投诉处理机制，确保消费者投诉能够及时得到有效解决。同时，法规禁止经营者进行虚假宣传、价格欺诈和强制搭售等不正当行为，以维护公平竞争的市场环境。在网络直播等新兴营销模式中，也要求经营者依法履行消费者权益保护的相关义务，以确保消费者在新型消费场景下的权益同样得到保障。

此外，消费者保护法规还特别关注了个人信息的保护问题。在数字化时代，个人信息的安全变得尤为重要，法规要求经营者在收集和使用消费者个人信息时必须遵循合法、正当、必要的原则，严禁未经同意擅自收集或滥用消费者信息。这有助于构建消费者对跨境网络营销的信任，促进健康、有序的电子商务生态发展。

2. 政治稳定性评估

1）政治风险识别

企业在开展跨境网络营销前，必须首先识别并评估潜在的政治风险。这些风险可能源自目标市场国的政治不稳定，如政权更迭、政策变动、战争和内部动乱等。例如，战争与内部动乱风险以及东道国政府反对风险是占比最高的政治风险类型，它们可能导致企业投资受损或项目被迫中止。

政治风险还可能包括政府违约风险，即东道国政府不履行与投资者签订的合同或协议，以及法律风险，如违反当地法律法规导致的投资风险。此外，企业还应关注国际政治风险，如地缘政治冲突可能对企业在海外的业务产生不利影响。

在“一带一路”倡议推动下，中国企业在沿线国家的投资政治风险有所降低，但要警惕地缘政治演变可能带来的新风险。企业应密切关注目标市场国的政治环境变化，以及国际关系如何影响投资决策和运营安全。

为了有效管理政治风险，我国企业可以采取多种措施，包括与中国出口信用保险公司等机构合作，获取政治风险保险，以减轻潜在的政治风险带来的负面影响。同时，企业应加强与东道国政府的沟通，建立良好的政企关系，以提高对政治风险的应对能力。

2）政治风险管理

政治风险管理是企业国际化战略中的重要组成部分，它要求企业不仅能识别潜在的政治风险，还有能力制定相应的管理策略和预案来应对这些风险。有效的政治风险管理能够帮助企业减轻或避免因政治因素带来的损失，确保跨境营销活动的顺利进行。

首先，企业需要建立一个全面的政治风险监测系统，实时跟踪目标市场国的政治动态，包括选举变化、政策调整、社会动荡等，以及时发现可能影响业务的政治事件。通过对这些信息的分析，企业可以预测政治风险并采取预防措施。

其次，企业应制定灵活的应对策略，如多元化市场进入模式、建立应急计划、设置风险缓冲机制等，以降低单一市场或政治事件对企业造成的冲击。例如，在面对政策变动风险时，企业可以通过与当地合作伙伴建立合资企业，共同分担风险。

此外，企业还应加强与东道国政府的沟通与协调，通过建立良好的政府关系来获取政策支持和市场信息，减少政治干预的可能性。同时，企业可以通过参与当地的社会责任活动，提升企业形象，增强与当地社会的融合度。

在国际政治风险方面，企业需要关注全球政治经济形势的变化，评估地缘政治风险对业务的潜在影响，并制定相应的国际战略。例如，对于在多个国家运营的跨国企业，可以通过地理多元化来分散地缘政治风险。

最后，企业应考虑通过保险等金融工具来对冲政治风险，如购买政治风险保险，以减少因政府征收、战争和政治暴力等不可预见事件而造成的损失。

3. 政策导向分析

政策导向分析要求企业深入了解目标市场国的政策趋势和政府优先事项，包括税收政策、贸易协定、行业补贴、监管改革等。企业需要密切关注当地政府的公共政策，因为这些政策可能会为企业带来新的市场机会或潜在风险。

1）政策趋势分析

企业应识别和预测目标市场国的政策变化趋势（如政府可能推出新的行业激励措施或对某些产品实施更严格的监管标准等），评估这些变化对企业营销策略的潜在影响。

2）政府优先事项识别

了解政府的优先发展领域对企业制定市场进入策略至关重要。政府可能会对某些战略性行业提供更多的支持和资源，这对企业来说是一个积极的信号。

3）政策风险评估

企业需要评估政策变动可能带来的风险，如政策不连续性或政策逆转等。这要求企业建立有效的监测和预警机制，从而及时调整策略以应对政策变化。

4）利用政策优势

企业应积极探索如何利用政策优势来增强自身的竞争力，包括利用税收优惠、参与政府的采购计划或合作开展研发项目。

5）政策倡导与参与

在某些情况下，企业可以参与政策制定过程，通过行业组织或直接与政策制定者沟通，倡导对企业有利的政策环境。

（二）经济环境分析

跨境网络营销的经济环境分析涉及对目标市场宏观经济状况的深入理解，包括经济增长、消费者购买力、市场规模和潜力等方面。

1. 宏观经济状况

企业制定跨境网络营销策略时应考虑目标国家的宏观经济环境，如 GDP 增长率、失业率和通货膨胀率等关键经济指标，这些指标直接反映市场的经济活力和消费者购买力。

2. 市场规模与增长潜力

分析目标市场的规模和增长趋势，确定市场的成熟度和潜在的增长机会。例如，中国跨境电商市场在过去几年经历了快速增长，显示出巨大的市场潜力。

3. 消费者行为分析

了解目标市场的消费者行为，包括消费习惯、偏好和在线购物趋势。中等收入阶层通常具有较强的购买力，对优质产品和品牌有更高的追求。

4. 技术基础设施

评估目标市场的技术基础设施，如互联网普及率、移动支付和物流配送系统等，这些因素对跨境电商的运营效率和客户体验至关重要。

5. 收入水平与购买力

分析目标市场的收入水平和消费者购买力，这对于定价策略和市场定位至关重要。例如，中国居民人均可支配收入的增长为相关跨境电商的发展提供了坚实的基础。

6. 市场准入与退出障碍

评估市场准入和退出的难易程度，包括评价关税、法规限制和市场垄断等因素，因为这些可能影响企业的市场进入和退出策略。

7. 经济政策与市场监管

关注目标国家的经济政策和市场监管环境，如贸易政策、市场自由化程度和政府对外资的态度等，这些因素对跨境网络营销的合规性和风险管理具有重要影响。

通过综合考虑上述因素，企业可以更好地制定跨境网络营销策略，评估市场机会和潜在风险，实现可持续的国际市场发展。

（三）社会文化环境分析

跨境网络营销中的社会文化环境分析是至关重要的，因为它直接关系到目标市场的消费者行为和市场接受度。

1. 文化差异的识别与适应

在进行跨境网络营销时，首先需要识别不同国家和地区的文化差异，包括语言、宗教信仰、传统习俗、价值观念等。这些文化特征会影响消费者的沟通方式、产品偏好以及购买决策。例如，不同文化背景下的消费者对色彩、图案和概念的解读可能截然不同，这要求企业在设计营销策略时必须考虑这些因素，以免造成误解和冲突。

2. 消费者行为的深入理解

社会文化环境决定了消费者的生活习惯和购买行为。企业需要深入了解目标市场的消费者行为模式，包括购物习惯、节日消费高峰、礼品赠送习俗等，以便更好地定位产品和服务。此外，了解消费者的社交媒体使用习惯也至关重要，因为这将影响企业选择通过哪些渠道与消费者进行有效沟通。

3. 本土化营销策略的制定

基于对目标市场社会文化环境的理解，企业需要制定本土化的营销策略，包括对产品进行文化适应性调整，使用当地语言进行营销沟通，以及利用当地文化元素进行品牌宣传。本土化不仅涉及语言翻译，还包括对营销信息的文化适应，以确保营销活动能够与当地消费者产生共鸣。

4. 跨文化交流与品牌传播

在跨境网络营销中，企业需要掌握有效的跨文化交流技巧，以建立和维护与不同文化背景的消费者之间的信任和关系。制定品牌传播策略时应考虑到文化敏感性，避免使用可能引起误解或冒犯的文化符号和信息。同时，企业可以通过展示对当地文化的尊重和理解来提升品牌形象和市场接受度。

5. 社会文化趋势的监测与应用

社会文化环境是动态变化的，企业需要持续监测社会文化趋势，如新兴的生活方式、流行文化现象以及消费者价值观的变化。通过及时响应这些变化，企业可以调整其产品和服务，以满足消费者的新需求和新期待。同时，利用社会文化趋势可以为企业提供独特的市场机会，通过创新营销活动吸引消费者的注意。

通过深入分析和适应目标市场的社会文化环境，企业可以更有效地制定跨境网络营销策略，提高市场渗透率，并在全球市场中获得竞争优势。

（四）社会文化环境分析

跨境网络营销的技术环境分析是评估目标市场技术基础设施和创新能力的重要环节。

1. 技术基础设施评估

分析目标市场的互联网普及率、移动支付和物流配送系统等技术基础设施。例如，中国的互联网普及率已达到70.4%，建成了全球规模最大的光纤网络和4G网络，5G网络建设速度和规模也位居全球第一。这些基础设施为相关跨境网络营销提供了坚实的技术支撑。

2. 创新能力与研发投入

考察目标市场的信息技术创新能力，包括研发投入、专利申请量以及技术创新对市场的影响。中国的全球创新指数排名从2015年的第29位跃升至2020年的第14位，成为全球最大专利申请来源国，在5G、区块链、人工智能等领域的专利申请量全球领先。

3. 数字化服务与便民措施

分析目标市场在数字化服务方面的进展，如电子政务、远程医疗、电子社保卡等便民措施的普及情况。中国的“互联网+医疗健康”服务已覆盖所有地级市，电子社保卡累计签发 3.6 亿张，覆盖全部地市。

4. 网络安全与数据保护

评估目标市场的网络安全法律政策框架以及数据保护措施的完善程度。中国已颁布实施网络安全法、电子商务法等法律法规，强化了数据安全保障，维护了国家安全、社会公共利益和消费者权益。

5. 信息化发展环境

分析目标市场的信息化发展环境，包括市场竞争秩序、知识产权保护和服务能力等。目前，中国的信息化发展法律政策框架初步形成，数字市场竞争秩序逐步规范，知识产权保护和服务能力不断加强。

6. 技术发展趋势与应用

关注目标市场的技术发展趋势，如云计算、大数据、物联网、人工智能等新兴技术的应用情况及其对跨境网络营销的潜在影响。

通过深入分析目标市场的技术环境，企业可以更好地制定跨境网络营销策略，利用当地的技术优势提高市场渗透率，并在全球市场中保持竞争力。

三、任务实施

通过深入分析跨境网络营销的多个关键环境因素，培养战略思维和市场分析能力。

（一）政治法律环境分析

理解政治法律环境对跨境网络营销的影响，并学会评估相关风险。

任务 1：调研目标市场的政治稳定性、制度完善性及其对商业活动的影响。

任务 2：分析目标市场的法律法规，特别是与电子商务、数据保护和消费者权益相关的法律法规。

任务 3：识别并评估潜在的政治风险，如政策变动、贸易争端等，以及它们对营销策略的可能影响。

（二）经济环境分析

掌握经济环境分析技能，评估宏观经济指标对跨境网络营销的潜在影响。

任务 1：收集并分析目标市场的宏观经济数据，包括 GDP 增长率、通货膨胀率、失业率等。

任务 2：研究目标市场的消费者购买力和消费习惯，评估市场潜力和消费者需求。

任务 3：考察经济环境对产品定价、市场定位和促销策略的影响。

（三）社会文化环境分析

学会分析社会文化因素如何影响消费者行为和营销策略的制定。

任务 1：研究目标市场的文化特征，包括语言、宗教信仰、社会习俗和价值观念。

任务 2：分析社会文化差异对品牌传播、广告内容和产品接受度的影响。

任务 3：探索如何在营销策略中体现对目标市场文化的理解和尊重。

（四）技术环境分析

评估技术环境对跨境网络营销的支撑作用和潜在制约。

任务 1：分析目标市场的技术基础设施，如互联网普及率、移动支付技术、物流配送系统等。

任务 2：考察目标市场的信息技术创新能力，包括研发投入和技术发展趋势。

任务 3：识别技术环境对网络营销渠道、工具和方法的影响，以及如何利用技术提高营销效率和提升客户体验。

（五）综合应用

结合以上分析，选择一个具体的跨境网络营销案例，提出一份综合考虑政治法律、经济、社会文化和技术环境因素的营销策略报告。

通过完成这些任务，将能够全面了解跨境网络营销环境的复杂性，并提高解决实际问题的能力。

四、任务评价

任务评价表见表 2-4。

表 2-4　任务评价表

	学习态度（20%）	团队合作（20%）	完成率（50%）	其他表现（10%）	小计（100%）	综合评价
小组评分（30%）						
个人评分（20%）						
老师评分（50%）						
综合得分（100%）						

知识拓展

考拉海购

跨境网络营销是一个多维度、跨领域的复杂活动，涉及政治法律、经济、社会文化和技术等多个方面的环境分析。以中国跨境电商企业考拉海购为例，其成功不仅在于精准的市场定位和优质的商品供应，还在于其对各个环境因素的深入分析和策略应对。

政治法律环境分析要求企业密切关注目标市场中的法律法规变化，如贸易政策、市场准入规则和消费者权益保护法规等。考拉海购在面对不同国家的市场时，必须遵守当地的法律法规，如产品标准、税务政策等，以避免法律风险，确保业务的顺利进行。

经济环境分析则侧重于评估目标市场的宏观经济状况，包括 GDP 增长率、消费者购买力和市场规模等。考拉海购通过分析这些经济指标，可以更好地理解市场潜力和消费者需求，从而制定相应的市场策略。

社会文化环境分析是另一个关键点，它要求企业深入了解目标市场的文化特征、消费习惯和价值观念。考拉海购在营销策略中考虑到了不同文化背景下的消费者行为差异，通过本土化的产品推广和宣传，满足不同市场的消费喜好。

技术环境分析则关注目标市场的技术基础设施，如互联网普及率、移动支付技术等。考拉海购利用先进的技术手段，如大数据分析和人工智能推荐算法，提升用户体验，优化物流配送和售后服务，以增强其在激烈的市场竞争中的技术优势。

通过对这些环境因素的细致分析，考拉海购能够制定出更为精准和有效的跨境网络营销策略，从而实现全球市场的深入开拓和持续发展。

习题

（一）选择题

1. 哪种法律制度最常见于英美法系国家？（　　）

A. 民法　　B. 普通法

C. 宪法　　D. 国际法

2. 政府对外贸易政策的影响主要体现在以下哪一方面？（　　）

A. 文化传播　　B. 价格波动

C. 贸易壁垒　　D. 技术发展

3. GDP 增速放缓可能会导致以下哪种经济现象？（　　）

A. 失业率上升　　B. 通货膨胀加剧

C. 外汇储备增加　　D. 进口量增加

4. 文化适应性对跨国企业的成功至关重要，以下哪项是有效的适应策略？（　　）

A. 统一的全球市场营销　　B. 本土化营销策略

C. 完全忽视当地文化　　D. 强调企业文化

5. 影响技术环境的主要因素不包括（　　）。

A. 创新能力　　B. 政策法规

C. 人口结构　　D. 研发投入

（二）填空题

1. 政治法律环境包括政府的稳定性、法律体系的____________及法规的透明度。

2. 国际法主要由____________、条约和国际惯例构成。

3. 经济环境分析涉及对市场需求、供应链、____________和竞争态势的评估。

4. ____________________是指一个国家在某一特定时期内商品和服务的总产值。

5. 社会文化环境中的主要因素包括____________________、价值观、习俗和生活方式。

6. 技术环境的变化可以通过____________________和创新来推动产品和服务的改进。

（三）名词解释

1. 政治法律环境

2. 经济环境

3. 社会文化环境

4. 技术环境

（四）简答题

1. 如何在不断变化的政治法律环境中保持合规？

2. 经济环境的哪些指标是评估市场潜力的关键？

3. 社会文化和技术环境如何共同塑造消费者行为？

任务三 国际市场细分

一、任务描述

跨境网络营销中的国际市场细分是一项关键任务，它要求营销人员识别和分析全球市场中不同的消费群体，并根据他们的特定需求、偏好、行为和地理特征来划分市场。这项任务的目的是为每个细分市场制定定制化的营销策略，以提高营销活动的效果和投资回报率。

在执行国际市场细分任务时，营销团队首先需要收集和分析各种数据，包括但不限于人口统计数据、消费者生活方式、购买动机、产品使用情况以及文化和经济因素。通过这些数据，团队可以识别出具有相似特征的消费者群体，并对这些群体进行分类。

接下来，团队需要评估每个细分市场的潜力和吸引力，确定哪些市场细分对企业来说最有价值。这涉及分析每个细分市场的规模、增长速度、竞争程度和盈利能力。

基于市场细分的分析结果，营销团队将开发和实施针对性的营销组合策略，包括产品定位、价格策略、促销活动和分销渠道选择。这些策略需要考虑不同细分市场的特定需求和偏好，以确保营销信息和产品特性与目标消费者的需求相匹配。

通过国际市场细分，企业能够更精准地满足不同消费者群体的需求，提高市场渗透率，增强品牌竞争力，并在全球市场中实现可持续增长。

二、相关知识

跨境网络营销环境分析是企业制定有效市场进入和扩展策略的基础。

（一）国际市场细分的重要性

1. 精准定位消费者

通过市场细分，企业能够更准确地识别不同消费者群体的特定需求和偏好，从而为其提供更加个性化的产品和服务。

2. 提高市场竞争力

细分市场有助于企业发现市场中的空白点或竞争尚不激烈的领域，通过差异化策略获得竞争优势。

3. 优化资源分配

明确细分市场可以帮助企业更有效地分配营销资源，确保投资集中在最有可能产生回报的领域。

（二）国际市场细分的实施步骤

1. 市场调研与数据收集

市场调研与数据收集是国际市场细分的首要步骤。这一过程涉及对潜在国际市场的广泛信息进行搜集和分析，以识别和理解不同消费者群体的需求、偏好和行为模式。数据收集可以通过多种方式进行，包括在线调查、电话访谈、面对面访谈、社交媒体分析、市场研究报告以及行业专家的意见等。

首先，企业需要确定市场细分的标准，包括地理、人口统计、心理特征、行为特征等。例如，根据地理位置，市场可以被细分为不同的国家或地区；根据人口统计信息，市场可以按照年龄、性别、收入水平等进行划分。此外，心理特征如生活方式、价值观，以及行为特征如购买频率、品牌忠诚度等，也是重要的细分标准。

在数据收集过程中，企业应关注消费者的需求和偏好，这些信息可以通过消费者调研问卷的形式来获取。调研问卷有助于我们对消费者基本属性、消费偏好、购物闭环链路等行为特征进行深入洞察。例如，分析消费者在购前、购中、购后的行为，可以帮助企业了解消费者的购物链路，并据此优化平台服务。

技术环境同样对市场细分有着重要影响。互联网和移动通信技术的发展为跨境电商提供了技术基础，使得企业能够通过数字化手段触达全球市场。数据分析在这一过程中扮演了关键角色，它可以帮助企业了解消费者行为、优化个性化营销策略、进行竞争分析以及优化跨境物流。

其次，企业还需要考虑宏观细分和微观细分的标准。宏观细分可能基于国家的经济、文化、地理等因素，微观细分则更侧重于国内市场的具体消费者行为。例如，一个生产电子计算机的企业可能会根据各国（地区）的经济技术水平和对电子计算机的需求来划分市场，然后进一步根据不同国家和地区的消费者具体需求来进行微观细分。

最后，企业需要将收集到的数据进行整理和分析，以识别市场细分的机会和风险，并据此制定进入策略。这包括了解不同细分市场的潜力、竞争状况和进入障碍。通过这一过程，企业可以确定最有潜力的目标市场，并为每个目标市场定制营销组合策略。

2. 确定细分基础

根据收集的数据，确定市场细分的依据，如地理位置、人口统计特征、心理特征、行为特征等。

（1）地理细分。根据消费者的居住国、地区、城市规模或气候等地理因素进行市场细分。

（2）人口统计细分。依据年龄、性别、收入水平、教育程度等人口统计特征来区分不同的消费者群体。

（3）心理细分。根据消费者的生活方式、价值观、个性特点等心理因素进行市场细分。

（4）行为细分。依据消费者的购买行为，如购买频率、品牌忠诚度、产品使用场合等行为特征进行细分。

3. 分析和评估细分市场

对细分市场的分析和评估是识别和选择目标市场的关键步骤。这一过程要求企业对每个潜在的细分市场进行深入研究，以确定其市场规模、增长潜力、竞争环境和盈利能力。

首先，企业需要评估各细分市场的规模和增长潜力，包括分析消费者的数量、购买力水平以及市场需求的稳定性。市场调查是评估市场潜力的基础工作，开展此项工作时不可忽视消费者数量和购买力这两个关键因素。

其次，细分市场内的竞争状况也是评估的重要内容。企业需要识别现有和潜在竞争对手，评估其的市场占有率、产品或服务的优势以及市场地位。同时，企业还应考虑新进入者的威胁和替代品的影响，这些都会影响细分市场的吸引力。

此外，企业必须考虑细分市场的特征及其与自身目标和资源优势的匹配程度。企业应选择那些能够充分发挥其资源优势的细分市场，确保其营销策略与市场需求高度一致。

评估细分市场的投资回报水平也是决定目标市场选择的重要因素。企业追求的是高投资回报率，因此必须对各细分市场的利润潜力进行科学估测。

有效的市场细分还应具备可衡量性、可进入性、可赢利性、差异性和相对稳定性。这意味着细分市场应该容易识别和衡量，企业能够通过有效的营销和分销渠道进入这些市场，并且市场规模足够大，能够带来可观的收益。

在实施市场细分策略时，企业可以采用不同的方法，如单一变量法、主导因素排列法、综合因素细分法和系列因素细分法。这些方法可以帮助企业根据不同的标准和需求，将市场划分为更具体的细分市场。

4. 选择目标细分市场

选择目标细分市场是跨境网络营销中的一项关键任务，它要求企业在对国际市场进行宏观和微观细分的基础上，评估各细分市场的潜力与风险，进而决定进入哪些市场。

在选择目标细分市场时，企业需要先对宏观细分后的市场进行初步筛选，分析不同国家的市场在政治、经济、文化等宏观环境上的差异，选择政治风险较小、文化障碍较少、经济政策较好的国家和地区作为备选市场。这一步骤的目的是缩小选择范围，集中资源和注意力在那些最有可能带来收益的市场上。

接下来，企业要对这些备选市场的具体特点进行深入分析，评估产品的市场潜力，包括现有市场规模和预测市场增长率。这一步的目的是理解各细分市场的消费者需求和购买行为，以确定哪些市场细分具有最大的增长潜力和盈利能力。

评估企业的进入能力也是一个关键步骤，包括企业的产品优势、竞争实力、财力资源、生产能力和可选择的分销渠道。企业必须确保所选市场与公司的整体目标是相容的。

在对不同子市场进行评估后，企业可以选择一种或多种策略来选择目标市场，如专注于单一子市场、选择多个子市场或根据市场的需求和企业的资源能力进行定制化选择。选择目标市场时，企业还应考虑潜在竞争、市场规模及其发展潜力等因素。

最终，企业需要实施并监测市场细分的策略，包括按照既定策略将资源投入目标市场开展营销活动，并通过市场调研和数据分析来监测市场的反应，及时调整策略。定期评估市场细分的成果和更新细分策略也是确保跨境网络营销成功的重要因素。

5. 制定定制化营销策略

在跨境网络营销中，制定定制化营销策略是至关重要的。这要求企业基于对目标市场深入的细分分析，来设计和实施满足特定消费者需求的营销计划。

1）市场细分的重要性

企业必须首先识别和理解不同消费者群体的需求和偏好。通过市场细分，企业能够更好地定位产品，提供更加个性化的服务，从而满足不同消费者的需求。

2）数据驱动的洞察

利用大数据和人工智能技术，企业可以收集和分析消费者的购买历史、浏览行为和社交媒体活动，从而获得深入的消费者洞察。这些数据可以帮助企业预测市场趋势，制定更有针对性的营销策略。

3）个性化的产品与服务

基于对消费者需求的理解，企业可以提供定制化的产品或服务。这不仅包括产品功能和设计的个性化，还涉及客户服务和沟通方式的个性化。

4）本土化策略

在不同国家和地区，文化差异对消费者行为有显著影响。因此，企业需要采取本土化策略，调整产品和营销信息以适应当地市场的特点和偏好。

5）多渠道营销

定制化营销策略应涵盖多个渠道，包括线上/线下平台，确保与消费者的沟通/接触点能够满足不同消费者群体的需求。

6）实时互动与反馈

企业应利用技术手段实现与消费者的实时互动，收集反馈信息，并快速响应消费者需求的变化，以持续优化营销策略。

7）灵活的供应链管理

为了支持定制化营销，企业需要建立灵活的供应链，以快速响应市场变化和消费者个性化需求。

8）持续的关系建设

定制化营销不是一次性的交易，而是需要建立和维护与消费者之间的长期关系。通过持续的沟通和服务，企业可以提高客户忠诚度和品牌声誉。

通过这些策略，企业能够在竞争激烈的跨境市场中获得优势，满足全球消费者的个性化需求，并实现可持续的业务增长。

图 2-2 为跨境网络营销中对国际市场进行细分的流程。

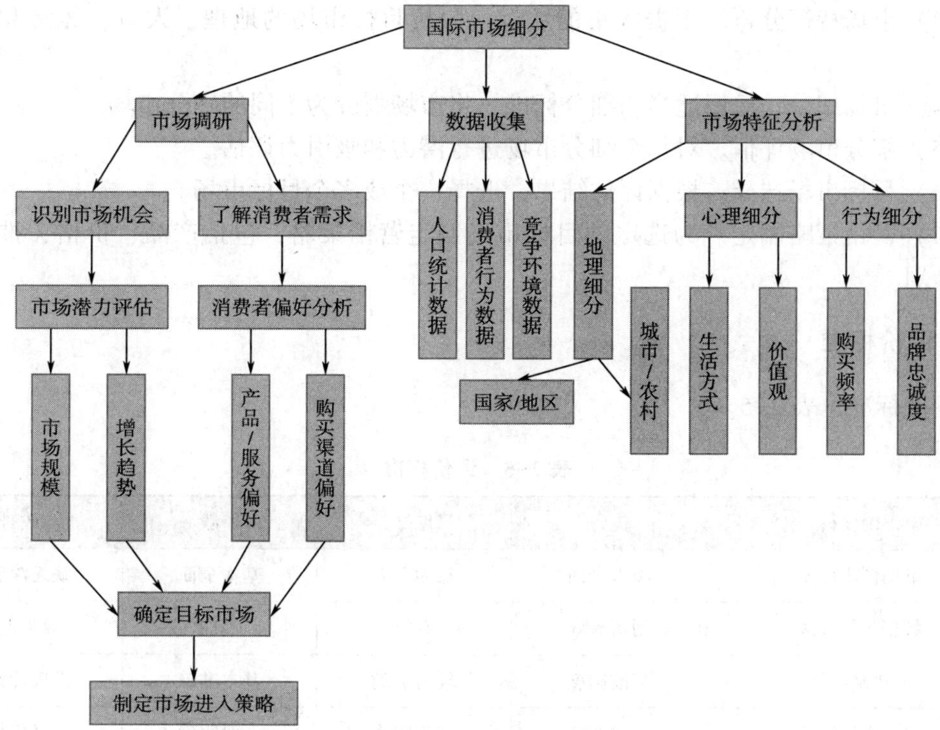

图 2-2　国际市场细分的流程

三、任务实施

本次任务为国际市场细分。

（一）任务目标

（1）理解国际市场细分的重要性和基本原理。
（2）学会收集和分析国际市场数据。
（3）能够根据不同的标准对国际市场进行细分。
（4）制定基于细分市场的营销策略。

（二）任务要求

（1）学生需要以小组形式完成市场调研。
（2）收集目标国家或地区的人口统计、经济、文化和技术数据。
（3）运用市场细分理论，识别并分析不同的消费者群体。
（4）基于细分结果，提出至少一套定制化的营销策略。

（三）实施步骤

（1）市场调研。确定研究目标和范围，设计调研问卷或访谈指南。
（2）数据收集。通过在线调查、访谈、文献回顾等方法收集数据。

（3）市场特征分析。根据收集的数据，分析目标市场的地理、人口、经济和文化特征。

（4）市场细分。运用适当的细分标准，将市场划分为不同的细分市场。

（5）细分市场评估。对每个细分市场进行潜力和吸引力评估。

（6）目标市场选择。根据评估结果，选择一个或多个目标市场。

（7）营销策略制定。为选定的目标市场制定营销策略，包括产品、价格、推广和分销计划。

（四）评价标准

评价标准见表2-5。

表2-5 评价标准

评价项目	优秀	良好	一般	需改进
市场调研深度	深入全面	较为全面	基本全面	缺乏深度
数据收集方法	创新有效	有效	一般	效果差
分析准确性	高准确度	较为准确	基本准确	准确性低
细分市场定义	清晰明确	较为明确	一般明确	定义模糊
营销策略创意	高创意	有创意	一般	缺乏创意
策略实施可行性	高可行性	可行	基本可行	可行性低

（五）任务提交

（1）提交一份书面报告，包括市场调研、数据分析、市场细分、目标市场选择和营销策略。

（2）报告应逻辑清晰，数据准确，分析深入。

（3）营销策略应具有创新性和针对性。

（六）任务评价

（1）教师将根据该评价表对每个学生或小组的任务完成情况进行评价。

（2）评价结果可反映学生对国际市场细分理论和实践的掌握程度。

通过完成这项任务，学生得以将理论知识应用于实际情境中，从而提高解决实际问题的能力，并为未来的职业生涯打下坚实的基础。

四、任务评价

任务评价表见表2-6。

表 2-6　任务评价表

	学习态度（20%）	团队合作（20%）	完成率（50%）	其他表现（10%）	小计（100%）	综合评价
小组评分（30%）						
个人评分（20%）						
老师评分（50%）						
综合得分（100%）						

知识拓展

阿里巴巴国际站（Alibaba International Station）

阿里巴巴国际站是中国领先的B2B跨境电商平台，自1999年成立以来，一直致力于连接全球买家和中国的供应商。该平台以其强大的供应链网络、先进的技术和创新的商业模式，成为全球电子商务领域的重要参与者。

一、市场细分策略

1. 地理细分。阿里巴巴国际站根据地理位置将全球市场划分为不同的区域，如北美、欧洲、亚太等，以识别各区域的特定需求和消费习惯。

2. 人口细分。平台通过分析不同年龄段、收入水平和职业等人口统计特征，为不同消费者群体提供定制化的产品和服务。

3. 心理细分。了解不同文化背景下消费者的价值观和生活方式，帮助平台更好地定位产品和服务，满足消费者的个性化需求。

4. 行为细分。通过分析消费者的购买行为，如购买频率、所偏好的支付方式和购物渠道等，阿里巴巴国际站得以为用户提供更加个性化的购物体验。

二、实施步骤

1. 数据收集与分析。利用大数据分析工具，收集有关消费者行为、市场趋势和竞争对手信息的数据，为市场细分提供依据。

2. 目标市场选择。基于细分结果，选择具有最大增长潜力和与平台资源相匹配的市场作为目标市场。

3. 定制化营销策略。为每个目标细分市场制定专属的营销策略，包括产品推荐、促销活动和定价策略。

4. 本地化运营。通过本地化语言、货币和支付方式，提高平台对本地消费者的吸引力。

三、技术应用

阿里巴巴国际站运用最新的互联网技术，如人工智能和大数据分析，以提高其市场细分的准确性和营销策略的有效性。

四、挑战与机遇

随着全球贸易环境的不断变化，阿里巴巴国际站面临合规性、物流成本和国际政治风险等挑战。同时，新兴市场的崛起和数字技术的快速发展也为平台带来了新的机遇。

通过上述案例，我们可以看到国际市场细分在跨境网络营销中的重要性和在实际应用中的表现。阿里巴巴国际站的成功在于其对不同市场细分的深入理解和精准定位，以及不断创新和适应市场变化的能力。

习题

（一）选择题

1. 国际市场细分的主要目的是（　　）。

A. 增加产品价格　　B. 找到潜在市场机会

C. 降低生产成本　　D. 减少竞争对手

2. 以下哪个因素不是国际市场细分的常用标准？（　　）

A. 地理　　B. 人口统计

C. 心理图像　　D. 生产能力

3. 在国际市场中，基于消费行为进行细分的主要依据是（　　）。

A. 消费者的年龄　　B. 消费者的购买习惯

C. 消费者的地理位置　　D. 消费者的收入水平

（二）填空题

1. 国际市场细分可以根据不同的________________、人口统计、心理特征和行为特征进行划分。

2. ________________细分是指根据消费者的地理位置将市场划分为不同区域。

3. 心理细分主要考虑消费者的________________、生活方式和个性特征。

（三）名词解释

1. 国际市场细分

2. 地理细分

3. 人口统计细分

4. 心理细分

（四）简答题

1. 如何识别和利用不同地区的消费者行为差异？

2. 如何结合文化因素和市场趋势来细分国际市场？

3. 如何评估和选择最具潜力的细分市场？

任务四　环境分析的策略与应用

一、任务描述

在跨境网络营销的领域中，环境分析是一个关键的步骤，它要求营销人员深入理解和评估影响国际市场的各种因素。

本任务旨在培养学生对跨境网络营销环境的全面分析能力，掌握使用各种工具和方法来评估市场机会与风险，并学会将分析结果应用于制定有效的营销策略。

二、相关知识

跨境网络营销的环境分析是一个多维度的过程，涉及如何使用各种工具与方法来评估市场环境，以及根据这些分析结果来制定和应用营销策略。以下是相关知识的分点描述：

（一）环境分析工具与方法

1. 市场调研

市场调研是环境分析的起点，要收集有关目标市场的基本信息和数据。

1）定量调研

跨境网络营销的环境分析工具与方法中的定量调研是一种系统的数据收集技术，它通过数学统计方法来量化市场特征和消费者行为。定量调研的目的在于获得可量化的数据，这些数据可以用于统计分析，帮助企业做出基于证据的决策。

定量调研通常包括以下几个关键步骤：

（1）调研设计。首先需要明确调研目标和研究问题。根据这些目标，设计调研问卷或调研工具，以确保它们能够有效地收集所需信息。

（2）样本选择。定量调研有赖于对特定人群的代表性样本进行调查。样本的选择应基于随机抽样或其他统计抽样方法，以确保调研结果的普遍性和可靠性。

（3）数据收集。数据可以通过多种方式收集，包括在线调查、电话访谈、面对面访谈等。在线调查尤其适用于跨境网络营销，因为它可以迅速触达全球范围内的消费者。

（4）数据编码和处理。收集到的数据需要进行编码和处理，以便于分析，包括将开放式回答转换为可分析的格式、清洗数据以去除错误或异常值等。

（5）统计分析。使用描述性统计和推断性统计方法来分析数据。描述性统计提供对数据集的基本情况的概述，推断性统计则从样本数据推断出总体特征。

（6）结果解释。分析结果需要得到解释并转化为对营销策略有意义的见解。这可能涉及对消费者趋势、偏好模式或市场细分的识别。

（7）报告撰写。将调研结果和见解整理成报告，报告应清晰地展示分析过程和结论，并提供数据支持的建议。

定量调研的优势在于其结果的客观性和可重复性，可以为企业提供明确的市场洞察。然而，定量调研也有其局限性，如可能忽视消费者行为背后的深层次原因和动机。因此，在跨境网络营销中，定量调研通常与定性调研相结合使用，以获得更全面和深入的市场理解。

2）定性调研

定性调研通常不依赖对统计数据的量化分析，而是通过收集非结构化的数据来深入了解市场现象。它侧重于问题的质的方面，探索消费者的感受、态度、信念以及行为背后的深层次原因。定性调研的结果有助于揭示消费者的真实需求和偏好，从而为营销策略的制定提供有力的支持。

定性调研的方法包括但不限于以下几种：

（1）深度访谈。通过与消费者或行业专家进行一对一访谈，深入了解其感受和观点。这种方法可以帮助研究者获得更深层次的信息，理解消费者的内在动机和需求。

（2）焦点小组。组织一小群目标消费者，由专业主持人引导讨论，收集他们对特定主题的看法和建议。焦点小组能够快速揭示群体中的共同观点和潜在问题。

（3）观察法。通过观察消费者的自然行为而不仅仅是听取他们的口头表述，研究者可以了解消费者在使用产品或服务时的实际情况。

（4）案例研究。对特定的消费者或市场现象进行深入研究，分析其独特性和代表性，从而获得对市场细分或消费者行为的深刻理解。

（5）内容分析。对社交媒体、在线评论、博客等文本内容进行系统分析，以识别消费者的情绪、偏好和相关消费趋势。

（6）田野调查。研究者深入特定社会文化背景，通过参与观察和访谈收集数据，了解消费者的行为和文化习俗。

（7）扎根理论。通过收集和分析数据，从实践中发展理论，强调理论生成与数据的紧密结合。

定性调研的优势在于其灵活性和深度，能够提供对复杂现象的全面理解。然而，定性调研的结果可能受到研究者主观性的影响，且难以推广到更大的群体。因此，在实际应用中，定性调研常与定量调研相结合，以获得更全面和可靠的市场洞察。

2. PEST 分析

跨境网络营销环境分析中的 PEST 分析是一种关键工具，用于评估宏观环境对企业战略目标和战略制定的影响。

PEST 分析也称为政治、经济、社会和技术分析，是一种战略规划工具，用于评估影响企业或组织的外部宏观环境因素。通过这一分析，企业能够识别宏观环境中的机会与威胁，并据此制定相应的战略。

1）PEST 分析的四个要素

（1）政治（Political）。该要素涉及政府政策、法律法规、政治稳定性等，这些因素直接影响企业的经营许可、税收政策和运营成本。

（2）经济（Economic）。该要素包括 GDP 增长率、通货膨胀率、汇率变动等经济指标，这些因素影响消费者的购买力和企业的定价策略。

（3）社会（Social）。该要素涉及人口结构、文化价值观、教育水平等，社会因素影响消费者的需求和偏好，进而影响市场趋势。

（4）技术（Technological）。该要素包括技术创新、研发能力和技术变革，技术进步可能为企业带来新的机遇或挑战。

2）PEST 分析的应用

PEST 分析广泛应用于企业战略规划、市场研究、政策制定等领域。它能帮助企业或组织了解外部环境的变化趋势，及时调整战略和业务模式，以适应市场发展。

3）PEST 分析的步骤

PEST 分析的步骤见图 2-3。

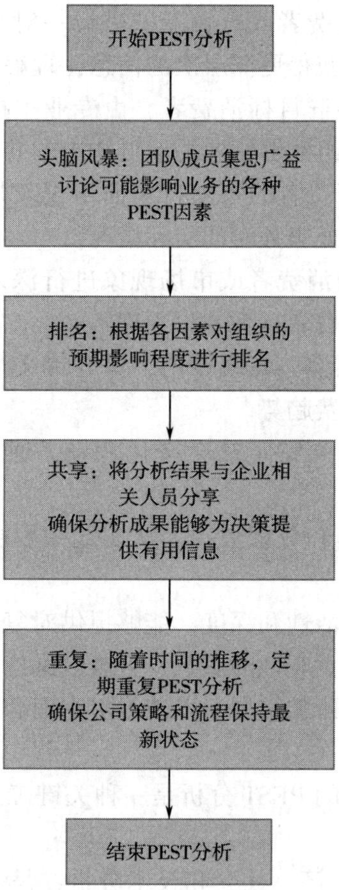

图 2-3　PEST 分析的步骤

4）PEST 分析的意义

PEST 分析有助于企业识别关键外部因素，预测未来趋势和变化，制定战略决策，降低风险，并指导企业制定决策。通过深入了解外部环境，企业可以更好地了解自身的竞争优势和劣势，从而在制定决策时更加明智。

通过 PEST 分析，企业能够更全面地认识到外部环境中存在的机会与威胁，进而制定更为适应性的发展战略和计划，从而确保在复杂多变的商业环境中做出更明智的决策。

3. SWOT 分析

跨境网络营销环境分析中的 SWOT 分析是一种战略规划工具，用于评估企业在外部市场环境中的优势（Strengths）、劣势（Weaknesses）、机会（Opportunities）和威胁（Threats）。

1）SWOT 分析的内容

（1）优势（Strengths）。这方面用于评估企业的内部资源和能力，包括技术技能、有形和无形资产、人力资源以及组织体系等，这些是企业在市场中获得竞争优势的关键因素。

（2）劣势（Weaknesses）。这方面用于识别企业内部的限制或不足，如缺乏关键技术、资金短缺、管理混乱等，这些因素可能阻碍企业发挥最大潜力。

（3）机会（Opportunities）。这方面用于分析企业可以利用的外部环境因素，如市场需求增长、行业政策变化、技术进步等，以促进企业发展和扩张。

（4）威胁（Threats）。这方面用于评估可能对企业造成损害的外部因素，如新的竞争对手、市场需求减少、不利的法律法规变化等。

SWOT 分析的目的是将这些因素进行系统化思考，形成结构化的分析框架，帮助企业制定战略决策。通过 SWOT 分析，企业得以明确其自身所处的竞争地位，识别关键成功因素，制定相应的战略以利用优势、规避劣势、追求机会和规避威胁。

2）SWOT 分析的步骤

（1）利用各种调研工具综合分析公司所处环境的内外部因素。

（2）构造 SWOT 矩阵，将分析结果进行可视化展示（见图 2-4）。

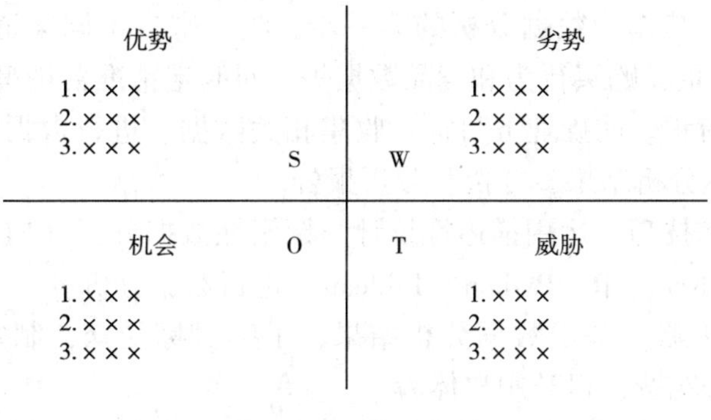

图 2-4 SWOT 矩阵

（3）制订行动计划，确定如何发挥优势、克服弱点、利用机会和应对威胁。

SWOT 分析法的优点在于全面考虑问题，条理清晰，便于检验，有助于企业战略计划的科学制订和全面分析。

4. 五力模型

波特五力模型（Porter's Five Forces Model）是由迈克尔·波特（Michael Porter）在

20世纪80年代初提出的，用于分析行业竞争环境和企业战略的框架，五力模型五个方面的力量如下：

（1）现有竞争者之间的竞争。分析行业内企业的数量、规模、市场份额分布及竞争策略的激烈程度，以及产品差异化、品牌忠诚度、转换成本等因素。

（2）潜在进入者的威胁。考虑行业进入门槛，如规模经济、资本需求、技术专利、法规许可等，以及新进入者可能带来的新产能和技术。

（3）替代品的威胁。评估市场上可替代产品或服务的存在程度，替代品的价格性能比和消费者转换的难易程度。

（4）供应商的议价能力。分析供应商集中度、原材料或关键组件的独特性与稀缺性，以及供应商切换成本和前向整合的可能性。

（5）购买者的议价能力。评估购买者集中度、购买量大小、对价格的敏感度，产品标准化程度，以及买家信息获取能力和市场动态了解程度。

在跨境网络营销环境中，应用波特五力模型有助于企业深入理解目标市场的竞争态势，制定相应的市场进入、产品开发、定价和促销策略。例如，在跨境电商领域，企业需要特别关注不同国家和地区的法律法规、消费者行为、物流配送等因素，以及如何应对数字技术带来的市场变化和消费者需求的多样化。

波特五力模型不仅是一种分析工具，也是企业制定战略、优化营销策略、提升竞争力的重要参考。通过综合分析五种力量，企业可以更好地把握市场趋势，识别机会与威胁，从而在激烈的市场竞争中保持优势。

5. 数据分析和解读

在跨境网络营销环境中，数据分析和解读是至关重要的环节，能够帮助企业深入了解市场动态、消费者行为、产品表现等关键信息，从而制定更为精准有效的营销策略。以下是数据分析和解读的关键步骤和方法：

（1）数据收集。其作为数据分析的第一步，收集来自不同渠道的数据，包括社交媒体、SEO、网站流量、购买行为和竞品数据等，对制定精准营销策略至关重要。

（2）数据分析流程。明确业务目标，收集相关数据、进行数据预处理、分析数据，通过数据可视化传达分析结果，并撰写分析报告。

（3）分析方法和技巧。运用描述性统计、探索性数据分析（EDA）、回归分析等方法，通过工具（如Excel、R、Python、Tableau）进行数据分析。

（4）制定营销策略。基于数据分析结果，了解目标受众，制定个性化营销策略，优化营销渠道和广告花费，提升用户体验。

（5）提升广告效果和ROI。通过分析广告转化率、点击率等数据，优化广告内容和投放策略，运用A/B测试等技术进行效果比较和调整。

（6）优化用户体验。监测网站流量和用户行为，分析用户访问路径，优化网站布局和导航，提升用户满意度和转化率。

（7）波特五力模型。结合波特五力模型分析行业竞争态势，考虑供应商和购买者的议价能力、潜在进入者威胁、替代品威胁及同行业竞争者的竞争程度，以进行有利的市场定位和制定有效的竞争策略。

（8）数据可视化。使用图表、报告或数据可视化工具清晰展示分析结果，帮助团队成员理解并做出数据驱动的决策（见图 2-5）。

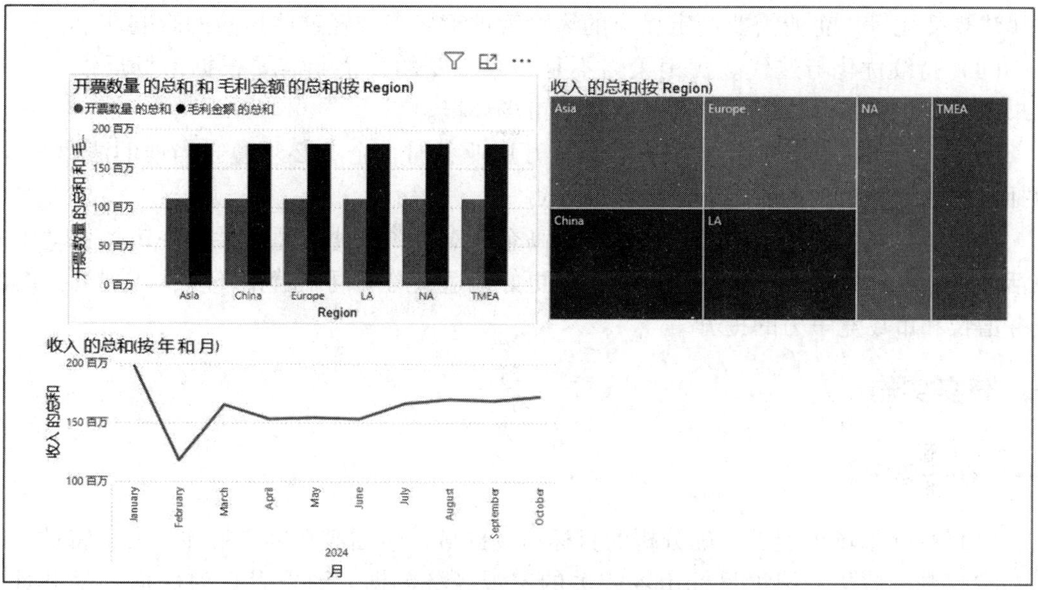

图 2-5　利用 Power BI 进行数据可视化

（9）撰写分析报告。基于分析结果，撰写包含明确结论和建议的报告，为企业提供决策支持。

通过这些步骤和方法，企业可以在跨境电商领域中实现更精准的市场定位、更有效的营销策略和更高的用户满意度，最终提升转化率和市场竞争力。

（二）环境分析的策略与应用

跨境网络营销环境分析中的策略与应用是多维度的，涉及对市场动态的深入理解和精准营销的实施。以下是详细的策略与应用分析：

（1）市场分析与定位。对此，企业需要深入了解目标市场的特点、消费者的需求和偏好，以及竞争对手的策略，包括分析市场趋势、消费者行为和产品市场定位。

（2）营销策略制定。基于市场分析，企业应制定具体的营销目标和关键绩效指标（KPIs），并根据这些目标和指标，设计营销计划和策略。

（3）数据分析与解读。数据分析是跨境网络营销的核心。企业需要收集和分析各种数据，如消费者行为数据、市场趋势、竞争对手情报等，以实现精准营销。

（4）消费者行为研究。了解消费者的购买动机、偏好和行为模式对于制定有效的营销策略至关重要。企业可以通过问卷调查、社交媒体分析等手段收集消费者数据。

（5）产品和服务创新。根据市场和消费者分析的结果，企业可能需要创新其产品和服务以满足特定的市场需求。这可能包括定制化产品、增值服务或独特的购买体验。

（6）利用数字化工具。现代营销策略需要利用数字化工具和平台，如社交媒体、搜索引擎优化（SEO）、内容营销和电子邮件营销等，以提高品牌知名度和消费者参与度。

（7）风险管理。跨境网络营销涉及多种风险，包括货币汇率波动、国际物流问题、法律法规变化等。企业需要制定相应的风险管理策略来减轻这些风险的影响。

（8）持续优化与迭代。营销策略不是一成不变的，企业需要根据市场反馈和营销效果持续优化其策略，以适应不断变化的市场环境。

（9）合规性考虑。在不同国家和地区开展业务时，企业必须遵守当地的法律法规，包括数据保护、消费者权益和广告标准等。

识别潜在风险并制定应对策略，可提高企业对市场变化的适应性和在市场变动中的灵活性。通过这些策略与应用，企业可以更好地适应跨境网络营销环境，实现可持续的业务增长和市场竞争力的提升。

三、任务实施

（一）任务要求

（1）目标市场识别。明确分析的目标市场区域，包括潜在客户群体和文化特性。

（2）数据收集。搜集目标市场相关的宏观经济数据、消费者行为数据、竞争对手信息等。

（3）工具应用。使用市场分析工具（如 SWOT、PESTLE、波特五力模型等）对数据进行深入分析。

（4）策略制定。基于分析结果，制定跨境网络营销策略，包括产品定位、价格策略、促销活动和分销渠道。

（5）实施计划。创建详细的营销计划，分配资源，设定时间表和责任人。

（6）风险评估。识别潜在风险并制定相应的风险应对措施。

（7）效果评估。设定评估标准和指标，用于后续营销活动的效果评估。

（二）实施步骤

（1）市场调研。通过在线问卷、社交媒体监听、行业报告等方式收集市场数据。

（2）数据分析。利用统计软件和分析工具对收集到的数据进行处理和分析。

（3）策略构建。根据分析结果，制定具体的市场进入策略和营销组合。

（4）计划执行。按照既定计划执行营销活动，确保资源的有效分配和良好的时间管理。

（5）监控与调整。实时监控营销活动的效果，根据反馈进行必要的调整。

（6）风险控制。评估实施过程中出现的新风险，并采取预防或应对措施。

（7）效果评价。使用预设的评价标准对营销活动的效果进行量化评估。

四、任务评价

评价标准见表 2-7。

表 2-7　评价标准

评价项目	评价内容	评分标准	分值
市场调研质量	数据收集的全面性和准确性	1~10	
数据分析深度	分析的深度和对策略制定的贡献	1~10	
策略创新性	营销策略的创新性和差异化	1~10	
计划实施效率	营销计划的执行效率和资源利用效率	1~10	
风险管理	风险识别的准确性和应对措施的有效性	1~10	
营销效果	营销活动对销售和品牌知名度的实际影响	1~10	

知识拓展

在跨境网络营销领域，企业正通过创新的策略和工具应对复杂多变的市场环境。以下是几个真实案例，展示了跨境网络营销环境分析、工具与方法以及策略与应用的实践。

一、环境分析工具与方法

跨境电商企业利用先进的数据分析工具来洞察市场趋势和消费者行为。例如，一些企业使用 Google Analytics 等网站访问分析工具来追踪流量数据，同时通过社交媒体和在线社区来收集用户反馈。此外，还有专门针对跨境电商市场的产品调研工具，如 PickFu、Sell the Trend 等，帮助企业发现市场趋势和潜在的热门产品。

二、策略与应用

跨境企业通过精准的网络营销策略来吸引和维护客户。例如，天猫国际通过升级直营业务、打造海外仓直购新模式，并与淘宝直播、微博等多渠道联合，扩宽内容触达渠道，构建起内容化营销阵地。奥买家则通过技术驱动“线上+线下”双线购模式，推动新零售发展，形成跨境贸易综合服务生态体系。

三、真实案例

阿里巴巴国际站：作为 B2B 跨境电商平台，它利用全球数字网络优势，赋能中小企业出海，帮助西安企业通过精准匹配买家和细分行业，实现传统外贸向跨境电商的转型。

SHEIN：通过创新数字化柔性供应链，SHEIN 成为全球最受欢迎的时尚品牌之一。它推出了“希有引力”计划，旨在帮助中小商家和产业带通过跨境电商出海，实现销售与品牌提升的同时进行数字化升级。

这些案例展示了跨境电商企业如何通过综合利用数据分析、创新技术和多渠道营销策略，在全球化的市场中获得竞争优势。通过这些实践，企业不仅提升了自身的国际竞争力，也为其他企业提供了宝贵的经验和启示。

习题

（一）选择题

1. 环境分析的主要目的是（　　）。

A. 确定产品定价　　　　B. 识别外部机会和威胁

C. 优化生产流程　　D. 提高员工满意度

2. 在 PEST 分析中，以下哪个因素属于社会文化环境？(　　)

A. 政府政策　　B. 经济增长率

C. 人口结构　　D. 科技水平

3. SWOT 分析中的“W”代表(　　)。

A. 威胁　　B. 优势

C. 弱点　　D. 机会

(二) 填空题

1. 环境分析通常包括____________________、经济、社会文化和技术等多个方面的评估内容。

2. 在环境分析中，PEST 模型用来分析____________________、经济、社会和技术四个方面的因素。

3. SWOT 分析是一个用于评估企业内部优势和劣势以及外部机会和____________________的工具。

(三) 名词解释

1. 环境分析

2. PEST 分析

3. SWOT 分析

4. 竞争分析

（四）简答题

1. 请解释环境分析的概念，并讨论其在企业战略制定中的重要性。

2. 描述 PEST 分析的四个方面，并举例说明如何应用该分析工具。

3. SWOT 分析如何帮助企业识别和利用外部机会？请结合实际案例进行说明。

4. 讨论环境分析的策略与应用在新产品开发过程中的作用，并给出具体的实例。

项目三　跨境网络营销战略规划

随着全球化的加速和互联网的普及，A 公司是创新产品的中小型企业，希望通过跨境电商平台进入国际市场。这家企业专注于环保产品（如可降解包装、可重复使用的购物袋等），其目标是吸引寻求可持续生活方式的消费者。

在进行市场调研后，该公司发现多个潜在市场，如欧洲、北美和东南亚，尤其是对环保产品有较高需求的国家。虽然市场前景广阔，但企业也面临诸多挑战，如复杂的国际物流、不同国家的法规和标准、文化差异以及竞争对手的压力。

为了确保成功进入这些市场，A 公司决定制定一份全面的跨境网络营销战略规划。此规划将涵盖以下几个关键方面：

1. 市场分析。了解目标市场的消费者需求、竞争环境、市场规模以及潜在的销售渠道。

2. 产品定位。根据不同市场的文化和消费习惯，对产品进行本地化调整，以确保符合当地消费者的期望。

3. 营销策略。制定合适的数字营销方案，包括社交媒体营销、搜索引擎优化（SEO）、内容营销和电子邮件营销等，以提高品牌知名度，并吸引目标客户。

4. 物流与供应链管理。设计高效的物流解决方案，以确保产品能够顺利送达消费者手中，同时控制成本。

5. 法律合规。研究并遵守目标市场的法律法规，以确保产品和营销活动的合规性，规避法律风险。

6. 绩效评估。设定关键绩效指标（KPI），定期评估营销策略的效果，以便及时调整和优化。

A 公司希望能够有效地进入国际市场，提升品牌影响力，并实现业务的可持续增长。同学们将在项目中模拟制定跨境网络营销战略，分析各项战略的可行性，并提出切实可行的实施方案。

项目任务书

任务编号	分项任务	职业能力目标	知识要求	参考课时
任务一	跨境网络营销的 STP 战略	1. 掌握市场细分、目标市场选择和市场定位的基本理论与技巧，能够制定有效的 STP 战略。 2. 具备敏锐的市场分析能力，能够准确识别和评估海外市场细分及其潜在需求。	1. 理解市场细分、目标市场选择和市场定位的定义及其在跨境网络营销中的重要性。 2. 熟悉不同的市场细分标准及如何评估潜在市场的规模和竞争态势。	2

任务编号	分项任务	职业能力目标	知识要求	参考课时
任务一	跨境网络营销的STP战略	3. 具有良好的跨文化沟通能力，能够根据不同文化背景调整营销策略，以实现有效的市场定位。 4. 能够运用数据分析工具，评估营销活动的效果并提出优化建议，以提升整体营销效果。 5. 具备团队合作精神，能够与团队成员协作，推动跨境网络营销活动的顺利实施	3. 认识文化差异对消费者行为的影响，并能够调整营销策略以适应不同市场	2
任务二	跨境网络营销组合策略	1. 理解4P（产品、价格、渠道、促销）模型在跨境网络营销中的应用，能够结合目标市场需求制定综合营销策略。 2. 能够运用市场调研工具，分析海外市场趋势和消费者行为，以优化营销组合策略。 3. 能够设计和实施创新的促销活动，结合数字营销渠道，提升品牌曝光和销售转化率	1. 掌握4P（产品、价格、渠道、促销）及其在跨境网络营销中的具体应用，了解各要素如何相互关联。 2. 熟悉不同的市场调研方法和工具，能够收集和分析数据，以支持营销组合策略的制定。 3. 认识文化差异对产品定位、定价策略和促销手段的影响，能够根据不同市场需求调整营销组合策略	2
任务三	跨境网络营销的品牌建设与传播	1. 理解品牌定位、品牌识别和品牌价值的重要性，能够制定有效的品牌战略以提升品牌形象。 2. 能够运用数字营销、社交媒体、内容营销等多种传播渠道，有效推广品牌并增强品牌影响力。 3. 能够分析品牌传播效果，运用数据分析工具进行效果评估，并根据反馈进行品牌战略的调整和优化	1. 掌握品牌定位、品牌识别、品牌价值和品牌忠诚度的基本理论及其在跨境市场中的重要性。 2. 熟悉各种数字营销渠道（如社交媒体、电子邮件、内容营销等）的特点和应用，能够选择适合的渠道进行品牌传播。 3. 了解如何制定有效的品牌传播策略，包括内容创作、受众分析和传播效果评估，以实现品牌目标	1
任务四	跨境网络营销的风险管理与应对策略	1. 能够识别跨境网络营销中的各种潜在风险。 2. 具备制定应对策略的能力，能够针对不同类型的风险设计相应的预防措施和应急计划，以降低风险影响。 3. 能够持续监测市场变化和风险动态，及时调整风险管理策略，确保跨境网络营销活动的顺利进行	1. 掌握风险管理的定义、重要性及其在跨境网络营销中的应用。 2. 熟悉跨境网络营销中常见的风险类型。 3. 了解各种风险应对方法和策略，包括规避、减轻、转移和接受风险的具体措施，以制定有效的风险管理方案	1
职业素养目标		1. 具备良好的跨文化沟通技巧，能够有效理解和尊重不同文化背景下的消费者需求与市场趋势，以促进国际业务关系的建立和维护。 2. 能够在多元化团队中有效合作，展现出良好的领导能力，协调各方资源，共同推动跨境网络营销战略的实施与优化。 3. 保持对新兴市场和技术变化的敏感性，具备快速适应环境变化的能力，主动学习和更新相关知识，以应对不断变化的市场挑战		

任务一　跨境网络营销的 STP 战略

一、任务描述

在跨境网络营销中，STP 战略（细分、目标市场选择、定位）是制定有效市场营销计划的关键。通过 STP 战略，企业可以更准确地识别并满足不同市场和消费者群体的需求，提升市场竞争力。该任务要求学生运用 STP 战略分析一个具体的产品或服务在跨境市场中的应用（见表 3-1）。

表 3-1　跨境网络营销的 STP 战略任务描述

任务目标	1. 市场细分。分析目标市场，识别不同的消费者群体，依据地理、人口、心理和行为等因素进行市场细分
	2. 目标市场选择。根据市场细分的结果，评估各细分市场的吸引力，选择最具潜力和适合的目标市场进行深入分析
	3. 品牌定位。制定明确的品牌定位策略，确保产品或服务在目标市场中具有独特的竞争优势，满足特定消费者的需求
任务要求	1. 市场调研。进行相关市场调研，收集数据以支持分析，包括消费者偏好、竞争对手情况等
	2. 报告撰写。撰写一份完整的报告，包括市场细分、目标市场选择和品牌定位的详细分析，并提出合理的营销建议
	3. 时间规划。制定任务的时间表，明确各个阶段的完成时间，以确保任务按时完成
预期成果	1. 一份详尽的 STP 战略报告，能够清晰展示市场分析过程、目标市场选择依据及品牌定位策略
	2. 提出的营销建议应具备可行性和创新性，能够为跨境网络营销提供切实可行的指导

二、相关知识

（一）STP 战略概述

STP 战略是市场营销的核心框架，帮助企业识别和满足不同消费者需求，提高市场营销的有效性。

（二）市场细分 S（Segmentation）

定义：市场细分是将广泛的市场划分为具有相似需求或特征的消费者群体的过程（见表 3-2）。

表 3-2　市场细分标准

类别	具体内容
地理细分	按地区、国家、城市等进行划分
人口细分	按年龄、性别、收入、教育水平等人口特征划分
心理细分	按消费者的生活方式、价值观、个性等特征进行划分
行为细分	根据消费者的购买行为、使用习惯、品牌忠诚度等进行划分

目的：通过市场细分，企业可以更好地理解各个消费者群体的需求，从而制定有针对性的营销策略。

（三）目标市场选择 T（Targeting）

定义：目标市场选择是根据市场细分的结果，评估各个细分市场的吸引力，并选择最具潜力的市场进行重点营销的过程（见表 3-3）。

表 3-3　选择策略

类别	具体内容
无差异营销	针对整个市场制定统一的营销策略，以适应需求相似的产品
差异化营销	针对不同细分市场制定不同的营销策略，以满足各个群体的特定需求
集中营销	专注于一个或几个细分市场，深耕特定领域，适合资源有限的企业
微营销	根据个体或小群体的需求进行高度定制化的营销

（四）品牌定位 P（Positioning）

定义：品牌定位是确定产品或品牌在目标市场中的独特地位，突出与竞争对手的差异，以满足目标消费者的期望（见表 3-4）。

表 3-4　定位策略

类别	具体内容
基于产品特性定位	强调产品的独特功能或特性。例如，一款高科技电子产品可以强调其创新技术和卓越性能
基于用户定位	突出目标消费者的特定需求和群体特征。例如，针对年轻女性的时尚品牌可能会强调潮流和个性化
基于竞争者定位	通过与主要竞争对手的比较，突出自身产品的优势。例如，强调产品的性价比或更优质的客户服务
基于使用场景定位	根据消费者在特定场景下的使用需求进行定位。例如，运动品牌可能会强调产品在极限运动中的性能表现

使用定位图（Perceptual Map）可视化不同品牌在消费者心中的位置，帮助识别市场空白和竞争机会。

（五）跨境网络营销中的STP应用

1. 市场调研

在跨境网络营销中，进行详尽的市场调研是成功实施STP战略的基础。应关注目标市场的文化、法律法规、消费习惯、竞争环境等因素。

2. 文化适应性

考虑不同国家和地区的文化差异，制定相应的细分和定位策略，以确保营销信息能够被目标消费者有效理解和接受。

3. 技术与渠道

利用数字营销工具和社交媒体平台进行市场细分和目标市场推广。例如，使用数据分析工具来评估消费者行为，利用社交媒体广告针对特定人群投放广告。

跨境网络营销的成功与否在很大程度上取决于企业对STP战略的有效执行。通过深入分析市场，明确目标消费者并进行精确的品牌定位，企业能够在竞争激烈的国际市场中脱颖而出。以下是企业在实施STP战略时的一些关键要素：

（1）持续的市场监测。随着市场环境的变化，企业应持续监测市场趋势和消费者行为，以调整其STP策略。

（2）数据驱动的决策。利用大数据和分析工具，企业可以获得对市场的深入洞察，从而有助于制定更精准的市场细分和定位策略。

（3）有效的沟通策略。确保跨文化沟通的有效性，通过适当的营销渠道和语言，传达清晰的品牌信息。这不仅包括广告和促销的内容，还包括社交媒体互动和客户服务的语言风格。

（4）客户反馈机制。建立有效的客户反馈机制，收集消费者的意见和建议，以便及时调整市场策略和产品设计，增强客户满意度和忠诚度。

（5）品牌体验的优化。通过优化消费者的品牌体验，确保在各个接触点上提供一致的品牌信息和高质量的服务。无论是在网站体验、社交媒体互动还是售后服务方面，品牌都应保持一致性和高标准。

随着全球化的不断推进和数字技术的快速发展，跨境网络营销的STP战略面临新的挑战和机遇。企业需要持续创新，采用新的技术手段，如人工智能和机器学习，来提高市场细分的准确性，并优化目标市场的选择和品牌定位。

（六）重要注意事项

（1）遵循法律法规。跨境网络营销必须遵循目标市场的法律法规，包括数据隐私、消费者保护和广告标准等，以规避法律风险。

（2）文化敏感性。在制定营销策略时，要对不同文化的敏感性保持警觉，以避免文化冒犯或误解，确保品牌形象的正面传播。

（3）竞争分析。持续关注竞争对手的动态，及时调整自身的 STP 策略，以适应市场变化，确保在竞争中保持优势。

（七）实际应用小贴士

（1）利用社交媒体。在不同国家和地区，选择适合当地消费者的社交媒体平台进行营销，制定符合当地文化的内容策略。

（2）定制化产品。根据不同市场的需求推出定制化产品和服务，以满足特定消费者群体的独特需求。

（3）品牌故事讲述。通过讲述品牌故事来增强品牌与消费者的情感联系，尤其是在文化差异较大的市场中，情感共鸣可以促进品牌忠诚度。

补充资料

STP 战略步骤

STP 最主要的问题是把产品卖给谁？

制定 STP 战略有三个步骤。

一、市场细分

通过市场调研发现消费者需求和欲望的行为和购买习惯的差异点，把产品市场整体分为若干消费群体的市场分类过程。每一个消费群体都指向一个细分市场，每个细分市场都指向最有需求倾向的消费者群体。

市场细分常见的方法有以下几种：

（1）地理细分：国家、地区、城市、农村、气候、地形。

（2）人口细分：年龄、性别、职业、收入、教育、家庭人口、家庭类型、家庭生命周期、国籍、民族、宗教、社会阶层。

（3）心理细分：社会阶层、生活方式、个性。

（4）行为细分：时机、追求利益、使用者地位、产品使用率、忠诚程度、购买准备阶段、态度。

（5）受益细分：追求的具体利益、产品带来的益处（如质量、价格、品位等）。

二、确定市场目标

通过有关市场细分的分析后，企业要生产相同的产品和优秀的服务，满足几个市场。如果企业没有足够的资源和资金来满足在整个市场中扩大份额的目标，就要找到最适合自己的产品的市场。

三、进行市场定位

企业要对潜在客户的心理进行研究，通过营销设计创立产品品牌，让企业形成某种形象和个性特征，让目标客户对企业留下深刻的印象，从而获得被优先购买的机会。

市场细分的目的，最主要的就是对顾客的参与化进行研究，以获得更多的收益。

图 3-1 为 STP 营销战略。

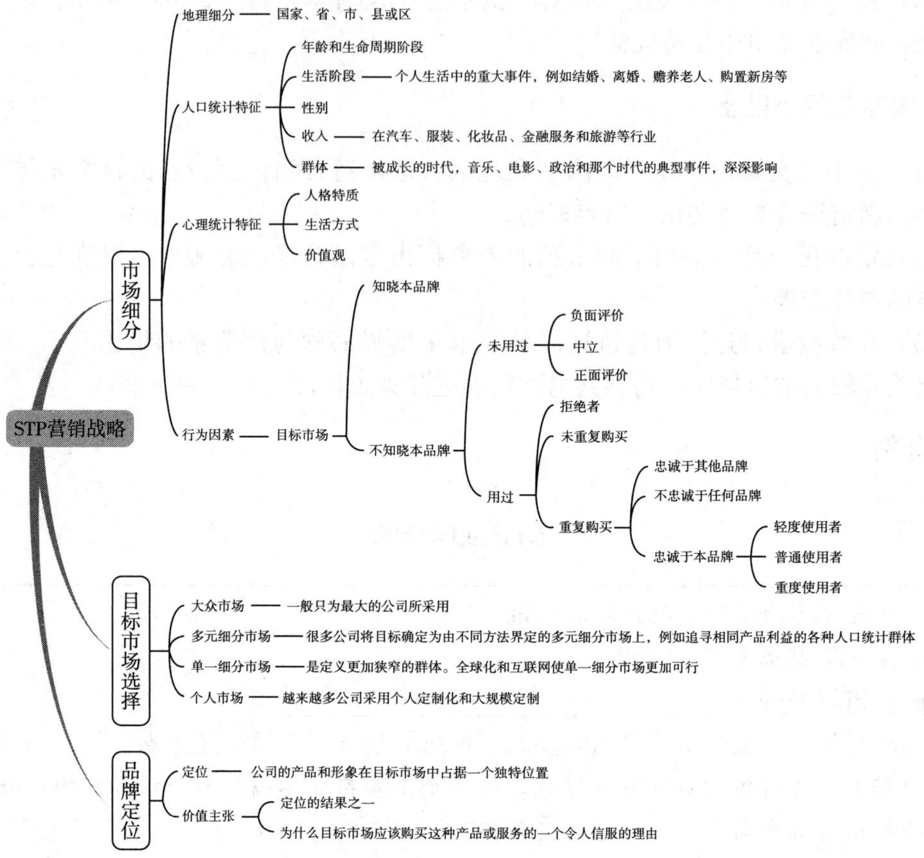

图 3-1　STP 营销战略

资料来源：https://zhuanlan.zhihu.com/p/618130521。

三、任务实施

学生通过实际案例分析和团队合作，掌握跨境网络营销中的 STP 战略，提升市场分析和营销策划能力。

（一）步骤一：市场调研与分析

市场调研与分析见表 3-5。

表 3-5　市场调研与分析

任务	选择一个特定的跨境市场（如欧美、东南亚等地的市场），进行市场调研
内容	1. 收集目标市场的经济、文化和消费特征等相关数据
	2. 了解该市场的主要竞争对手及其营销策略
工具	使用在线调研工具（如问卷星、Google Forms）进行初步的消费者调查

（二）步骤二：市场细分

市场细分见表 3-6。

表 3-6　市场细分

任务	根据市场调研的结果，进行市场细分
内容	1. 使用地理、人口统计、心理和行为等标准对目标市场进行细分
	2. 制作细分市场的概要报告，描述每个细分市场的特征和需求
输出	每个学生小组提交一份市场细分表，列出不同细分市场的关键特征

（三）步骤三：目标市场选择

目标市场选择见表 3-7。

表 3-7　目标市场选择

任务	选择一个或多个细分市场作为目标市场。
内容	1. 分析各细分市场的市场潜力、竞争程度和企业资源匹配度
	2. 制定目标市场选择的理由，考虑市场规模、增长率和进入壁垒等因素
输出	每个小组提交一份目标市场选择报告，说明选择依据和预期效益

（四）步骤四：市场定位

市场定位见表 3-8。

表 3-8　市场定位

任务	为所选目标市场制定市场定位策略
内容	1. 确定产品的独特卖点（USP）和价值主张
	2. 设计针对目标市场的品牌形象和传播策略
	3. 制定营销传播计划，包括社交媒体、广告等渠道的使用
输出	每个小组制作一份市场定位策略 PPT，向全班展示其定位思路和营销计划

（五）步骤五：实施与反馈

实施与反馈见表 3-9。

表 3-9　实施与反馈

任务	模拟实施市场定位策略和营销计划
内容	1. 选择一个具体的产品或服务，制定一个为期一周的模拟营销活动
	2. 在社交媒体平台上进行推广，使用创意内容（如海报、短视频或文章）吸引目标市场
	3. 鼓励同学们在活动中分享和互动，获取反馈
输出	每个小组记录模拟活动的执行情况，包括参与度、反馈和改进建议

（六）步骤六：效果评估与总结

效果评估见表 3-10。

表 3-10 效果评估

任务	评估模拟营销活动的效果并进行总结
内容	1. 收集活动期间的反馈数据（如点赞量、分享量、评论等），分析活动的成功与不足之处
	2. 讨论目标市场的有关反应是否达到了预期的营销效果
	3. 撰写总结报告，包括对 STP 战略实施的反思和改进建议
输出	每个小组提交一份总结报告，其内容包括活动效果评估、所学经验和未来改进的方向

（七）步骤七：展示与分享

展示分享见表 3-11。

表 3-11 展示分享

任务	向全班展示小组的研究和实践成果
内容	1. 每个小组准备一个 5~10 分钟的演示，分享市场调研结果、STP 实施过程及其营销活动的效果
	2. 鼓励其他同学提问和讨论，促进知识的分享和学习
输出	每个小组的展示 PPT 和总结报告将被收集，以便教师进行评估和反馈

通过以上步骤，学生不仅能够掌握跨境网络营销的 STP 战略，还能在实践中提升自身的综合素质，为未来的学习和职业发展奠定坚实基础。

四、任务评价

任务评价表见表 3-12。

表 3-12 任务评价表

	学习态度（20%）	团队合作（20%）	完成率（50%）	其他表现（10%）	小计（100%）	综合评价
小组评分（30%）						
个人评分（20%）						
老师评分（50%）						
综合得分（100%）						

知识拓展

一、4C 营销组合策略理论

美国学者罗伯特（Robert）根据4P 理论提出相应的4C 营销组合理论，即顾客、成本、便利、沟通，4P 和4C 存在着对应关系，即产品–顾客、价格–成本、分销–便利、促销–沟通，应将企业视角和消费者视角结合，综合考虑各种因素的组合来确定营销策略。

顾客是指顾客的需求，企业要先了解、研究和分析顾客的需求，而不是先考虑能生产什么产品；成本是指顾客愿意支付的成本，包括其购买成本，要先了解顾客为满足其需求所愿意付出的代价，而不是先为产品定价；便利是指为顾客提供的便利性，要先考虑如何给顾客的交易过程创造便利，而不是先考虑销售渠道的选择；沟通是指与顾客的沟通渠道，要有效建立与顾客的双向沟通渠道和反馈机制，而不是进行单向的促销和劝导。

二、品牌营销策略

品牌是指一个公司、产品、服务、组织或个人的特定名称、标志、符号、设计或一组这些元素的组合，用于在市场上识别和区分它们与竞争对手的身份。品牌不仅仅是一个名称或标志，它代表了一个实体的整体形象、价值观、声誉和声音，同时与消费者的情感和认知有关。

品牌营销策略是企业为了在竞争激烈的市场中脱颖而出而采取的有计划、有针对性的方法和行动。它包括品牌定位、明确目标受众、传播战略、产品定价、渠道选择、内容创作等一系列策略，旨在塑造独特的品牌形象，建立客户信任，提高市场份额，实现长期成功。品牌营销策略的核心在于深刻理解目标市场，创造与受众共鸣的品牌故事，并持续展现卓越价值，以留住客户并吸引新客户，实现可持续增长。

习题

（一）选择题

1. STP 战略中的“Segmentation”指的是（　　）。

A. 确定目标市场　　B. 制订营销计划

C. 市场细分　　D. 产品定价

2. 在跨境网络营销中，选择目标市场的主要依据是（　　）。

A. 产品的生产成本　　B. 不同市场的法律法规

C. 各细分市场的潜力和可达性　　D. 竞争对手的市场份额

3. 以下哪个因素不属于市场细分的标准？（　　）

A. 地理因素　　B. 心理因素

C. 产品生命周期　　D. 人口统计因素

（二）填空题

1. STP 战略包括市场________________、目标市场选择和市场定位三个步骤。

2. 在跨境网络营销中，____________细分可以根据消费者的地理位置、文化差异等进行划分。

3. 在目标市场选择中，企业应考虑市场的____________、规模、增长潜力和竞争情况。

（三）名词解释

1. STP 战略

2. 市场细分

3. 目标市场选择

4. 市场定位

（四）简答题

1. 请阐释 STP 战略的三大步骤，并讨论其在跨境网络营销中的重要性。

2. 描述如何在跨境网络营销中进行市场细分，并给出具体的细分标准和例子。

3. 讨论在跨境网络营销中选择目标市场时应考虑的关键因素，并结合实际案例进行说明。

4. 如何通过有效的市场定位来提升跨境网络营销的成功率？请结合实例分析。

任务二　跨境网络营销组合策略

一、任务描述

在全球化和数字化迅速发展的背景下，跨境网络营销成为许多企业拓展国际市场的重要手段。本任务旨在探讨跨境网络营销的组合策略，包括产品、价格、渠道和促销（4P）等方面，帮助企业制定有效的市场进入策略（见表 3-13）。

表 3-13　跨境网络营销组合策略任务描述

任务目标	1. 理解跨境网络营销的概念。熟悉跨境网络营销的基本定义、特点及其重要性
	2. 分析营销组合策略。深入探讨产品、价格、渠道和促销等四个要素在跨境网络营销中的应用与挑战
	3. 制定跨境网络营销策略。结合实际案例，设计适合某一特定市场的跨境网络营销组合策略
任务内容	产品策略 1. 讨论产品在跨境网络营销中的适应性，即其如何根据不同市场的文化、消费习惯、法律法规等进行产品调整。 2. 研究产品生命周期管理在跨境市场中的重要性
	价格策略 1. 分析在跨境网络营销中定价策略的选择，包括成本加成定价、市场导向定价及竞争导向定价。 2. 考虑汇率波动、税收政策及当地消费者购买力对定价的影响
	渠道策略 1. 探讨线上渠道（如电商平台）和线下渠道（如代理商）的整合与选择。 2. 研究物流和配送在跨境网络营销中的重要性
	促销策略 1. 分析在不同市场中促销手段的有效性，包括数字广告、社交媒体营销、搜索引擎优化等。 2. 研究如何利用当地节日和文化活动进行市场推广
任务要求	案例分析：选择一个成功的跨境网络营销案例，分析其营销组合策略的有效性
	报告撰写：撰写一份不少于 2 000 字的报告，内容包括理论分析、案例研究和策略建议
	展示：准备一份 PPT，内容涵盖任务报告的主要观点，以便进行小组分享或课堂展示
评估标准	1. 理论分析的深度和广度 2. 案例选择的相关性和分析的准确性 3. 策略建议的实用性和创新性 4. 报告和展示的逻辑性及表达能力

通过本任务，学生将能够全面了解跨境网络营销的策略框架，同时提高分析和解决实际问题的能力。

二、相关知识

(一) 4P 营销组合策略理论

4P 营销理论是一种经典的市场营销理论，也被称为“营销组合”理论。它是由美国市场学家杰罗姆·麦卡锡（Jerome McCarthy）在 20 世纪 60 年代提出的。该理论认为，营销活动可以通过四个基本要素来实现，这四个要素被称为“4P”，即产品（Product）、价格（Price）、渠道（Place）和促销（Promotion）。

营销组合是指企业为追求营销目标，综合运用可以控制的各种要素，进行最佳组合的过程。在营销战略的指导下，设计包括产品、价格、分销和促销的营销组合，即 4P 营销组合。

1. 产品策略

产品策略包括产品组合策略、品牌和商标策略以及产品开发策略。产品组合策略包括扩大产品组合、缩减产品组合和产品延伸；产品延伸策略是指全部或部分地改变公司原有产品的市场定位，包括向上延伸、向下延伸和双向延伸；品牌和商标策略包括单一的品牌策略、每个产品都有不同的品牌名称策略和自有品牌策略；产品开发策略是指在原有产品的基础上开发新产品，其前提是企业在占据较高市场份额的市场上具有独特优势，并有潜在增长力，掌握技术开发能力；当客户产生对新产品的需求时，企业需要对此需求变化做出反应。

2. 价格策略

基本的定价方法包括成本导向法、需求导向法和竞争导向定价法。主要定价策略包括心理定价策略、产品组合定价策略、折扣与折让策略和地理差价策略。心理定价策略主要有尾数定价、整数定价、招徕定价和声望定价；产品组合定价策略包括系列产品定价、关联产品定价、副产品定价和捆绑定价；折扣与折让策略包括现金折扣、交易折扣、数量折扣、季节性折扣和推广折扣；地理差价策略包括产地价、统一交货价、目的地交货价、分区运送价和津贴运费价。新产品定价策略则可以采用渗透定价法、撇脂定价法和满意定价策略。

3. 分销策略

分销策略用于确定产品到达客户手上的最佳方式，分为直接分销和间接分销，以及线上分销和线下分销。确定中间商数量有三种可采取的分销策略，即独家分销、选择性分销和密集分销。这三种分销策略的比较如表 3-14 所示。

表 3-14　三种分销策略的比较

分销策略	优势	劣势	适用范围
独家分销	可控制经销商的服务水平和产品质量； 经销商能获得指定产品的优惠价格	需要更紧密的合作； 经销商缺乏竞争，消费者满意度降低； 经销商的反控制力度较高	技术含量高，需要售后服务的专门产品

续表

分销策略	优势	劣势	适用范围
选择性分销	经销商支持力度更大，消费者体验更好	经销商竞争激烈	消费品中的选购品和特殊品
密集分销	市场覆盖率高	价格竞争激烈，抑制营销目标的实现；渠道管理成本高	日用消费品

资料来源：《公司战略与风险管理》。

4. 促销策略

企业将其产品或服务的特性传达给预期客户的方式称为促销组合，促销组合要素包括广告促销、营业推广、公关宣传和人员推销。企业可以采取的促销组合策略分为推式策略、拉式策略和推拉结合策略。推式策略是指将产品经过营销渠道“推”向消费者；拉式策略是指依靠制造商直接开展的市场活动指向消费者，激励其购买；推拉结合策略则是二者的结合使用，在向经销商促销的同时，通过广告刺激需求。

补充资料

KL公司4P营销组合策略研究

一、产品策略方面

KL公司属于综合自营类平台，其销售品类丰富多样，涵盖美妆、奢侈品、手表配饰、环球美食、数码家电、服饰鞋靴、个人洗护、营养健康、生鲜、运动户外、宠物、母婴和家庭生活等；在主要产品之外，还专门设置奥特莱斯系产品，针对性地推出全球低价好货，向下游产品延伸。其商品以直接采购为主，深入产品原产地，对供应商的资质进行严格审核，设置严密的复核机制，在进口美妆领域联合中国检验认证集团北京有限公司，对价值2 000元以上的奢侈品进行一物一鉴，并上线蚂蚁区块链溯源系统，严格控制产品质量。

与此同时，KL公司积极打造自有品牌，这也是其主打特色，目前已经成立的包括Karla、考拉之选、Slythlab、Liber Nature、Imforme和ORCI这六个专为女性用户打造的子品牌，覆盖美妆、护肤、服饰、美食等9大品类。其中，Karla瞄准美妆、植物洗护领域，考拉之选瞄准精致、智能家居用品领域，ORCI瞄准健康零食领域，Imforme则是基于女性敏感肌用户需求，与日本百年工厂科玛共同开发的护肤品牌。由于疫情后进口消费需求加速线上化，尤其是女性消费者对于健康、天然、个性类产品的需求在不断增长。在以女性为主要用户的KL公司，以色列的沐浴工具、土耳其的杏仁、古巴的果汁香水、澳大利亚原始森林的蜂蜜等小众商品，近一年增速均在135%以上。基于这一用户洞察，KL公司依靠其全球供应链能力进行精准的研发和创新并将陆续推出500款新品。GREACES作为KL公司在宠物赛道的子品牌，联合中国、泰国、新西兰、加拿大等全球顶级宠物食品工厂，已推出15款宠物食品，包括主粮、罐头、鱼干、冻干等。针对“铲屎官”对宠物主食高蛋白、高品质的需求，

GREACES 品牌与国内知名宠物食品制造商“福贝”工厂共同研发定制了高蛋白猫犬主粮，并与渔业资源丰富的泰国、加拿大宠物食品工厂联合研发了三文鱼罐头、多春鱼干等零食。

综上所述，KL 公司的实物产品策略主要可以概括为以下几点：

一是产品品类不断扩大，吸收更多新的海外品牌。从创办之初聚焦于母婴等特定的产品品类，逐渐形成优势品类，并向关联品类重点扩展，其他品类并行扩展。截至目前，合作海外品牌超过 20 000 个，覆盖全球超过 80 个国家和地区，涵盖 5 800 多个品类，其中超过八成的品牌为首次进入我国，能够充分满足消费者对不同品类商品的需求。

二是产品聚焦特定的领域，并在特定领域打造子品牌。艾媒咨询数据显示，2021 年中国进口跨境电商用户中 50.7%为女性，且宠物零食领域的主要消费者仍为女性。KL 公司在创办之初就把女性客户作为重要目标群体，针对美妆、护肤、服饰、美食以及宠物零食等领域大力推出新品，并已在这些领域打造了自有子品牌，与海外品牌保持良好的合作关系，共同研发和创新，为女性用户带来更令人满意的产品。

三是 100%正品保障。艾媒咨询数据显示，60.1%的用户在选择跨境电商平台时较为注重其“正品保障”，如图 3-2 所示。KL 公司尤其强调正品保障，从源头开始，有效运用蚂蚁区块链溯源系统，让消费者和平台能够追踪商品动向，并成立专业的选品团队，到全球各产品原产地进行采购，直接与品牌方、供应商和优质经销商建立联系，严格把关产品来源，通过自检和第三方检验来控制产品质量，为消费者提供安全放心的质量保证。也正因如此，KL 公司才能够以 8.41 分的正品保障信任度在各大跨境电商平台中排名第一。

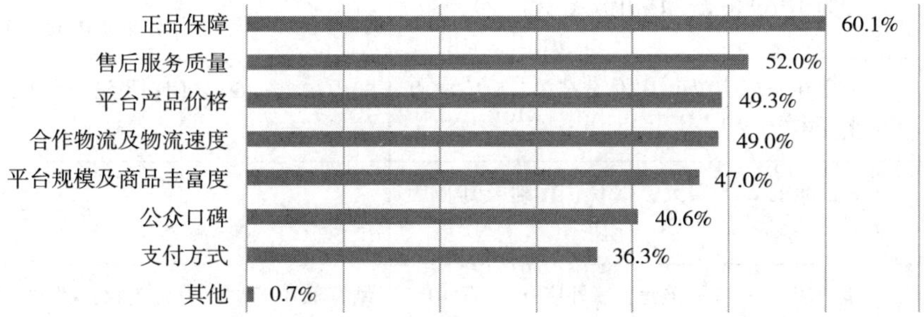

图 3-2　2021 年我国进口跨境电商用户平台选择考虑因素调研

资料来源：艾媒咨询。

二、价格策略方面

相较于天猫国际和京东国际，KL 公司实施的是低价策略，这也是其理念“帮助用户‘用更少的钱，过更好的生活’”的体现。问卷调查显示，有过 KL 公司平台购物体验的消费者普遍认为价格较为合理，而长期维持这种低价策略的底气源自 KL 公司独特的竞争优势：自营直采，省去许多中间环节，可以通过协调供应链、运输等环节，根据市场环境自主调整定价；全球布点，可以进行大规模集采，实现更低的进价，甚至做到“海外批发价”；保税仓储面积大，可降低仓储成本，享受更多的税收优惠；雄厚的资金实力，先有网易后有阿里巴巴为其背书。因而，在许多领域普遍低价的同时，还可以在平台App的奥莱馆看到许多折扣商品，有的甚至低至三折，更有断货清仓和大牌直降等特殊优惠商品供消费者选择。

KL公司主要的定价策略分为两种：一种是动态定价策略，另一种是竞争定价策略。动态定价策略是根据大数据分析消费者的消费行为，以此为定价依据。KL公司通过用户消费行为分析，抓住消费者的价格敏感的心理特征，使用动态算法定时定频地调整商品价格，同时调整利润预期，用符合消费者心理预期的价格刺激其购买欲望的产生和购买行为的发生。竞争定价策略则是根据竞争对手的定价策略进行跟踪定价，KL公司根据爬虫技术获取的数据和第三方的数据得到主要竞争对手的价格信息，以此为依据，运用智能算法分析特定商品的盈亏平衡点，制定超过边际成本且优于竞争对手的价格，引导消费者购买。除此之外，平台通过为商家提供线上店铺和技术支持来收取保证金和技术服务费。在保证金方面，KL公司于2020年7月23日首次开始收取，一般贸易的商家保证金为5万元，保税、直邮及其他模式商家为1.5万美元，与天猫国际、京东国际的标准相近（京东国际的标准最高），均高于小红书；在技术服务费方面，KL公司为5%～12%，高于其他平台，小红书设置了1万元的免收限额，天猫国际和京东国际的标准最低，处于相近水平。详见表3-15。

表3-15　各大跨境电商平台的保证金和技术服务费比较

平台	保证金	技术服务费
天猫国际	分为5万、10万、15万美元三档	分为3万、6万美元两档；另设佣金，集中在2%、5%两档，总体分布在0.5%～5%不等
京东国际	集中在1.5万美元，总体分布在1.5万～4万美元不等	集中在2%～6%之间；另设平台使用费1 000美元/年
KL公司	一般贸易5万美元，保税、直邮及其他为1.5万美元	5%～12%
小红书	境内店2万～5万美元，境外店0.35万～0.8万美元	结算额小于1万美元免收；超过1万美元的部分，收5%

资料来源：TMO咨询。

三、分销策略方面

相较于天猫国际的综合第三方平台模式和京东国际的综合第三方平台+自营模式，KL公司主打自营模式，且在创办之初专注于母婴、美妆、服饰等领域，属于垂直自营类平台，如图3-3所示。尽管其销售领域较之前有所扩大，但运营模式仍未改变，平台通过分布在全球各地的分支机构和专业采购团队直接从海外供应商或产品原产地处采购产品，要么储存于其遍布全球各地的保税仓库，待消费者下单后，从保税仓发货，运送至消费者处；或者直接从海外仓运送至消费者处，省去了经销商等中间环节，且没有店铺的入驻费和佣金，降低了运输成本和经销商的管理成本，从而为 KL 公司提供更大的自主定价空间，为消费者提供更多低价好货。

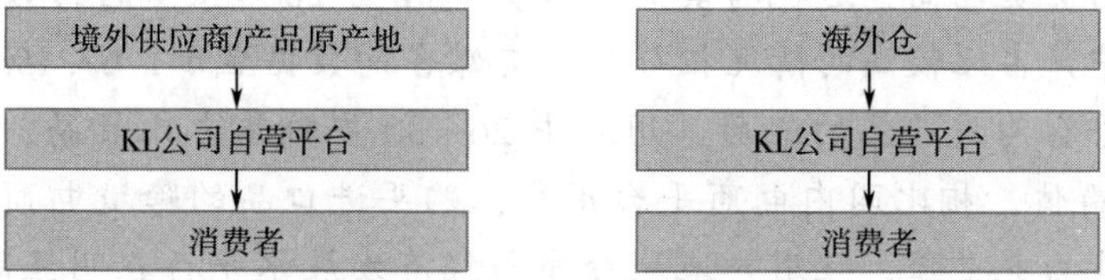

图 3-3　KL 公司垂直自营渠道

目前，KL 公司已全面连入菜鸟的全球物流体系，以整合海外货源、国际运输、海关国检、保税园区和国内配送等多个环节，打通整条产业链，完成物流标准化运输保障机制，并采用定制包装箱，以确保极速送达，提升消费者的物流体验，同时为消费者提供独特的“十二道正品保障”和“十项服务承诺”，促进消费者体验全方位升级，如表 3-16 所示。

表 3-16　“十二道正品保障”和“十项服务承诺”

类别	内容	细则
十二道正品保障	升级全球供应链	全球专业采购团队 与全球千余品牌深度合作 原产地直采 直播采货
	平台质量管理（QC）	行业唯一入仓全检（自营） 100%海关监控
	消费者售后保障	品质快递 金牌客服 售后无忧（7 天无忧退货） 商品溯源信息
	第三方监督	行业最高品质认证 社会各界监督
十项服务承诺	正品保障，假一赔十 先行赔付，消费保障 全程质管，源头可溯 售后 211 退换无忧 消费投诉公示，接受社会监督 次日达物流，覆盖 80%城市 务实宣传，实时监督 信息保密，安全消费 跨境商品版本公开，自由选择 打通线上线下，构造品质电商	

四、促销策略方面

在人口红利不断式微、线上获客成本不断提高的背景下，KL 公司于 2020 年 8 月宣布战略升级为会员电商，这也与其目标客户群体为 20~45 岁的白领以及进口跨境电商用户中的中产占比较高的情况相符合。艾媒咨询数据显示，67.1%的受访用户拥有在跨境电商平台购买产品的经历，用户中 26~30 岁群体占比最高，为 34.2%，其次是 31~40 岁群体，相比国内电商平台用户，购买进口品的跨境电商用户更追求生活品质，消费能力也更强，且用户地域分布与经济发展水平存在明显的正相关关系，越富裕的地区用户越多，其中华东、华南、华北地区分列前三，分别为 34.9%、20.8%、15.4%，京沪穗深占比近三成，如图 3-4 所示。

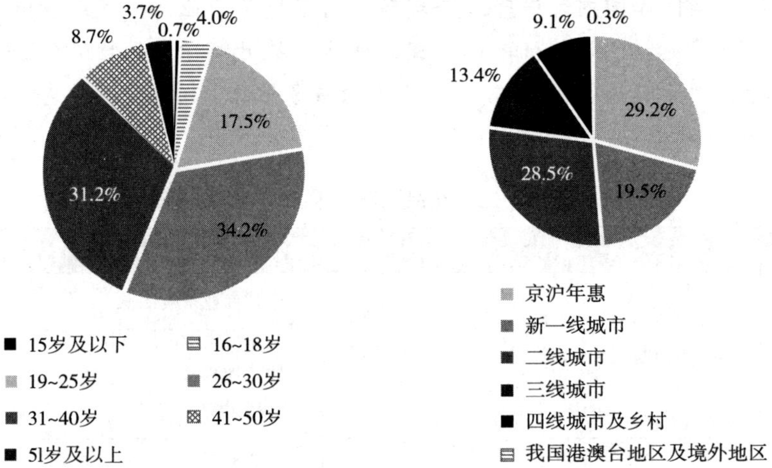

图 3-4　2021 年我国进口跨境电商用户的年龄和城市分布

资料来源：艾媒咨询。

KL 公司采取的主要促销方式可以概括为以下几种：

一是“黑卡会员”服务。售价 279 元一年保持不变，提供包含折上 95 折、会员专享价、亲友卡、税费券、运费券、退货免运费和专属客服等众多优惠和权益，将每月 21 日定为黑卡日，全年为会员准备 1 200 元黑卡消费金，另有专享商品和惊喜特权，并联合高德、滴滴、飞猪、饿了么等 30 个优质品牌，提供吃喝

玩乐健康等一站式生活福利，全面满足用户的多重消费需求，提升用户跨境消费体验。

二是节目赞助，广告推广。赞助《奔跑吧兄弟 2》《花儿与少年》《爸爸去哪儿》《妈妈是超人 3》《向往的生活》等一系列火爆综艺，除最传统的冠名、口播等植入方式，还注重融入节目剧情，带给消费者较深的记忆点，并利用综艺 IP 延伸，扩大知名度；在互联网平台（如爱奇艺）上以信息流广告的形式推广品牌，针对目标用户精准投放；推出 TVC 广告大片“即时上场”；同时在线下（如地铁站）投放大量广告，运用诙谐的文案打动用户。

三是制造热点话题。启动“欧洲行”，先后与卡夫亨氏、雀巢惠氏、欧洲连锁商超巨头 Delhaize 达成战略合作，并首次邀请用户参与体验海外直采过程，深入探访欧洲食品企业工厂、总部；联合 58 到家在社交媒体上发起“生活清理师”活动，在网上引起热议；成为奥运会官方电商服务合作伙伴；发文又加了一个“保险”——请来“国家队”中国检验认证集团北京有限公司，对价值 2 000 元以上的奢侈品进行一物一鉴；发起女性营销活动：一起接收全世界的偏爱·考拉海购 6 周年掀起“偏爱行动”。

四是大规模赠送优惠券。推出“拉新 1 000 元新人礼包”活动，包括 2 000-500 元的箱包券，299-100 元的家居个人护理券，399-40 元的母婴类券，199-50 元的保健品券，300-50 元的数码券，1 000-200 元的直邮券，还有全品类券 299-30 元、199-20 元和 10 元无门槛券，引导用户尝试使用平台购物。

五是平台流量转化用户。内部背靠网易和阿里巴巴，将庞大的用户群体转化为目标消费者或品牌影响者，如通过邮件和软件页面广告、购物信息推荐等引流；外部则通过与招商银行、滴滴出行、万达院线、凤凰知音等众多重量级异业巨头达成战略合作，实现跨界资源置换，如在“魔兽大电影”上映期间，用户在万达电影院现场购票观影，就可获得魔兽宝箱抽奖券一张，以此开拓男性用户群体。

六是明星代言，直播推荐。邀请多位明星代言，如宁静、张钧甯，并入驻直播间，介绍考拉会员权益，与观众互动，分享护肤秘诀等；CEO 在 App 上开设“三石哥的私物精选”的个人专栏，每周推荐亲自挑选、亲身试用的商品，通过讲述自己跟产品的故事来为自家产品做宣传。

七是社区传播，用户分享。升级内容社区，改名“买 TA”，用户在社区上传购物体验，与潜在消费者进行交流，从而吸引新的购买；通过红包激励老用户分享新用户，设置“拼团功能”和“好友助力养考拉”活动，既有利于维护老用户，增加用户黏性，又能够挖掘新用户，增添新的活力。

资料来源：李明轩．跨境电商 KL 公司营销策略研究［D］．青岛：青岛科技大学，2023.

三、任务实施

跨境网络营销组合策略实施任务，具体的步骤如下：

（一）确定目标市场

步骤一：市场调研

（1）利用在线调查工具（如问卷星、Google Forms）收集潜在消费者的意见和偏好。

（2）研究目标市场的文化、经济环境和消费习惯。

步骤二：市场细分

（1）根据调研结果，将市场细分为不同的消费者群体（如年龄、性别、收入水平等）。

（2）选择一个或多个细分市场作为目标市场。

（二）制定营销组合策略

步骤三：产品策略

（1）确定产品特性和优势，考虑如何根据目标市场的需求进行调整。

（2）制作产品展示材料（如产品手册、宣传视频），突出产品的独特卖点。

步骤四：定价策略

（1）进行竞争对手分析，了解同类产品的价格范围。

（2）确定定价策略，如渗透定价或撇脂定价，并考虑当地的税收和汇率因素。

步骤五：渠道策略

（1）选择合适的线上和线下销售渠道，考虑使用跨境电商平台（如 Amazon、AliExpress）和社交媒体（如 Facebook、Instagram）进行销售。

（2）建立与当地分销商或代理商的联系，以拓展市场。

步骤六：促销策略

（1）制定推广计划，包括社交媒体广告、内容营销和搜索引擎优化（SEO）。

（2）设计促销活动和优惠策略（如限时优惠、买一送一）以吸引消费者。

（三）实施与监测

步骤七：建立线上平台

（1）创建品牌网站或在线商店，确保网站符合当地的语言和文化习惯。

（2）在社交媒体上建立品牌页面，发布与产品相关的内容，吸引关注者。

步骤八：执行营销活动

（1）按照所制定的促销计划开展营销活动，监测广告效果。

（2）定期发布市场营销内容，并与消费者保持互动，增强其品牌忠诚度。

步骤九：反馈与调整

（1）定期收集消费者反馈，通过问卷调查、社交媒体评论等方式了解市场反应。

（2）根据市场反馈和销售数据，调整产品、价格或促销策略，确保营销活动的有效性。

（四）总结与评估

步骤十：评估效果

（1）分析销售数据和市场反馈，评估营销活动的整体效果。

（2）编写总结报告，记录成功经验和改进建议，为未来的跨境网络营销项目提供参考。

通过上述具体步骤，学生可以系统性地开展跨境网络营销组合策略的实施任务，锻炼市场调研、策略制定和执行能力，增加实际操作经验，为将来的职业发展打下基础。

四、任务评价

任务评价表见表3-17。

表3-17　任务评价表

	学习态度（20%）	团队合作（20%）	完成率（50%）	其他表现（10%）	小计（100%）	综合评价
小组评分（30%）						
个人评分（20%）						
老师评分（50%）						
综合得分（100%）						

知识拓展

一、4S的内涵与应用

随着服务在市场中愈加重要，营销理论也随之发展，从4C理论转向4S理论。4S理论强调以消费者需求为核心，突破传统的推销模式，建立以“消费者体验优先”为理念的全新营销方式。它要求企业定期对产品、服务和品牌进行评估与改进，通过优化服务质量提高消费者满意度，进而提升客户忠诚度，并增强企业抵御市场风险的能力。

4S理论主要包含以下四个要素：满意（Satisfaction）、服务（Service）、速度（Speed）、诚意（Sincerity），具体含义如下：

（一）满意（Satisfaction）

这一要素强调消费者的满意度，要求企业以消费者需求为导向，将“消费者满意”放在首位。企业要从消费者的角度出发，关注并解决他们的问题，以消费者的满意程度作为衡量营销成功的重要标准。

（二）服务（Service）

服务是指以热情的态度迎接消费者，优质的服务是企业的重要竞争优势。企业应通过专业的员工、友好的态度、重视每位顾客、用心分析消费者需求，并营造舒适的服务环境来体现自身服务质量。

（三）速度（Speed）

速度意味着迅速响应消费者需求，避免不必要的等待。高效的服务能显著提升消费者的满意度。企业可以通过优化业务流程、引入先进设备和科学管理来提升整体服务效率，让消费者切身感受到企业的高效率。

（四）诚意（Sincerity）

诚意是指通过真诚的微笑和迅速的行动来服务客户。企业通过满意、真诚和高效的服务，展现出对消费者的关注，从而提升客户的忠诚度。

总之，4S理论要求企业营销人员实施“温暖而热情”的用户管理策略，通过细致入微的服务来打动消费者，提供“售前服务”以表达诚意，“现场服务”体现关怀，以及“事后服务”传递感激之情。

二、4R的内涵与应用

4R营销理论是由美国学者唐·舒尔茨在4C理论的基础上发展而来的新型营销理念。4R分别代表关联（Relevance）、反应（Reaction）、关系（Relationship）和回报（Reward）。该理论认为，随着市场的不断演变，企业需要以更高效的方式与消费者主动建立新型的关系，超越传统的营销模式。

（一）关联（Relevance）

关联强调企业与消费者之间的紧密联系。企业应通过有效的方式在业务、需求等方面与消费者建立联系，形成互助、互相需要的关系，以减少消费者流失，提高其忠诚度，从而赢得长期而稳定的市场份额。

（二）反应（Reaction）

反应关注企业对市场变化的快速响应。许多企业往往只关注向消费者传达信息，而忽视了倾听的重要性。在相互影响的市场环境中，企业应及时倾听消费者的期望与需求，并迅速做出反应，以满足这些需求，促进市场的发展。

（三）关系（Relationship）

关系强调企业与消费者之间的互动。建立长期、稳固的关系是市场竞争的关键。营销人员需要将交易视为一种责任，积极建立与消费者的互动关系，以提高消费者的忠诚度。

（四）回报（Reward）

回报是企业营销的核心，企业在营销活动中所获得的回报为主要关注点。要满足消费者需求并为其提供价值，避免无效的工作，这样企业才能实现丰厚的回报。营销的最终目标在于为企业带来短期和长期的收入。

“4R”营销理论以竞争为导向，提供了新的营销思路。在竞争日趋激烈的市场环境中，该理论强调企业与消费者之间的互动与双赢关系，不仅要积极满足消费者需求，还要主动创造需求。通过关联、关系和反应等方式，企业可以与消费者建立紧密联系，从而形成独特的竞争优势。“4R”营销理论有效地体现了关系营销的理念，提出了建立和维护消费者关系、确保长期利益的具体操作方法，标志着关系营销领域的一次重要进步。

三、4V的内涵与应用

自21世纪以来，高科技产业迅猛发展，各类高科技企业及新技术产品和服务层出不穷。互联网、移动通信、发达的交通工具和先进的信息技术为全球市场带来了全新面貌，企业与消费者之间的信息不对称状况得到了显著改善。沟通渠道日益多元化，越来越多的跨国公司开始在全球范围内整合资源。在这样的背景下，4V营销理论应运而生，其核心概念包括差异化（Variation）、功能化（Versatility）、附加价值（Value）和共鸣（Vibration）。

（一）差异化（Variation）

企业唯有提供差异化的产品或服务，才能在竞争激烈的市场中立于不败之地。差异化源于企业的技术和管理优势，旨在生产出在性能和质量上优于市场现有产品的商品。同时，通过独特的宣传活动、灵活的销售策略和优质的售后服务，企业能够在消费者心目中树立良好形象。此处的"差异"指的是产品的"不完全替代性"，即企业在功能、质量、服务和营销等方面所提供的优势，使消费者感受到部分竞争对手无法替代的价值。差异化主要包括产品差异化、市场差异化和形象差异化等三方面。

（二）功能化（Versatility）

企业产品在消费者心中的定位可分为三个层次：首先是核心功能，其关注产品存在的根本理由，如手表用于计时，手机用于通话；其次是延伸功能，其涵盖了产品的深层次功能，如手机的存储功能、上网功能以及控制家居智能设备的能力，体现了"功能—多功能—全功能"的发展方向；最后是附加功能，如美学等消费者的特殊需求。消费者会根据自身的消费习惯和承受能力选择具有相应功能的产品。

（三）附加价值（Value）

附加价值由技术附加、营销或服务附加以及企业文化与品牌附加等三部分构成。随着时代的发展，产品的物质消耗和必要劳动时间在价值构成中的比重逐渐下降，高技术附加价值、品牌及企业文化附加价值与营销附加价值的重要性则显著提升。在21世纪，企业的竞争优势主要体现在产品的附加功能上，关注高附加价值的产品。因此，当代营销的新理念集中在"附加价值化"上。

（四）共鸣（Vibration）

共鸣是企业在市场上持续占据竞争优势的价值创新，它能够为消费者带来"效用最大化"，同时推动企业实现"利润极大化"。这一理念强调将企业的创新能力与消费者所重视的价值相结合，通过价值创新为消费者提供最大化的满足。消费者追求的是"效用最大化"，这就要求企业从价值层面为消费者提供具有创新性的产品和服务，使之能够更深入地体验产品和服务的实际价值。只有在企业的各个经营要素中实现价值创新，才能最终实现消费者的"效用最大化"。当消费者能够稳定地获得这种满足时，他们必然成为企业的忠实客户，形成企业与消费者之间的共鸣。

总之，4V营销理论强调企业应实施差异化营销，以树立独特形象，同时满足消费者个性化的需求；同时要求产品或服务具备更大的灵活性，以更好地满足消费者的具体需求；此外，该理论还重视产品或服务中的无形要素，通过品牌和文化来满足消费者的情感需求。

四、4I的内涵与应用

4I理论，即"整合营销"理论，起源于20世纪90年代，由美国西北大学的市场营销学教授唐·舒尔茨提出。整合营销强调根据企业目标设计战略，并合理配置资源以实现这些目标。网络整合营销作为"整合营销"的一个分支，近年来逐渐兴起。4I理论的核心在于传播模式的转变，从"以传播者为中心"转向"以受众为中心"，倡导更明确的消费者导向理念。

网络整合营销的4I理论主要包括四个原则：趣味原则（Interesting）、利益原则（Interests）、互动原则（Interaction）和个性原则（Individuality）。

（一）趣味原则（Interesting）

互联网的本质之一在于其娱乐性，因此有效的网络营销会先吸引消费者的注意，而非枯燥地阐述问题。网络营销推广过程应通过消费者感兴趣的方式来传播产品或服务。

（二）利益原则（Interests）

商业活动的核心是盈利，无论是企业还是消费者，活动的开展都基于各自的利益需求。在网络推广中，企业和消费者可以获取信息、服务、心理满足以及实质利益等。只有双方都能从中获利，网络营销才能持续发展。

（三）互动原则（Interaction）

网络媒体与传统媒体的显著区别在于前者的互动性。数字媒体技术的进步使得互动变得成本低廉且便利，消费者可以积极参与网络营销的互动与创造过程。这种参与不仅能加深消费者对品牌的印象，也能为品牌带来独特的竞争优势。未来的品牌将是消费者体验和参与共同塑造的成果，因此，充分利用网络特性与消费者进行交流，将最大限度地发挥网络营销的潜力。

（四）个性原则（Individuality）

在传统营销中，实现个性化营销的成本高昂且难以推广。而在网络媒体中，互动特性使得个性化变得简单且经济，能够针对特定人群甚至个体进行精准营销。个性化营销不仅能满足消费者的“焦点关注”，还更容易引发互动和购买行为。

习题

（一）选择题

1. 跨境网络营销中，以下哪项不属于营销组合的4P要素？（　　）

A. 产品　　B. 价格

C. 促销　　D. 地点

2. 在跨境电商中，最常用的支付方式是（　　）。

A. 现金　　B. 银行转账

C. 信用卡　　D. 支付宝

3. 跨境网络营销中，企业使用社交媒体推广的主要目的是（　　）。

A. 提高产品价格　　B. 增加品牌曝光

C. 降低产品质量　　D. 减少客户反馈

（二）填空题

1. 跨境网络营销的成功关键之一是理解目标市场的________________。

2. 通过________________，品牌能够提高其在搜索引擎中的可见度，从而吸引更多国际客户。

3. 在进行跨境网络营销时，企业需要考虑________________因素，以确保合规。

（三）名词解释

1. 跨境网络营销

2. 本地化策略

（四）简答题

1. 请简述跨境网络营销中，企业如何通过社交媒体提升品牌知名度。

2. 讨论跨境网络营销中定价策略的重要性，并举例说明如何根据不同市场进行定价调整。

3. 在跨境网络营销中，企业如何有效利用数据分析来优化其营销策略？

任务三　跨境网络营销中的品牌建设与传播

一、任务描述

随着全球化进程的加快和互联网技术的发展，跨境网络营销成为企业拓展国际市场的重要手段。品牌建设与传播在这一过程中扮演着至关重要的角色。企业需要在不同文化和市场环境中有效地建立和传播品牌形象，以提高品牌认知度和市场竞争力。详见表 3-18。

表 3-18　跨境网络营销的品牌建设与传播任务描述

任务目标	1. 理解跨境网络营销的概念。掌握跨境网络营销的基本理论和实践要求，特别是在品牌建设与传播方面的应用
	2. 分析品牌建设的重要性。探讨品牌在跨境营销中的作用，以及如何通过品牌提升企业竞争力
	3. 研究传播策略。学习并应用有效的品牌传播策略，尤其是如何在不同国家和地区进行本地化传播
	4. 案例分析。通过具体的跨境电商案例，分析成功品牌的建设与传播策略
任务内容	1. 文献综述。查阅相关文献，了解跨境网络营销、品牌建设与传播的最新研究成果
	2. 品牌定位。选择一个跨境电商品牌，进行品牌定位分析，包括其目标市场、品牌价值和核心竞争力
	3. 传播渠道选择。研究品牌在不同市场使用的传播渠道，分析其选择的原因及效果
	4. 本地化策略。探讨品牌在不同文化环境下的本地化策略，包括如何调整品牌传播内容以适应当地市场
	5. 效果评估。评估品牌的传播效果，包括品牌知名度、包括消费者认知和市场份额等指标
任务要求	1. 报告撰写。根据以上内容撰写一篇报告，字数要求在 3 000 字左右
	2. 数据支持。在报告中引用相关数据和案例，以支持分析和论点
	3. 图表使用。适当使用图表和模型，增强报告的可读性和逻辑性
	4. 总结与建议。在报告结尾部分，总结研究结果并提出对品牌建设与传播的建议
评估标准	1. 内容完整性（40%）。报告是否涵盖了任务要求的各个方面，分析是否深入
	2. 逻辑性与结构（30%）。报告的逻辑结构是否清晰，段落之间的衔接是否流畅
	3. 数据与案例支持（20%）。是否有效引用数据和案例，以增强论点的说服力
	4. 语言与格式（10%）。报告的语言表达是否规范，格式是否符合要求，是否注意到排版和引用规范

二、相关知识

品牌建设是指通过一系列营销活动，塑造、提升和维护品牌形象，以建立消费者对品牌的认知和信任。

（一）品牌的构成要素

1. 品牌定位

品牌定位是品牌战略的核心，涉及以下几个方面：

（1）目标市场。明确品牌所针对的消费群体，包括年龄、性别、收入水平、生活方式等。这有助于品牌制定相应的营销策略，确保将信息传达给合适的消费者。

（2）核心价值。指品牌希望消费者在使用其产品或服务时感知到的主要利益和价值。这包括产品质量、性能、创新性、环保性等。例如，某些品牌可能更强调可持续发展和社会责任感。

（3）品牌个性。品牌个性是品牌所展现的特征和风格，通常用人类性格的形容词来描述，如"年轻""活力""优雅""奢华"等。这种个性有助于消费者在情感上与品牌建立联系。

2. 品牌识别

品牌识别是消费者识别和记住品牌的关键因素，主要包括：

（1）品牌名称。品牌名称应该简洁、易记，并能反映品牌的核心价值和个性。一个好的品牌名称能够在消费者心中留下深刻印象。

（2）品牌标志（Logo）。标志是品牌的重要视觉符号，通过形状、颜色和图案传达品牌的特点。一个设计独特且具有辨识度的标志可以增强品牌的识别度。

（3）品牌包装。产品的包装设计不仅保护产品，还传递品牌信息和价值。优秀的包装设计能够吸引消费者的注意，并在货架上脱颖而出。

（4）其他视觉元素。这包括品牌色彩、字体、图像风格等，这些元素共同构建起品牌的视觉形象，帮助消费者在不同场合中快速识别品牌。

3. 品牌价值

品牌价值是品牌在消费者心中所代表的情感和象征意义，主要体现在以下几个方面：

（1）情感联结。品牌能够激发消费者的情感共鸣，影响他们的购买决策。例如，一些奢侈品牌通过传递身份和地位感，使消费者愿意为其产品支付高价。

（2）信任和认同。品牌唯有通过长期的市场表现和良好的客户体验，才能建立起消费者对品牌的信任。消费者在选择品牌时，往往会考虑品牌的信誉度和口碑。认同感则源于品牌与消费者的价值观和生活方式的契合，消费者更倾向于选择那些自己认同的品牌。

（3）象征意义。品牌不仅仅是产品或服务的代名词，还承载着更深层次的文化和社会意义。例如，某些品牌可能与创新、自由、冒险等理念相关联，消费者通过选择这些品牌来表达自己的个性和追求。

（4）忠诚度。品牌价值的建立有助于增强消费者的品牌忠诚度。忠诚的消费者不仅会重复购买，还会积极向他人推荐品牌，形成口碑传播。品牌通过提供一致的质量、出色的客户服务和积极的品牌体验，来维持和提高这种忠诚度。

(5) 溢价能力。强大的品牌价值使得品牌能够在产品定价上具有溢价能力，即消费者愿意为品牌支付更高的价格。这种溢价不仅体现在产品上，还包括附加服务、品牌体验等方面。例如，苹果手机的忠实用户愿意为其产品支付高于市场平均水平的价格。

品牌的构成要素包括品牌定位、品牌识别和品牌价值。这些要素相互关联，共同作用于品牌的市场表现和消费者的购买决策。通过明确的品牌定位、清晰的品牌识别和深厚的品牌价值，企业能够建立起强大的品牌形象，提升市场竞争力。

(二) 数字营销渠道

1. 社交媒体

Facebook、Instagram、Twitter 等平台在品牌传播中发挥着重要作用，可以通过内容营销、互动和广告吸引目标消费者（见表 3-19）。

表 3-19 社交媒体

类别	具体内容
内容营销	品牌可以通过发布高质量的内容（如文章、视频、图像等）来吸引和教育目标消费者。这种内容不仅要有趣，还要与品牌的核心价值和目标市场相关联。通过分享有价值的信息，品牌能够建立权威性和信任感
互动与参与	社交媒体的一个重要特点是双向沟通。品牌可以与消费者进行实时互动，回应他们的评论、问题和反馈。这种互动能够增强消费者的参与感和忠诚度。例如，品牌可以通过举办在线问答、投票或互动游戏，鼓励用户参与和分享
广告投放	社交媒体平台可提供精准的广告投放工具，品牌应根据用户的兴趣、地理位置、行为等进行细分，确保广告触达最有可能形成转化的消费者。品牌可以使用不同形式的广告，如图片广告、视频广告和故事广告，来吸引用户的注意
影响者营销	品牌可以与社交媒体上的影响者合作，利用其粉丝基础和影响力来推广产品。这种合作能够提升品牌的可信度，并扩展品牌的受众群体。影响者的推荐通常能带来更高的转化率，因为他们与粉丝之间存在信任关系

2. 搜索引擎优化（SEO）

优化品牌网站和内容，提高在搜索引擎中的排名，增加品牌曝光率。关键要素见表 3-20。

表 3-20 搜索引擎优化（SEO）

类别	具体内容
关键字研究	品牌需要识别与其产品或服务相关的关键字和短语，了解目标消费者在搜索时使用的词汇。这有助于品牌优化其网站内容，使其更容易被潜在客户发现

续表

类别	具体内容
网站优化	优化品牌网站的结构和内容，实现用户友好和搜索引擎友好，包括提高页面加载速度、优化移动设备体验、使用清晰的导航结构等
优质内容创建	定期发布高质量、相关性强的内容（如博客文章、指南、视频等），不仅可以吸引用户，还能提高网站在搜索引擎中的排名。内容应围绕目标关键字展开，同时确保内容对用户有价值，切实满足其需求或解决其问题
外部链接建设	获取其他权威网站的反向链接（backlinks）对 SEO 至关重要。外部链接不仅能带来直接流量，还能提升搜索引擎对网站的可信度和权威性。品牌可以通过发布客座文章、参与行业论坛或与其他网站合作来获得这些反向链接
本地 SEO	对于实体店或服务提供商而言，优化本地搜索至关重要。通过优化 Google“我的商家”（Google My Business）列表、获取客户评价和保持一致的 NAP（名称、地址、电话等）信息，品牌可以提高在本地搜索中的可见性，吸引附近的消费者
分析与调整	使用工具（如 Google Analytics 和 Google Search Console），定期监测网站流量、用户行为和关键词表现。根据数据分析结果调整 SEO 策略，优化内容和网站结构，以不断提升搜索排名和用户体验

3. 电子邮件营销

通过定期发送电子邮件与消费者保持联系，传达品牌信息和促销活动（见表 3-21）。

表 3-21 电子邮件营销

类别	具体内容
建立邮件列表	品牌需要通过各种渠道（如网站注册、社交媒体活动、线下活动等）收集消费者的电子邮件地址。提供有价值的激励（如折扣、独家内容等）可以增强用户注册的意愿
定期发送内容	通过定期（如每周或每月）发送电子邮件与消费者保持联系，传达品牌的最新消息、产品更新和促销活动。内容可包括有趣的文章、行业新闻、用户故事或产品推荐，以确保邮件内容多样化且富有吸引力
个性化营销	使用消费者数据和行为分析进行个性化营销，根据用户的兴趣和购买历史定制邮件内容。例如，可以向过去购买过某类产品的用户推荐相关商品，或者为即将过生日的用户发送优惠券。这种个性化的方式能够显著提高打开率和点击率，从而提高转化率
自动化营销	利用电子邮件自动化工具，可以设置触发式邮件。例如，当用户注册时自动发送欢迎邮件，或在用户长时间未购买时发送提醒邮件。这种自动化流程不仅节省时间，还能确保在合适的时机与用户联系
A/B 测试	通过 A/B 测试不同的电子邮件主题、内容和发送时间，品牌可以了解哪些元素最能引起受众的兴趣。应根据测试结果不断优化邮件营销策略，以提高打开率和点击率

续表

类别	具体内容
分析与优化	使用电子邮件营销平台提供的分析工具，监测邮件的打开率、点击率、转化率和退订率等关键指标。通过分析这些数据，品牌能够深入了解受众的偏好，调整内容和发送策略，从而提高整体营销效果
遵循法规	确保遵循相关的电子邮件营销法规，如美国《反垃圾邮件法》（CAN-SPAM Act）和欧盟《通用数据保护条例》（GDPR）。确保消费者有明确的选择权，如能够轻松取消订阅，并保护用户的个人信息

在现代品牌传播中，社交媒体、搜索引擎优化（SEO）和电子邮件营销是实现有效沟通和提升品牌知名度的关键渠道。通过综合运用这些策略，品牌能够更好地与目标消费者建立联系，提升用户参与度，最终实现销售增长。

（三）品牌传播效果评估

1. 关键绩效指标（KPI）

在品牌传播中，设置具体的 KPI 可以帮助企业有效评估其营销策略的成功与否。表 3-22 是一些常见的 KPI 及详细说明。

表 3-22 品牌传播 KPI

类别	具体内容
品牌知名度	衡量目标受众对品牌的认知程度。可以通过调查问卷、市场研究等方法获取数据，如“你是否听说过这个品牌？”这样的问题可以用来评估品牌曝光率
品牌认知度	进一步了解消费者对品牌的理解和印象。对此可以通过关注消费者对品牌标志、口号、产品特点的识别能力来测量。通常，使用品牌认知度调查可以获得具体数据
客户获取成本（CAC）	计算获取一个新客户所需的平均成本。通过将营销支出与获得的客户数量进行对比，企业可以判断其营销活动的投入产出比
转化率	转化率指在特定时间内，访问网站或参与活动的用户中，有多少最终采取了预定行动（如购买、注册等）。计算公式为：转化率=（转化用户数/总访客数）×100%。高转化率通常意味着营销策略有效
客户生命周期价值（CLV）	预测一个客户在与品牌关系存续期间能够为企业带来的总收益。CLV 的提高意味着品牌能够更好地维持客户关系与忠诚度
社交媒体互动率	社交媒体互动率包括点赞、评论、分享等指标，反映用户对内容的兴趣和参与程度。社交媒体互动率=（互动总数/总曝光数）×100%

2. 数据分析工具

利用数据分析工具能够帮助品牌实时监测传播效果，及时调整策略。表 2-23 是常见的数据分析工具及其应用。

表 3-23　数据分析工具

类别	具体内容
Google Analytics	这是一个强大的网络分析工具，可以帮助企业了解网站流量来源、用户行为及转化路径。通过设置目标（如购买、注册），品牌可以监测不同营销渠道（如搜索引擎、社交媒体、电子邮件等）的表现
社交媒体分析工具（如 Hootsuite、Sprout Social）	这些工具可以分析社交媒体上的品牌表现，包括粉丝增长、互动率和内容分享效果。它们提供的报告能帮助品牌了解哪些内容最受欢迎，哪些策略需要调整
A/B 测试工具	如 Optimizely 或 VWO，允许品牌对不同版本的网页或营销活动进行测试，从而找到最有效的设计和内容。通过对比 A/B 测试的结果，可以优化转化率和用户体验
CRM 系统（如 Salesforce、HubSpot）	能够跟踪客户互动和购买历史，帮助品牌分析客户数据，优化营销策略。通过对客户行为的分析，企业可以更好地制定个性化的营销活动，从而提高客户忠诚度
热图分析工具（如 Hotjar）	通过热图和录屏功能，分析用户在网站上的行为，帮助品牌理解用户的兴趣点和痛点，从而优化网站布局和内容

通过设定明确的 KPI 和使用合适的数据分析工具，品牌能够更有效地评估其传播效果，优化营销策略，从而实现更好的市场表现和客户满意度。持续的数据监测与分析将为品牌决策提供坚实的基础。

（四）内容营销

1. 内容创作

内容创作是品牌传播和营销中的重要环节，优质的内容不仅能够提升品牌形象，还能吸引和留住目标客户。以下是一些关键策略和方法。

1）确定目标受众

表 3-24 所示为确定目标受众。

表 3-24　确定目标受众

类别	具体内容
受众分析	了解目标客户的兴趣、需求和行为。例如，可以通过市场调研、问卷调查等方式获取数据，分析受众的年龄、性别、地理位置以及消费习惯
用户画像	创建详细的用户画像，帮助内容创作者更好地理解受众的心理和偏好，从而制定相应的内容策略

2）制定内容策略

表 3-25 所示为制定内容策略。

表 3-25　制定内容策略

类别	具体内容
内容类型多样化	结合不同的媒介形式，如博客文章、视频、图文、信息图等，确保内容能够在不同平台上得到有效传播
博客文章	提供深入的行业知识、解决方案或案例分析，以增加品牌的权威性
视频内容	通过短视频、教程或品牌故事，吸引用户的注意力，提升品牌的情感连接
图文内容	利用美观的图片和简洁的文字传达核心信息，使之适合在社交媒体上快速传播

3）创作高质量内容

表 3-26 所示为创作高质量内容。

表 3-26　创作高质量内容

类别	具体内容
精准的信息传递	确保内容传递的信息准确、有价值且易于理解，避免冗长复杂的表达
情感共鸣	通过故事化的方式讲述品牌故事或客户案例，激发用户的情感共鸣，加深其对品牌的印象
SEO 优化	在内容中合理使用关键词，优化标题和描述，提高其在搜索引擎中的可见性，吸引更多的自然流量

4）定期更新与互动

表 3-27 所示为定期更新与互动。

表 3-27　定期更新与互动

类别	具体内容
内容日历	制订内容发布计划，确保定期更新，保持品牌的活跃度
互动性内容	设计互动性内容，如问答、投票或测验，鼓励用户参与并分享，从而提高内容的传播效果

2. 用户生成内容（UGC）

用户生成内容是指消费者自发创建并分享的有关品牌的内容。这种内容对于提升品牌的可信度和用户参与感至关重要。

1）激励用户参与

表 3-28 所示为激励用户参与。

表 3-28　激励用户参与

类别	具体内容
内容日历	制订内容发布计划，确保定期更新，保持品牌的活跃度
征集活动	通过社交媒体发起征集活动，鼓励用户分享他们的体验和反馈。例如，组织摄影比赛或故事分享活动，设定奖品以吸引更多参与
品牌标签	创建独特的品牌标签（hashtag），鼓励用户在社交平台上使用，便于跟踪和展示他们的 UGC

2）展示用户生成内容

表 3-29 所示为展示用户生成内容。

表 3-29　展示用户生成内容

类别	具体内容
社交媒体展示	定期在品牌的社交媒体账号上分享精选的用户生成内容，用以感谢用户的参与，并展示品牌与消费者之间的真实联系
官网和宣传材料	在品牌官网、广告或电子邮件营销中加入用户生成内容，增强品牌的可信度和亲和力

3）互动与回应

表 3-30 所示为互动与回应。

表 3-30　互动与回应

类别	具体内容
积极反馈	对用户生成的内容进行点赞、评论和分享，增强用户的参与感，激励更多用户分享他们的体验
建立社区	通过社交媒体或论坛建立品牌社区，鼓励用户交流、分享经验，形成良好的品牌口碑

4）分析与优化

表 3-31 所示为分析与优化。

表 3-31　分析与优化

类别	具体内容
数据分析	定期分析用户生成内容的效果，了解哪些类型的用户生成内容最受欢迎，进而优化征集活动和内容策略
用户反馈	关注用户对用户生成内容活动的反馈，及时调整策略以提高用户参与度和满意度

通过高质量的内容创作和对用户生成内容的有效管理，品牌能够增强与消费者之间的连接，提升品牌形象和忠诚度。在数字营销时代，注重内容的多样性和参与感有助于

品牌在竞争中脱颖而出。

(五) 社会化责任与品牌形象

1. 品牌社会责任

品牌社会责任（Corporate Social Responsibility，CSR）是指企业在追求经济利益的同时，积极承担社会责任，关注环境保护和社会福祉。这种做法能够提升品牌形象，提高消费者的忠诚度。

1）明确社会责任目标

表 3-32 所示为明确社会责任目标。

表 3-32　明确社会责任目标

类别	具体内容
可持续发展	制定明确的可持续发展目标，如减少碳排放、使用可再生资源、节约用水等，这些目标应与品牌的核心价值观相一致
社会贡献	选择与品牌定位相符的社会问题进行关注，如教育、贫困、健康等，确保品牌的行动能够产生积极的社会影响

2）实施社会责任项目

表 3-33 所示为实施社会责任项目。

表 3-33　实施社会责任项目

类别	具体内容
环保项目	参与或发起环保行动，如植树活动、海洋清理、减少塑料使用等，让消费者看到品牌在环保方面的实际努力
社区支持	支持地方社区的发展，如赞助教育项目、捐赠公益组织，增强品牌与社区的联系

3）传播社会责任理念

表 3-34 所示为传播社会责任理念。

表 3-34　传播社会责任理念

类别	具体内容
透明沟通	通过品牌官网、社交媒体和新闻稿等渠道，公开品牌的社会责任项目和成效，让消费者了解品牌的努力和贡献
故事化传播	通过故事化的方式展示品牌社会责任项目的影响（如分享受益者的故事），营造情感联系，增加消费者的认同感

4）评估与反馈

表 3-35 所示为评估与反馈。

表 3-35　评估与反馈

类别	具体内容
定期评估	定期评估社会责任项目的效果，包括环境影响、社会影响和消费者反馈，以优化和调整策略
消费者参与	鼓励消费者参与社会责任活动，如志愿服务或捐款，增强他们对品牌的认同感和提高忠诚度

2. 危机管理

危机管理是指在品牌形象受到威胁时，及时采取措施修复品牌声誉的过程。有效的危机管理能够帮助品牌维护公众信任和忠诚度。

1）建立危机应对机制

表 3-36 所示为建立危机应对机制。

表 3-36　建立危机应对机制

类别	具体内容
危机管理团队	组建专门的危机管理团队，负责制订和执行危机应对计划。该团队应包括公关、法律、市场营销和管理层等多方代表
危机预警系统	建立危机预警系统，监测社交媒体、新闻报道和消费者反馈，及时识别潜在危机

2）制订危机应对计划

表 3-37 所示为制订危机应对计划。

表 3-37　制订危机应对计划

类别	具体内容
应对策略	制定详细的危机应对策略，包括如何沟通、如何处理客户投诉、如何恢复品牌形象等，以确保各部门清晰分工，快速反应
沟通指南	创建危机沟通指南，规定发言人、信息传递渠道和沟通内容，确保信息的一致性和准确性

3）及时沟通与应对

表 3-38 所示为及时沟通与应对。

表 3-38　及时沟通与应对

类别	具体内容
迅速反应	在危机发生时，迅速发表声明，承认问题的存在，并表达对受影响者的关心和歉意。避免拖延和隐瞒，以免加剧公众的不满
透明度	保持信息透明，向公众和媒体定期更新事态进展，展示品牌积极解决问题的态度

4）事后评估与改进

表 3-39 所示为事后评估与改进。

表 3-39 事后评估与改进

类别	具体内容
危机影响评估	在危机结束后，评估危机对品牌形象、销售和消费者信任的影响，分析应对措施的有效性
优化危机管理流程	根据评估结果，优化危机管理流程和应对策略，确保在未来能够更有效地处理类似危机

品牌社会责任和危机管理都是提升品牌形象和提高消费者忠诚度的关键要素。通过积极承担社会责任和建立完善的危机管理机制，品牌不仅能够在竞争中脱颖而出，还能在面对挑战时有效维护自身声誉。

（六）法律和伦理问题

1. 知识产权保护

知识产权保护（Intellectual Property Protection）是指通过法律手段保障创作者和企业对其创造的作品、发明等的独占使用权。有效的知识产权保护不仅能防止侵权，还能增强品牌竞争力。

1）商标注册和维护

表 3-40 所示为商标注册和维护。

表 3-40 商标注册和维护

类别	具体内容
商标注册	确保及时注册品牌名称、标志、口号等商标。选择合适的类别进行注册，以覆盖所有相关的产品和服务
商标监测	定期监测市场，注意是否有相似或侵权的商标出现。可以通过专业机构进行商标监测，及时发现并应对侵权行为

2）专利保护

表 3-41 所示为专利保护。

表 3-41 专利保护

类别	具体内容
专利申请	对于创新产品和技术，及时申请专利保护。根据不同的创新类型（如发明、实用新型、外观设计）选择合适的专利类型
专利维护	保持专利的有效性，定期支付年费并关注专利的使用情况，确保其不被他人侵权利用

3）版权保护

表 3-42 所示为版权保护。

表 3-42 版权保护

类别	具体内容
版权登记	对于原创作品（如文学、艺术和音乐作品），考虑进行版权登记。虽然在大多数国家创作完成即自动获得版权，但登记能确保获得并提供法律证据
使用许可	如果需要授权他人使用作品，应确保签订正式的使用许可协议，明确使用范围、期限和报酬等条款

4）侵权应对

表 3-43 所示为侵权应对。

表 3-43 侵权应对

类别	具体内容
法律咨询	与专业的知识产权律师保持联系，及时获取法律建议，以应对潜在的侵权问题
侵权行动	一旦发现侵权行为，迅速采取行动，包括发送律师函、申请禁令或提起诉讼等，以保护自身权益

2. 数据隐私保护

数据隐私保护（Data Privacy Protection）是指企业在收集、处理和存储消费者个人信息时，采取必要措施确保其安全和隐私，同时遵循相关法律法规。

1）遵循法律法规

表 3-44 所示为遵循法律法规。

表 3-44 遵循法律法规

类别	具体内容
合规性审查	了解并遵循各国的数据保护法规，如欧盟 GDPR（通用数据保护条例）、美国 CCPA（加州消费者隐私法）等。定期进行合规性审查，确保企业行为符合相关法律要求
隐私政策透明	制定清晰的隐私政策，向消费者说明数据的收集目的、使用方式、存储期限及分享对象。确保政策易于访问和理解

2）数据收集与使用

表 3-45 所示为数据收集与使用。

表 3-45 数据收集与使用

类别	具体内容
最小化数据收集	仅收集业务所需的最低限度的个人数据，避免过度收集。对此应采取“只收集必要信息”的原则
明确用户同意	在收集个人数据之前，获取用户的明确同意。对此应使用明确的语言，告知用户数据使用的目的和范围

3）数据安全措施

表3-46所示为数据安全措施。

表3-46 数据安全措施

类别	具体内容
数据加密	对存储和传输的敏感数据进行加密，确保即使数据被截获也不会被滥用
访问控制	实施严格的访问控制措施，确保只有授权人员才能访问和处理个人数据。定期审核访问权限，防止内部泄露

4）数据泄露应对

表3-47所示为数据泄露应对。

表3-47 数据泄露应对

类别	具体内容
数据泄露响应计划	制订数据泄露响应计划，明确在数据泄露发生时的应急步骤，包括通知受影响用户和相关监管机构
定期培训	对员工进行数据隐私和安全的定期培训，增强他们的安全意识，减少人为失误导致的数据泄露风险

5）持续评估和改进

表3-48所示为持续评估和改进。

表3-48 持续评估和改进

类别	具体内容
定期审计	定期对数据隐私保护措施进行审计，检查其有效性并识别潜在风险
消费者反馈	收集消费者对隐私政策和数据处理方式的反馈，及时调整和改进相关措施，以提升品牌信誉

知识产权保护和数据隐私保护是品牌管理中不可忽视的两个重要方面。通过有效的知识产权保护，品牌能够维护自身的创新成果和市场竞争力；而通过严格的数据隐私保护，品牌能够建立消费者的信任，提升品牌信誉。两者有机结合，有助于企业在激烈的市场竞争中立于不败之地。

跨境网络营销的品牌建设与传播是一个复杂而动态的过程，涉及市场研究、文化适应、数字营销、消费者行为等多个方面。成功的品牌传播不仅能够提高品牌知名度，还能增强客户的忠诚度和购买意愿。

三、任务实施

（一）步骤一：市场调研

（1）目标市场分析。使用在线调查工具（如Survey Monkey）收集潜在客户的需求与偏好，分析目标市场的文化差异与消费习惯。

（2）竞争对手分析。研究主要竞争对手的品牌策略、市场定位及营销手段，了解行业趋势。

（二）步骤二：品牌定位与策略制定

（1）明确品牌价值。确定品牌的核心价值和使命，明确自身与竞争者相比的差异化优势。

（2）品牌形象设计。设计品牌 LOGO、色彩方案和视觉识别系统，确保品牌形象在各个平台上的一致性。

（三）步骤三：建立线上平台

（1）官网建设。开发多语言支持的网站，确保用户体验良好，提供清晰的品牌信息和产品目录。

（2）社交媒体账号。在 Facebook、Instagram、LinkedIn 等平台上创建品牌账号，并保持定期更新。

（四）步骤四：内容营销

（1）内容策略。制作内容日历，发布与品牌相关的高质量内容，如博客文章、视频和信息图，重点突出品牌的专业性和行业知识。

（2）用户生成内容。鼓励用户分享使用产品的体验，通过征集活动增强品牌忠诚度。

（五）步骤五：在线广告与推广

（1）数字广告投放。通过 Google Ads、各类社交媒体进行定向广告投放，吸引目标客户。

（2）合作营销。与行业相关的 KOL 或影响力博主合作，进行品牌推广，扩大品牌影响力。

（六）步骤六：监测与评估

（1）数据分析。使用 Google Analytics、社交媒体分析工具等监测网站流量、用户行为和广告效果，评估推广效果。

（2）反馈收集。通过问卷、评论和社交媒体互动收集客户反馈，了解品牌在市场中的表现。

（七）步骤七：持续优化

（1）策略调整。根据数据分析结果和客户反馈，优化营销策略和内容，确保品牌传播的有效性。

（2）定期回顾。每季度进行一次全面评估，总结经验教训，调整未来的品牌建设与传播计划。

以上步骤为跨境网络营销的品牌建设与传播提供了一个系统的实施框架，旨在通过市场调研、品牌定位、内容创建及监测评估，帮助企业有效提升品牌知名度和市场竞争力。

四、任务评价

任务评价表见表 3-49。

表 3-49　任务评价表

	学习态度（20%）	团队合作（20%）	完成率（50%）	其他表现（10%）	小计（100%）	综合评价
小组评分（30%）						
个人评分（20%）						
老师评分（50%）						
综合得分（100%）						

知识拓展

利用平台推荐功能提升品牌影响力（见表 3-50）。目前各类跨境电商平台已具备平台推荐功能，根据消费者的交易历史、搜索信息为客户推荐相关产品。跨境电商平台综合统计数据显示，相较于国内市场，阿联酋市场中客户在选购产品时电商平台选择时间平均不足 4 分钟，所以跨境电商平台所推荐的产品往往就是客户直接确认交易的商品。跨境电商公司应该利用跨境电商平台的推荐功能对自身的优势产品信息进行展示，根据不同电商平台的客户购买力、产品销量对营销资源进行合理分配，保证所推荐商品被持续购买，提高商品影响力。

跨境电商公司也应该加强与跨境电商平台的活动合作。例如，部分电商平台会在相关节庆前后推出各类活动，包括抽奖、组合优惠、老客户赠品活动等。对此，跨境电商公司应该紧跟电商平台，实现与跨境电商平台的深度合作，满足跨境电商公司营销工作开展的实际要求。

在一系列促销活动开展过程中，跨境电商公司应该致力于加强自身的品牌建设工作，树立独特的品牌竞争优势，提高合作客户的合作意愿，体现跨境电商公司的社会责任与品牌价值。对此，跨境电商公司应该编制地推促销方案，在跨境电商公司的平台页面定期推送，提高促销活动影响力。

表 3-50　平台推荐功能提升品牌影响力

案例	分析
Nike 是全球知名的运动品牌，其积极利用社交媒体和电商平台的推荐功能，以增强品牌影响力	实施策略： 1. 社交媒体影响者合作。Nike 与众多运动员和健身博主合作，展示新品和运动装备，提高品牌曝光率 2. Nike App 的个性化推荐。通过分析用户的运动习惯和购买历史，提供个性化的产品推荐，提升用户体验 结果： 1. 用户参与度提高。Nike 的社交媒体互动率显著提高，用户分享和评论量增加 2. 销售增长。个性化推荐推动了在线销售的增长，尤其是在新产品发布期间
案例	分析
Sephora 是一家全球领先的美妆零售商，以其创新的数字营销策略而闻名	实施策略： 1. 用户生成内容。Sephora 鼓励顾客在社交媒体上分享他们的妆容，并使用特定标签，以增强社区参与感 2. 个性化推荐引擎。在其电商平台上，Sephora 根据用户的购买历史和产品偏好，为其提供个性化的产品推荐 结果： 1. 品牌忠诚度提升。通过社交媒体互动和用户生成内容，Sephora 提高了客户忠诚度 2. 销售增长。个性化推荐推动了更多的交叉销售和追加购买
案例	分析
Amazon 是全球最大的电商平台，利用数据分析和推荐系统改变了消费者购物的方式	实施策略： 1. 推荐引擎。Amazon 根据用户的浏览和购买历史，向用户推荐相关产品，提升购物体验 2. 用户评价系统。鼓励用户撰写评价，提高产品的可信度，帮助其他消费者做出购买决策 结果： 1. 销售额增长。个性化推荐每年为 Amazon 带来数十亿美元的额外收入 2. 用户体验提升。用户满意度增加，回购率显著提高

这些案例展示了知名品牌如何有效利用平台推荐功能，提升品牌影响力和提高销售业绩。通过个性化推荐、用户生成内容和社交媒体合作，这些品牌成功吸引了更多客户并增强了品牌忠诚度。

习题

（一）选择题

1. 在跨境网络营销中，以下哪个因素最能影响品牌的国际形象？（　　）

A. 价格策略　　B. 社交媒体活动

C. 供应链管理　　D. 产品质量

2. 品牌传播的主要渠道不包括以下哪一项？（　　）

A. 电子邮件营销　　B. 传统广告

C. 社交媒体　　D. 线下活动

3. 以下哪种策略最适合跨境市场的品牌定位？（　　）

A. 一刀切的市场策略　　B. 根据当地文化调整的市场策略

C. 只关注价格竞争　　　　　　　　D. 完全依赖在线广告

（二）填空题

1. 跨境网络营销中的品牌建设主要依赖于________和________的有效结合。

2. 在跨境营销中，________是指通过社交媒体、网站等数字渠道与消费者互动的过程。

3. 品牌传播中的________可以帮助企业在目标市场中建立认知度和信任感。

（三）名词解释

1. 品牌建设

2. 品牌传播

（四）简答题

1. 请简述跨境网络营销中品牌建设的关键要素。

2. 如何通过社交媒体提升品牌的国际知名度？请列举两到三个具体策略。

3. 在跨境网络营销中，企业如何应对文化差异以确保有效进行品牌传播？

任务四　跨境网络营销的风险管理与应对策略

一、任务描述

在全球化的背景下，跨境网络营销为企业提供了巨大的市场机会，但同时也带来了多种风险。有效的风险管理和应对策略是确保企业在国际市场中获得成功的关键。本任务旨在分析跨境网络营销中可能面临的风险，并提出相应的应对策略。详见表 3-51。

表 3-51　跨境网络营销的风险管理与应对策略任务描述

任务目标	1. 识别风险。识别在跨境网络营销过程中可能遇到的各种风险，包括法律、经济、文化、技术、市场等方面的风险
	2. 风险分析。分析这些风险对企业的潜在影响，以及不同风险的严重程度和发生概率
	3. 制定应对策略。基于识别和分析的风险，提出具体的应对策略，以降低风险的影响，确保营销活动的顺利进行
	4. 案例研究。通过实际案例，展示有效的风险管理和应对策略在跨境网络营销中的应用
任务内容	风险识别 列出跨境网络营销中可能遇到的主要风险类型，如法律合规风险、文化差异风险、市场竞争风险、技术风险、供应链风险等
	风险分析 1. 针对每种风险，分析其对企业的潜在影响，并评估发生的可能性和严重程度。 2. 使用风险矩阵或其他工具进行可视化分析
	应对策略 针对识别的风险，制定相应的应对策略。例如，加强法律合规性审查，进行文化适应性培训，采用多元化市场策略，进行技术投资和保障，建立灵活的供应链管理体系
	案例研究 选择一至两个成功的跨境网络营销案例，分析其在风险管理方面的做法，以及这些做法如何促进了品牌的成功
任务要求	将以上内容整理成一份完整的报告，字数在 1 500 字以上，结构清晰，逻辑严谨。报告应包含以下部分： 1. 封面：包括任务标题、姓名、日期等基本信息。 2. 目录：列出各部分标题及页码。 3. 引言：简要介绍跨境网络营销的重要性及风险管理的必要性。 4. 风险识别：详细列出并描述各类风险。 5. 风险分析：使用图表或风险矩阵展示风险评估结果。 6. 应对策略：针对每种风险提出具体的应对措施，并解释其可行性。 7. 案例研究：对所选择的案例进行分析，以展示成功的风险管理如何促进了品牌建设。 8. 结论：总结任务的主要发现，强调有效风险管理对跨境网络营销成功的重要性。 9. 参考文献：列出在此过程中引用的所有文献和资料

续表

评估标准	1. 内容完整性。是否全面识别和分析了各类风险，并提出了相应的应对策略。 2. 逻辑性与结构。报告的逻辑是否清晰，各部分内容是否有机衔接。 3. 案例应用。案例研究是否具有代表性，是否有效支持了风险管理的建议。 4. 语言表达。表达是否清晰、专业，能否准确传达信息，文风是否符合学术写作的规范。 5. 格式规范。报告的格式是否符合要求，引用是否规范，文献列表是否完整

二、相关知识

（一）风险识别

1. 市场风险

分析不同国家的经济、政治、文化环境的变化（见表 3-52）。

表 3-52　市场风险案例

案例：阿里巴巴在印度的市场风险
背景：阿里巴巴曾计划在印度市场扩展其电商平台，但由于印度政府对外资的严格限制，特别是其在电商领域的政策变化，导致阿里巴巴的计划受到了影响
数据：根据《经济学人》数据，印度的外资直接投资（FDI）在 2019 年下降了 25%，主要由于其政策的不确定性。这使得许多跨国公司在进入印度市场时需谨慎评估政治风险

此外还存在文化风险。例如，品牌在进入中东和北非市场时，需要考虑当地宗教和文化习俗，如广告中应尊重当地的价值观和禁忌。现实中，某些品牌的广告曾因不当内容遭到抵制，导致品牌形象受损。

2. 法律风险

了解目标市场的法律法规，如税务、进出口限制和知识产权保护（见表 3-53）。

表 3-53　法律风险案例

案例：Facebook 在欧洲的 GDPR 合规问题
背景：2018 年，欧盟实施通用数据保护条例（GDPR），对数据保护提出了更高的要求
影响：Facebook 因未能完全遵循 GDPR 规定，被罚款超过 7 亿欧元。此案例显示了跨境网络营销中的合规风险
数据：根据 IAPP（国际隐私专业人员协会）的报告，GDPR 实施后的 2 年内，欧洲的隐私保护投诉数量增加了 300%，显示出法律风险的显著增加

3. 技术风险

技术风险包括网络安全、数据泄露、技术故障等（见表 3-54）。

表 3-54　技术风险案例

案例：马士基（Maersk）遭受黑客攻击
背景：2017 年，马士基遭遇了恶意软件攻击（NotPetya），此攻击导致其全球供应链和 IT 系统瘫痪
影响：马士基估计损失达 2 亿美元，业务中断影响了其跨境物流能力，这显示了依赖技术进行国际贸易的风险
数据：根据 IBM 的《2021 年数据泄露报告》，2020 年数据泄露的平均成本为 392 万美元，而涉及更多国家和地区的泄露案件往往成本更高，跨境企业面临的网络安全威胁显著增加
案例：Equifax 数据泄露事件
背景：2017 年，美国信用报告公司 Equifax 遭遇数据泄露，约 1.43 亿客户的个人信息被泄露
影响：Equifax 在随后的法律诉讼和和解中支付了超过 7.5 亿美元的赔偿，其品牌信誉也严重受损。可见，对于跨境企业而言，尤其是在处理国际客户数据时，数据保护成了一个关键风险
数据：根据 Verizon 的《2021 年数据泄露调查报告》，2020 年，有超过 80% 的数据泄露涉及个人身份信息（PII），对跨境营销的企业来说，这是一个迫在眉睫的风险
案例：亚马逊的技术故障
背景：2020 年，亚马逊的云服务（AWS）出现故障，导致多家依赖其服务的跨境电商平台无法正常运营
影响：许多小型电商因无法访问数据和产品信息，导致销售损失，这显示出依赖第三方技术时的不可控风险
数据：根据 Gartner 的研究，技术故障造成的平均停机时间成本为每小时约 5 万美元，跨境电商在节假日期间尤为敏感，任何技术故障都可能导致大量的销售损失。例如，在 2020 年“黑色星期五”（Black Friday）和“网络星期一”（Cyber Monday）期间，许多电商平台出现流量激增，导致网站崩溃，严重影响了销售业绩

（二）风险管理建议

在识别市场风险、法律风险和技术风险后，跨境网络营销企业应采取以下措施进行风险管理。

1. 市场风险管理

（1）市场研究。定期进行针对不同国家的市场调研，关注其政治、经济和文化环境的变化，评估潜在风险。

（2）多元化市场。避免过度依赖单一市场，开拓多个区域市场，以分散风险。

2. 法律风险管理

（1）合规审查。与专业法律顾问合作，确保在目标市场内的业务符合当地法律法规。

（2）知识产权保护。在目标市场注册商标和专利，保护品牌和产品的知识产权。

3. 技术风险管理

（1）网络安全措施。投资于网络安全技术，定期进行安全审计和漏洞扫描，防止数据泄露和黑客攻击。

（2）备份和冗余系统。建立数据备份和冗余系统，以防止因技术故障导致数据丢失和业务中断。

跨境网络营销中存在多种风险，包括市场风险、法律风险和技术风险。通过对这些风险的有效识别与管理，企业可以降低潜在损失，提高市场竞争力和经营稳定性，为跨境网络营销的成功奠定基础。下面是进一步的策略和建议，以帮助企业更好地应对这些风险。

（三）风险应对策略

1. 市场风险应对

（1）建立风险监控机制。利用数据分析工具，实时监控市场动态和消费者行为，快速响应市场变化。例如，使用社交媒体监测工具分析品牌声誉和客户反馈，及时调整市场策略。

（2）灵活的市场进入策略。根据市场环境的变化，采用不同的市场进入模式（如合资、特许经营或直接投资），以降低潜在风险。对于新市场，可以考虑先进行小规模试点，再逐步扩大。

2. 法律风险应对

（1）定期法律培训。对跨境营销团队进行法律法规方面的培训，确保员工了解并遵守相关法律，减少合规风险。

（2）建立合规团队。组建专门的合规团队，负责监督和管理公司在各个市场的法律合规问题，及时更新相关政策和程序。

3. 技术风险应对

（1）增强网络安全意识。定期对员工进行网络安全培训，提高他们对安全威胁的警觉性，确保企业在各个层面上防范网络攻击。

（2）实施多层次安全策略。在技术架构中实施多层次的安全防护措施，包括防火墙、入侵检测系统和数据加密，形成多重保护网。

（3）灾难恢复计划。制订明确的灾难恢复计划，确保在发生技术故障时，能够迅速恢复业务运营，减少对客户的影响。

（四）风险评估

1. 定量分析

定量分析主要通过数据和统计模型评估风险的可能性和影响程度。下面是进行定量分析的步骤和案例。

1）数据收集

收集相关数据是定量分析的基础。需要收集的数据见表 3-55。

表 3-55　定量需要收集的数据

类别	具体细项
市场规模	目标市场的消费者数量、购买力等
竞争对手分析	竞争对手的市场份额、定价策略、营销手段等
销售数据	如历史销售数据，用以识别销售趋势和季节性变化
消费者行为	消费者在线购物的习惯和偏好

2）风险指标

建立风险评估指标，详见表 3-56。

表 3-56　风险评估指标

类别	具体细项
市场风险指数	通过市场波动性、政策变化等因素计算风险评分
客户流失率	分析客户的留存情况，识别流失风险
财务风险指标	如负债率、利润率等，用以评估财务健康状况

3）统计模型

使用统计模型进行分析，详见表 3-57。

表 3-57　统计模型指标

类别	具体细项
回归分析	分析不同因素对销售额的影响，预测未来销售情况
蒙特卡罗模拟	通过模拟不同场景来评估潜在的风险和收益

案例：假设某跨境电商平台希望进入东南亚市场。通过收集过去 3 年的销售数据发现：市场年均增长率为 20%，竞争对手的市场份额分布为 A 公司 30%、B 公司 25%、C 公司 20%。通过回归分析发现，价格、广告支出与销售额呈显著正相关（$p<0.05$）。通过蒙特卡罗模拟，评估得出进入市场的投资回报率（ROI）为 20%~35%。

2. 定性分析

定性分析则依赖于专家意见和市场调研，旨在深入了解潜在风险的性质和影响。

1）专家访谈

通过与行业专家进行访谈，获取对市场、竞争、法规等方面的深刻见解。以法规风险为例，某些国家的进口税、关税政策变化频繁，可能影响跨境电商的赢利能力。例如，在印度，政府对某些类别的进口商品实施了高额关税，这可能使得商品价格上涨，降低竞争力。文化差异方面，专家也强调关注文化差异对营销策略的影响。例如，在东南亚市场，消费者对品牌的忠诚度较低，价格敏感度较高，促销活动效果显著。

2）市场调研

进行市场调研可以帮助识别潜在风险。主要方法见表 3-58。

表 3-58　市场调研活动

类别	具体细项
问卷调查	向目标市场的潜在客户发放问卷，了解他们对品牌的认知、消费习惯以及对价格的敏感度
焦点小组	组织小型讨论组，与目标客户进行深入交流，以获取对产品、品牌和市场策略的反馈

案例：假设某美国跨境电商平台计划进入巴西市场。在进行定性分析时，通过专家访谈法律与合规性得知，巴西的电子商务法较为复杂，要求企业在销售前进行税务登

记，若未遵循可能面临罚款。文化与消费行为市场调研显示，巴西消费者偏好使用本地支付方式，如 Boleto Bancário，而非信用卡，这一发现促使电商平台调整支付方式，以适应当地市场。通过焦点小组交流竞争环境，发现本地竞争对手在社交媒体上的营销策略更具吸引力，最终促使该电商平台在进入市场前调整了其营销计划。

（五）应对策略

（1）风险规避，选择低风险的市场或渠道，以避免潜在风险。

（2）风险转移，通过保险、合同或第三方合作来转移风险。

（3）风险减轻，采取措施如增强网络安全、优化物流等，降低、减少风险的可能性及所造成的影响。

（4）风险接受，在合理评估风险后，接受一定的风险以追求潜在收益。

三、任务实施

以下是针对跨境网络营销风险管理与应对策略的具体实施步骤：

（一）步骤一：市场调研

（1）收集目标市场的基本信息，包括经济状况、文化背景、消费者行为等。

（2）使用问卷调查、焦点小组等方式获取消费者反馈。

（二）步骤二：建立风险评估矩阵

根据风险发生的可能性和影响程度，制定风险评估矩阵，将风险分为高、中、低三个级别。

（三）步骤三：保险策略

（1）评估业务中可能面临的财务风险，选择适当的商业保险类型（如财产险、责任险、网络安全险等）。

（2）进行保险报价比对，选择性价比高的保险公司。

（3）与当地信誉良好的企业或代理商建立合作关系，以降低市场风险。

（4）将非核心业务（如物流和支付处理）外包给专业公司，以分散风险。

（四）步骤四：制定应急预案

（1）针对识别出的主要风险，制订详细的应急响应计划，包括责任人、处理流程和应急资源等。

（2）确定关键业务流程的备份方案，以确保业务的连续性。

（五）步骤五：员工培训与演练

（1）开展员工培训，增强他们对风险管理的意识和应对能力，特别是在网络安全、客户服务和危机管理方面。

（2）定期进行应急演练，模拟各种风险情境，评估应对效果并进行改进。

（六）步骤六：相关工具与资源

市场调研工具：SurveyMonkey、Google Forms；
法律合规资源：当地商会、法律咨询公司；
数据分析工具：Google Analytics、Tableau；
风险管理软件：RiskWatch、LogicManager；
网络安全工具：Norton、McAfee。

通过系统化的实施步骤和相关工具的支持，企业能够有效地管理跨境网络营销中的各种风险，从而确保在国际市场中稳步前行，实现业务的持续增长，并获得成功。

四、任务评价

任务评价表见表 3-59。

表 3-59　任务评价表

	学习态度（20%）	团队合作（20%）	完成率（50%）	其他表现（10%）	小计（100%）	综合评价
小组评分（30%）						
个人评分（20%）						
老师评分（50%）						
综合得分（100%）						

知识拓展

一、数据隐私法

欧盟：《通用数据保护条例》（GDPR）要求企业在处理个人数据时必须获得用户的明确同意，并赋予用户对其数据的控制权。

美国：数据隐私法律相对宽松，各州可能有不同的法规，如加利福尼亚州的《消费者隐私法案》（CCPA），但总体上没有全国统一的隐私保护法律。这可能造成跨国公司在欧盟和美国面临不同的合规要求。

二、劳动法

法国：劳动法规定员工有较长的带薪假期且解雇程序严格，解雇员工需要遵循复杂的法律程序和条件。

美国：大多数州采用“随意雇佣”原则，雇主可以随时解雇员工，除非有明确的合同或法律限制。这种差异可能使跨国公司在员工管理上面临合规挑战。

三、反腐败法律

英国：根据其《反贿赂法》，企业应采取合理措施防止贿赂行为，违反者可能面临严厉的处罚。

美国：根据其《外国腐败行为法》（FCPA），美国公司在海外的商业活动中也受到严格监管，任何形式的贿赂都可能导致法律责任。这可能使得在多个国家运营的公司面临不同的合规压力。

四、税收法规

德国：企业需遵循严格的增值税（VAT）规定，所有销售和服务都必须缴纳增值税。

新加坡：增值税率较低且有一些豁免条款，企业在税务合规上面临的要求和负担相对较轻，这使得跨国企业在不同市场上需要调整其税务合规策略。

五、产品安全标准

中国：对某些产品（如玩具、电子产品）有严格的安全标准和认证要求。

美国：虽然也有相关标准，但其要求可能与中国不同，且不同州可能有不同的合规标准，这使得跨国公司在产品设计和市场准入时需要考虑不同的合规要求。

六、环境保护法规

欧盟：环境法规非常严格（如REACH），要求企业在生产和使用化学品时提供详细的信息，以确保其安全性和对环境的影响。

印度：虽然该国也有环境保护法，但执行力度相对较弱，且地方政府监管力度的差异较大。这使得在这两个地区运营的公司需要采取不同的环境合规措施。

七、知识产权保护

日本：知识产权保护相对完善，企业在申请专利和商标时受到法律的强力保护。

某些发展中国家：知识产权保护较为薄弱，侵权行为普遍。这使得跨国公司在这些国家运营时可能面临知识产权被侵犯的风险。

八、反洗钱法规：

美国：根据其《银行保密法》（BSA），金融机构须遵循严格的反洗钱规定，包括客户尽职调查和报告可疑活动。

中国香港：虽然也有反洗钱法规，但其执行力度和具体要求与美国存在差异。跨国金融机构需要根据不同地区的法规调整其合规程序。

九、商业合同法律

英美法系国家：合同法相对灵活，强调合同自由，双方可自行约定条款。

大陆法系国家：例如德国、法国，合同法更为严格，某些条款可能受到法律的限制，合同的有效性和解释有明确的法律依据。这对跨国交易中的合同管理带来了挑战。

十、电子商务法

欧盟：针对电子商务有一系列具体的法规，如《电子商务指令》和《消费者权益指令》，对在线交易和消费者保护有严格要求。

美国：电子商务的法律框架相对宽松，且州与州之间的法律差异较大，企业在进行电子商务时需要灵活应对不同的法规。

上述法律法规的差异不仅影响合规成本和风险，还可能影响企业的市场进入策略、运营模式和整体商业战略。

习题

（一）选择题

1. 跨境网络营销中，以下哪一项不属于主要风险？（　　）

A. 法律合规风险　　B. 文化适应风险

C. 产品创新风险　　D. 物流风险

2. 在跨境交易中，汇率波动会影响（　　）。

A. 产品质量　　B. 营销渠道

C. 利润水平　　D. 客户服务

3. 以下哪种策略可以有效应对跨境网络营销中的文化差异？（　　）

A. 一刀切的营销策略　　B. 本地化营销策略

C. 降低广告预算　　D. 全部使用英文

（二）填空题

1. 在跨境网络营销中，____________________是指企业因未能遵循当地法律法规而面临的风险。

2. 为了降低物流成本，企业可以选择____________________的物流合作伙伴。

3. 跨境网络营销的成功往往依赖于____________________的市场调研与分析。

（三）名词解释

1. 法律合规风险

2. 本地化营销

（四）简答题

1. 请简述跨境网络营销中常见的五种风险，并说明每种风险可能导致的后果。

2. 针对跨境网络营销中的支付安全风险，企业可以采取哪些应对策略？

3. 如何通过数据分析工具来提高跨境网络营销的效果？请举例说明。

4. 在跨境网络营销中，企业如何有效应对文化差异带来的挑战？

项目四　跨境网络营销的工具与技术

近年来，TikTok 作为一个全球流行的短视频平台，逐渐成为跨境电商的重要营销渠道。许多品牌借助 TikTok 的影响力，成功进入国际市场。

2023 年，某知名时尚品牌通过 TikTok 进行了一场全球营销活动。其与多位 TikTok 网红合作，创建了一系列挑战赛和互动内容，鼓励用户分享他们的穿搭风格。通过使用 TikTok 的购物功能，用户可以直接在视频中点击购买链接，极大地提高了转化率。

1. 效果：①曝光率提升。品牌在活动期间的曝光率提升了 300%，视频总观看超过 5 000 万次。②销售增长。通过 TikTok 的直接购买链接，品牌的在线销售额在活动期间增长了 150%。③用户参与。品牌的社交媒体互动率提高了 40%，增加了用户的品牌忠诚度。

2. 使用的工具与技术：①社交媒体营销工具，使用类似 Hootsuite、Buffer 等工具进行内容调度和分析，优化发布时机。②数据分析工具。使用 Google Analytics 和 Facebook Insights 等工具分析用户行为，评估营销效果。③支付和物流解决方案，使用 PayPal、Stripe 等跨境支付工具以及国际物流服务（如 DHL、FedEx）确保顺利交易。④内容创作工具，使用 Canva、Adobe Spark 等工具帮助品牌创建吸引人的视觉内容。

跨境网络营销需要灵活运用各种工具和技术，结合社交媒体的影响力和数据分析能力，才能在全球市场中有效吸引消费者的关注与购买。TikTok 的成功案例证明了短视频平台在跨境电商中的巨大潜力。

在 TikTok 的跨境电商营销案例中，该品牌采取了哪些策略来提高用户的参与度和在线销售额？请简要分析这些策略的有效性。

项目任务书

任务编号	分项任务	职业能力目标	知识要求	参考课时
任务一	搜索引擎优化（SEO）与搜索引擎营销（SEM）	1. 能够进行关键词研究、内容优化和技术 SEO，提升网站自然搜索排名。 2. 熟练使用广告平台管理和优化付费广告，提高转化率。 3. 具备分析和评估 SEO 与 SEM 效果的能力，以优化营销策略并提升投资回报率（ROI）	1. 理解 SEM 的概念及其与 SEO 的区别，掌握付费广告的基本原理。 2. 熟悉主要的广告平台（如 Google Ads、Bing Ads）及其关键功能。 3. 撰写 SEO 友好的内容，包括标题、描述并进行内部链接的优化	2

任务编号	分项任务	职业能力目标	知识要求	参考课时
任务二	社交媒体营销（SMM）与社交媒体广告	1. 能够创作多样化的社交媒体内容，包括图文、视频和互动帖子，以吸引和保持用户关注。 2. 能够有效管理社交媒体社区，积极与用户互动，回应评论和私信，提升用户体验。 3. 熟练使用社交媒体广告平台（如 Facebook Ads Manager）进行广告创建、投放和优化	1. 理解社交媒体营销的定义、目标及其在整体数字营销中的作用。 2. 熟悉主要社交媒体平台（如 Facebook、Instagram、Twitter、LinkedIn）的特点和用户群体	2
任务三	内容营销与博客营销	1. 熟练掌握不同格式的内容创作技巧，包括文字、图像、视频和信息图表。 2. 熟练使用分析工具（如 Google Analytics）评估受众反馈和行为，以优化内容方向	1. 理解内容营销的定义、目的和重要性，及其在整体数字营销策略中的角色。 2. 理解博客营销的概念、形式及其与内容营销的关系	2
任务四	电子邮件营销与自动化工具	1. 能够撰写吸引人的电子邮件主题和内容，以提高打开率和点击率。 2. 能够根据用户行为、兴趣和人口统计信息进行有效的受众细分，以实现个性化营销	1. 理解电子邮件营销的定义、目的和重要性。 2. 理解有效电子邮件内容的构成要素，包括主题行、正文、图像和行动号召（CTA）	1
任务五	跨境电商平台运营与管理	1. 理解不同跨境电商平台（如 Amazon、eBay、AliExpress 等）的特点与优势，能够根据业务需求选择合适的平台。 2. 能够进行平台账户的注册、设置及优化，以提升店铺曝光率。 3. 熟悉产品选择与上架流程，能够进行有效的产品描述、定价及图片处理	1. 熟悉主要跨境电商模式（如 B2C、B2B、C2C 等）及其运作方式。 2. 熟悉主要跨境电商平台（如 Amazon、eBay、AliExpress 等）的注册、设置和运营流程。 3. 理解平台规则、政策和费用结构，能够有效管理店铺运营	1
职业素养目标		1. 具备数据解读能力，能够从数据中提取有价值的信息，为优化营销策略提供支持。 2. 提高跨文化沟通能力，能够与不同国家和地区的客户和合作伙伴有效沟通。 3. 培养创新思维，能够主动探索新的网络营销工具和技术，以应对快速变化的市场环境		

任务一　搜索引擎优化（SEO）与搜索引擎营销（SEM）

一、任务描述

在本任务中，学生将深入了解搜索引擎优化（SEO）和搜索引擎营销（SEM）的概念、策略和最佳实践。通过对这两种数字营销手段的比较与分析，学生应能够理解它们在跨境网络营销中的重要性，并掌握如何有效地运用这些工具来提升品牌曝光度和网站流量。

任务要求：

（1）理解 SEO 与 SEM 的基本概念：定义搜索引擎优化（SEO）和搜索引擎营销（SEM），了解两者的主要区别与联系。

（2）分析 SEO 和 SEM 的策略：探讨 SEO 的关键策略，如关键词研究、内容优化、外部链接建设等；研究 SEM 的主要策略，包括广告投放、竞价排名、广告文案撰写等。

（3）比较 SEO 与 SEM 的优缺点：分析 SEO 和 SEM 在成本、效果、时间周期和长期收益等方面的优缺点，讨论在不同场景下选择 SEO 或 SEM 的考虑因素。

（4）制订实施计划：设计一个针对特定产品或服务的 SEO 和 SEM 整合营销策略，明确目标受众、关键词选择、预算分配和预期效果。

（5）评估与优化：了解如何使用分析工具（如 Google Analytics）来评估 SEO 和 SEM 的效果；制定优化方案，根据数据反馈不断调整策略。

二、相关知识

（一）概念解析

搜索引擎优化（SEO）是指通过优化网站内容和结构，提高网站在搜索引擎自然（有机）搜索结果中的排名。其目标是增加网站的可见性，吸引更多有针对性的流量。

搜索引擎营销（SEM）是指通过付费广告在搜索引擎中推广网站，主要包括使用搜索引擎广告（如 Google Ads）。其目标是通过广告展示获取流量和转化率。

（二）SEO 和 SEM 的比较

SEO 和 SEM 的比较见表 4-1。

表 4-1　SEO 和 SEM 的比较

特点	SEO	SEM
成本	长期投资，主要为内容创作和技术优化成本	按点击付费或按展示付费，短期成本较高
结果时间	见效慢，通常需要几个月	见效快，广告发布后立即生效
流量稳定性	一旦优化成功，流量相对稳定	有赖于广告预算，流量波动较大
用户信任度	用户更倾向于点击自然结果	用户对广告的信任度较低
维护工作	需要定期更新和维护	需要持续进行广告优化和预算管理

（三）具体案例分析

1. SEO 案例：Airbnb

Airbnb 通过优化其网站内容和技术架构，提升了其在自然搜索结果中的排名。

实施：其创建了高质量的内容，使用了长尾关键词（如“家庭友好型度假出租”），并优化了页面加载速度。

结果：根据 SEMrush 的数据，Airbnb 的自然搜索流量从 2015 年的 250 万次增加到 2020 年的 600 万次，增加了 140%。

2. SEM 案例：Zalando

Zalando 是一家欧洲的在线时尚零售商，利用 Google Ads 进行搜索引擎营销。

实施：Zalando 针对特定关键词（如“男士运动鞋”“女士冬季外套”）进行了精确的广告投放，并设定了再营销广告，以吸引曾经访问过网站的用户。

结果：根据 Zalando 的财报，SEM 投放帮助其在 2020 年的在线销售中贡献了约 30%的流量，且广告点击率（CTR）达到了 4.5%，显著高于行业标准的 2%~3%。

（四）数据支持

1. SEO 数据

一项由 HubSpot 进行的研究显示，约 75%的用户从未滑动到搜索结果的第二页。这强调了在搜索引擎结果页面（SERP）上排名的重要性。Moz 的数据表明，第一位搜索结果的平均点击率为 31.7%，而第二位和第三位分别为 24.7%和 18.6%。这说明 SEO 可以显著提高网站的流量。

2. SEM 数据

根据 WordStream 的数据，Google Ads 的平均点击成本（CPC）为 2.32 美元，但这取决于行业，某些竞争激烈的行业（如法律和保险）的 CPC 可能高达 50 美元。研究显示，使用再营销广告的品牌，转化率比未使用再营销的品牌高出 10 倍。这表明 SEM 在提高转化率方面是有效的。

（五）总结

SEO 和 SEM 是两种不同但互补的网络营销策略。SEO 适合长期的品牌建设和流量稳定增长，SEM 则适合短期内快速获取流量和提高转化率。企业可以根据自身的目标和资源，制定合适的营销策略，并结合两者的优势，以实现最佳效果。

三、任务实施

在实施搜索引擎优化（SEO）和搜索引擎营销（SEM）时，可以遵循以下步骤，确保系统性和有效性。

（一）步骤一：设定目标

明确目标：确定希望通过 SEO 和 SEM 实现的具体目标，如增加网站流量、提高转化率、提升品牌知名度。

关键绩效指标（KPI）：包括网站访问量、点击率（CTR）、转化率、每次获取客户成本（CAC）。

（二）步骤二：市场与竞争分析

关键词研究：使用工具（如 Google Keyword Planner、Ahrefs、SEMrush）进行关键词研究，识别与产品或服务相关的高流量低竞争关键词；分类关键词为短尾关键词和长尾关键词，以便制定不同策略。

竞争分析：分析竞争对手的 SEO 和 SEM 策略，了解其使用的关键词、广告文案和排名情况；评估竞争对手的优势、弱点，为自己的优化和广告投放制定有针对性的策略。

（三）步骤三：SEO 实施

SEO 实施细则见表 4-2。

表 4-2　SEO 实施细则

网站优化	内容优化：创建高质量、有价值的内容，融入目标关键词，确保内容能够满足用户的需求
	技术优化：优化网站结构、页面加载速度、移动友好性和安全性（如 HTTPS）
	内外链建设：增强网站内部链接结构，增加外部高质量的反向链接，以提高网站的权威性
本地 SEO（如适用）	注册 Google“我的商家”，优化本地搜索结果
	收集客户评价，增强品牌的可信度

（四）步骤四：SEM 实施

SEM 实施细则见表 4-3。

表 4-3　SEM 实施细则

广告账户设置	创建 Google Ads 账户，设定广告系列目标（如品牌曝光、潜在客户获取等）
广告创意与文案	设计吸引人的广告文案和图像，确保包含目标关键词
	使用 A/B 测试不同的广告版本，以找到最佳表现的广告文案和设计
关键词投放	选择合适的关键词：根据之前的关键词研究，选择高潜力的关键词进行投放，可以采用广泛匹配、短语匹配和精确匹配等不同匹配类型
	否定关键词：添加否定关键词，以避免不相关的搜索流量，从而提高广告的点击率和转化率
预算管理	根据目标设定日常和每月预算，以监控广告支出，确保不会超过预算
	使用出价策略（如手动出价、自动出价）使投资回报率（ROI）最大化
广告监测与优化	定期检查广告效果，分析关键指标（如点击率、转化率、每次点击成本等）
	根据数据调整关键词出价、广告内容和投放策略，实现持续优化

(五) 步骤五：数据分析与效果评估

1. 使用分析工具

借助 Google Analytics、Google Search Console 等工具，跟踪网站流量、用户行为和转化路径；监测 SEO 和 SEM 的效果，评估不同渠道的表现。

2. 定期报告与评估

定期生成报告，分析 SEO 和 SEM 的整体效果，包括流量来源、转化率和成本效益等；识别成功之处和需要改进的领域，以及时调整策略。

在实施 SEO 和 SEM 的过程中，务必保持系统性的思维，结合数据分析进行优化；定期更新网站内容，保持信息的时效性和相关性，以提高用户体验和搜索引擎排名；紧跟行业趋势和搜索引擎算法的变化，及时调整 SEO 和 SEM 策略；根据市场反馈和数据分析，灵活调整目标关键词和广告投放策略。两者相辅相成，SEO 可以为网站带来稳定的自然流量，SEM 则能快速提升曝光和流量。通过不断测试与优化，可以实现更高的转化率和更好的投资回报。

四、任务评价

任务评价表见表 4-4。

表 4-4 任务评价表

	学习态度（20%）	团队合作（20%）	完成率（50%）	其他表现（10%）	小计（100%）	综合评价
小组评分（30%）						
个人评分（20%）						
教师评分（50%）						
综合得分（100%）						

知识拓展

自 1991 年第一个网站 info. cern. ch 问世以来，截至 2020 年 1 月，互联网上已经有超过 17 亿个网站。随着互联网行业的蓬勃发展，越来越多的传统企业开始建立自己的网站，数字营销也成为越来越流行的新型营销方式。数字营销主要分为社交媒体营销（如 Facebook、Twitter、Instagram 等社交媒体）、搜索引擎营销、联盟营销、电子邮件营销以及品牌营销等。搜索引擎营销是其中投资回报率较高的工具之一。搜索引擎营销主要是指企业对其网站根据搜索引擎的算法来进行优化，从而获得目标用户的过程。

搜索引擎是伴随互联网的普及而出现的产物，旨在帮助网民搜集、整理以及排序、呈现互联网上的信息。Wearesocial. com 和 Hootsuite 联合发布的《2019 年全球互联网用户报告》指出，全球已有 43. 9 亿互联网用户，占全球总人口的 57%。在这些互联网用户访问最多的前 10 个网站中，有 3 个是搜索引擎，其中排名第一的是谷歌，接下来是排名第四的百度和排名第十的 Yandex。因此，搜索引擎是企业网站获取目标用户非常重要的渠道之一。图 4-1 为搜索引擎使用界面。

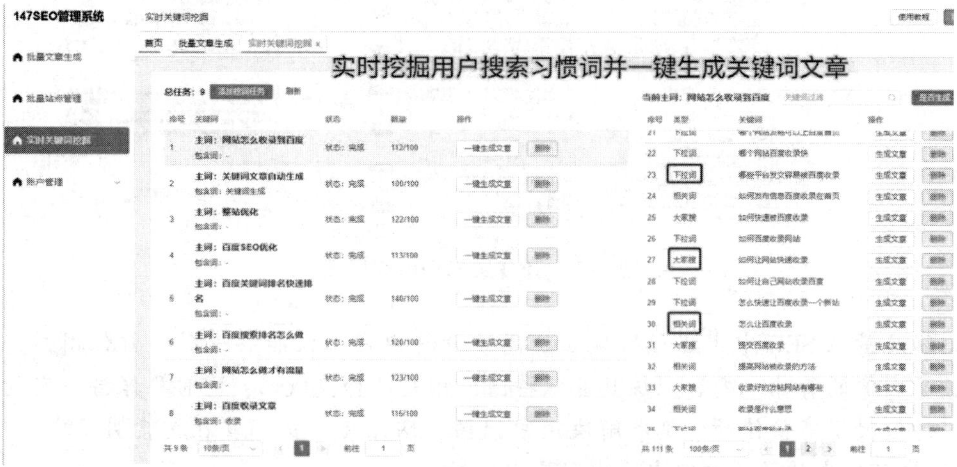

图 4-1　搜索引擎使用界面

SEO 是一种通过优化网站内容和结构，提高其在搜索引擎结果页面（SERP）中排名的技术。它的目的是增加网站的可见性，从而吸引更多的自然流量。SEO 不仅包括对关键词的研究和使用，还涉及网站的整体设计、内容质量、链接建设和用户体验等多个方面。图 4-2 为 SEO 官网排名。

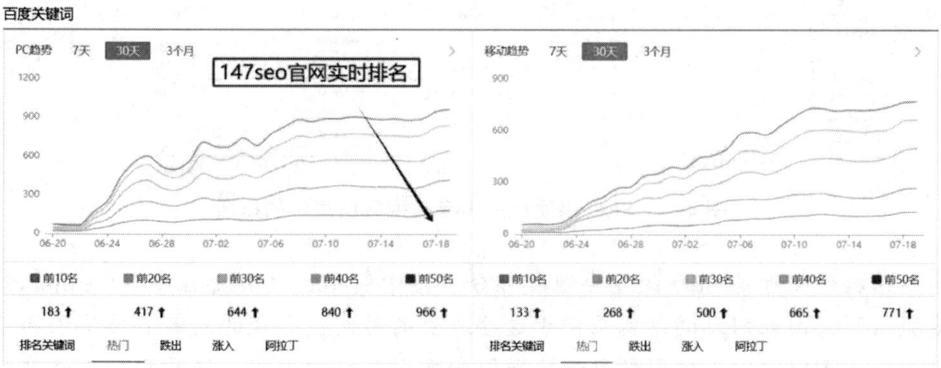

图 4-2　SEO 官网排名

关键词研究是 SEO 的基础。关键词是用户在搜索引擎中输入的查询词语，通过对这些词语的研究，可以了解用户的搜索意图。有效的关键词研究需要分析竞争对手、行业趋势以及用户行为，从而选择最能吸引目标受众的关键词。然后，应将这些关键词合理地分布在网站的标题、内容、元数据等位置，以确保搜索引擎能够识别并理解网站的主题。图 4-3 为 SEO 关键词研究界面。

图 4-3　SEO 关键词研究界面

内容质量在 SEO 中占据核心地位。高质量的内容不仅能够吸引和留住用户，还能获得搜索引擎的青睐。内容应该具备独特性、相关性和权威性，同时要保持一定的更新频率。通过提供有价值的信息和解决用户问题，网站可以提高其在搜索引擎中的排名。图 4-4 为 SEO 高质量的内容在搜索引擎中的排名。

图 4-4　SEO 高质量的内容在搜索引擎中的排名

网站结构优化也是 SEO 的重要组成部分。搜索引擎通过爬虫程序（Crawlers）来抓取和索引网页，因此网站的结构应便于这些爬虫的访问。合理的内部链接结构和清晰的导航栏设计，可以帮助搜索引擎更好地理解和索引网站的内容。网站的加载速度和移动端优化也会影响其在搜索引擎中的表现。一个快速加载、移动友好的网站不仅能提高用户体验，还能获得搜索引擎的更高评价。

链接建设是 SEO 策略中不可忽视的一部分。外部链接（也称为反向链接）的数量和质量直接影响网站的权威性和排名。获取高质量的外部链接，可以通过内容营销、社交媒体推广、与行业相关网站合作等方式实现。内部链接的合理布置也有助于提高页面的权重和排名。

用户体验（UX）在SEO优化中同样重要。一个友好的用户界面和流畅的浏览体验，不仅能增加用户停留时间，降低跳出率，还能提升网站的整体排名。SEO优化不仅关注技术层面，而且重视用户的实际需求和使用习惯。

持续地监测和分析是SEO优化的关键步骤。通过使用各种分析工具，网站管理员可以跟踪关键词排名、流量来源、用户行为等数据，并根据这些数据不断调整优化策略。SEO是一个长期的过程，只有持续关注和改进，才能保持甚至提升网站在搜索引擎中的表现。

SEO是一项系统性的工作，其需要综合考虑关键词研究、内容质量、网站结构、链接建设和用户体验等多个方面。通过科学的SEO策略，企业和个人可以大幅提升网站的可见性，吸引更多的自然流量，从而实现商业目标。在互联网竞争日益激烈的今天，掌握和应用SEO技术已经成为每个网站成功的必备要素。

资料来源：https://zhuanlan.zhihu.com/p/710822747。

习题

（一）选择题

1. 以下哪项是搜索引擎优化（SEO）的主要目标？（　　）

A. 提高网站的可见性　　B. 增加网站的广告支出

C. 提升社交媒体关注度　　D. 增加电子邮件订阅

2. 搜索引擎营销（SEM）主要依赖于以下哪种策略？（　　）

A. 内容优化　　B. 付费广告

C. 社交媒体推广　　D. 电子邮件营销

3. 以下哪种工具常用于分析网站的SEO表现？（　　）

A. Google Analytics　　B. Photoshop

C. Microsoft Word　　D. Excel

（二）填空题

1. SEM中的“PPC”指的是__________，是一种按点击付费的广告模式。

2. 网站的__________速度对SEO排名有重要影响。

（三）名词解释

1. 搜索引擎优化（SEO）

2. 搜索引擎营销（SEM）

3. 关键字研究

（四）简答题

1. 请简述 SEO 与 SEM 的主要区别和各自的优势。

2. 讨论网站内容对 SEO 优化的重要性，包括关键词的使用和内容质量。

3. 描述如何通过 SEM 策略有效提高网站流量，并列出常用的广告平台。

任务二　社交媒体营销（SMM）与社交媒体广告

一、任务描述

HootSuite 发布的《全球数字报告》（2021 年 10 月）显示：全球社交媒体用户数突破 45 亿大关！这一数字比去年同期报告中的 40 亿高出了 4 亿多，相当于同比增长近 10%。这意味着，社交媒体用户数量在稳步增长，平均每秒钟就有 13 名新用户开始使用社交媒体。按照该报告提出的增长趋势，社交媒体用户已于 2022 年超过世界总人口的 60%。

相关数据还显示，用户花费在社交媒体上的时间达到平均每天 2 小时 27 分钟；其中，16~24 岁的人群每天在社交媒体上花费近 3 个小时（见图 4-5）。

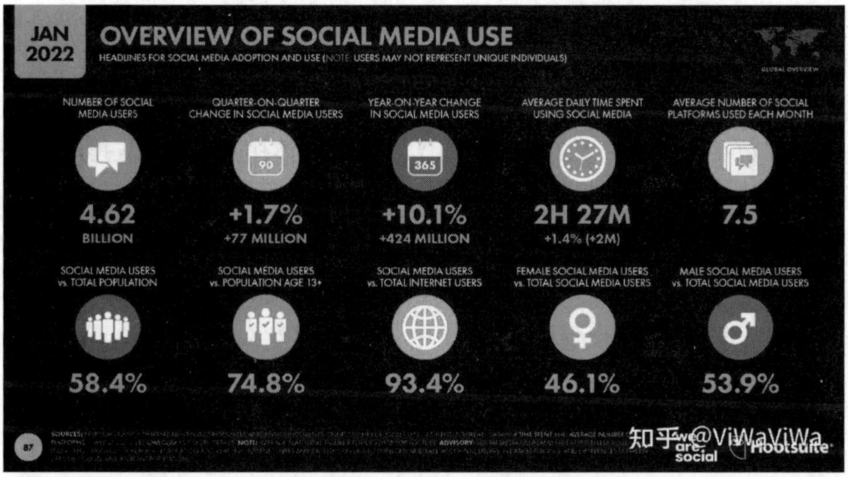

图 4-5　社交媒体使用时间

社交媒体营销（Social Media Marketing）是一种使用数字营销方式，在社交网络或平台推广产品或服务的营销方式。

问题：随着社交媒体用户数量的快速增长，企业应该如何调整其社交媒体营销策略，以更好地吸引和维持目标受众的关注［尤其是在年轻人（16~24 岁）每天花费接近 3 小时在社交平台上的背景下］？

二、相关知识

在探讨社交媒体营销（SMM）与社交媒体广告时，以下几个关键知识点非常重要：

（一）定义

1. 社交媒体营销

社交媒体营销是指利用社交媒体平台（如 Facebook、Instagram、Twitter、TikTok

等）来推广产品或服务的策略。这种营销方式以内容为核心，旨在通过用户生成内容、互动和分享来提高品牌知名度和用户参与度。

社交媒体营销可以分为免费和付费两大类。

（1）免费社交媒体营销指企业免费参与的社交媒体平台的宣传活动，它是营销的重要组成部分。因为企业品牌或产品的粉丝花费了大量的时间在各大社交媒体平台上，那么，让企业的品牌或产品最大化地曝光在这些平台上，让更多的用户能看到，是非常重要的营销动作。一般而言，企业会在这些社交媒体上创建官方账号，并在这个虚拟阵地上发文及分享。另外，企业会通过与用户在消息传递平台（如微信、QQ、企业微信、钉钉等）上建立业务联系，使用户及时获得个性化的答疑和服务，业内通常称之为"社群营销"或"社群运营"。

（2）付费社交媒体营销又称社交媒体广告，指的是通过社交媒体平台上生产并传播广告信息，以促进企业的品牌或产品传播。这种广告的形式可能是软文、短视频或图文消息，取决于社交媒体平台的广告形式。社交媒体广告是指在社交媒体平台上投放的付费广告。这些广告可以是图像、视频、动态广告等，通常具有高度的定位能力，能够基于用户的兴趣、行为和人口统计特征进行精准投放。

2. 用户行为分析

根据《全球数字报告》（2021 年 10 月），社交媒体用户数已超过 45 亿户，平均每秒增加 13 名新用户。这表明社交媒体的影响力和覆盖面持续扩大；用户每天在社交媒体上花费的时间平均为 2 小时 27 分钟，年轻用户（16~24 岁）甚至接近 3 小时。这意味着企业需要在用户活跃的时间段发布内容，以最大限度地提高曝光率。

（二）社交媒体广告与社群营销的结合

社交媒体广告与社群营销的结合，可以实现广告的精准投放和分销裂变，为企业带来更多的商业机会。社交媒体广告可以通过精准投放将广告推送给目标用户，从而提高广告的效果。社群营销可以通过分销裂变，实现产品的快速推广和销售，从而提高产品的销售量。社交媒体广告与社群营销的结合，主要依赖于社交媒体平台和社群运营者的合作。社交媒体平台需要提供精准投放的服务，社群运营者需要提供分销裂变的服务。此外，社交媒体平台和社群运营者还需要通过各种方式，实现广告和社群的融合，进而实现广告的精准投放和分销裂变。

（三）实现社交媒体广告与社群营销的完美结合的策略

要实现社交媒体广告与社群营销的完美结合，需要采取以下策略：

1. 制定精准投放的广告策略

根据用户的兴趣、行为、地理位置等信息，制定精准投放的广告策略，提高广告的点击率和转化率。

2. 建立活跃的社群

通过各种方式，建立活跃的社群，激发社群成员的分享和传播热情，提高社群的活跃度和用户黏性。

3. 提供优质的广告内容

提供优质的广告内容，吸引用户的注意力，提高广告的效果。

4. 实现广告和社群的融合

通过各种方式，实现广告和社群的融合，从而实现广告的精准投放和分销裂变。

（四）社交媒体营销的好处

1. SMM 可以帮助企业持续吸引新的受众

社交媒体营销可以轻松地为跨境电商业务吸引新的受众。Facebook 和其他社交平台允许商家通过相关内容与潜在受众建立联系。企业可以通过引人入胜的内容轻松打破这种僵局。例如，制作有趣的 Facebook 视频广告可以促使人们更多地了解品牌。

2. SMM 与客户建立更牢固的关系

社交媒体营销并不是简单的销售和推广，成功的品牌重视与企业社交媒体受众建立联系并与之互动，以建立持久的关系。例如，当用户在平台上分享某些东西时，企业会回应发表评论或问题的人。销售产品或服务时，企业/商家可以简单地向粉丝询问有关产品使用中的问题或分享一些使粉丝愉快的内容。

3. SMM 产生更多潜在客户和转化

企业/商家可以在 Facebook、Instagram、Twitter 和 Linkedin 等平台结合使用付费策略和普通策略来提高转化率。视频营销、付费广告活动、赠品和电子邮件选择是让潜在客户进入销售渠道的一些主要策略。例如，在 Facebook 上开展赠品活动可以帮助品牌增加合格电子邮件地址的列表。SMM 是一种建立潜在客户数据库的可衡量、更快、更简单的方法。随着自身知名度的提高，企业会发现大量的转化机会。引人入胜的内容会将社媒平台粉丝导向公司的网站，并使他们成为忠实的客户。

4. SMM 让企业在竞争对手中占得先机

作为初入领域的跨境电商来说，刚刚开始探索社交媒体并且缺乏好的营销理念时，品牌可以从竞争对手的社交媒体上学到很多东西。例如，付费 Facebook 广告为企业的竞争对手带来了良好的效果。但是，品牌不能对竞争对手的营销策略进行完全复制，企业要有自己的特色以确保能脱颖而出。

5. SMM 具有成本效益

社交媒体营销可能是推广业务的最具成本效益和多样化的方式。在大多数社交网站上创建个人资料不需要任何费用。如果企业/商家通过系列付费广告来提升营销效果，则与其他广告平台相比，这一做法的成本相对较低。如果做得好，品牌获得较高投资回报的机会就会更大。品牌还可以采取一些措施来改善数字广告效果。社交媒体营销的好处之一，是它允许企业使用实时数据跟踪营销效果并调整策略。

以上是企业进行社交媒体营销的重要性和益处，如果企业有出海跨境业务需求，利用社交媒体进行营销确实是一个不错的选择。在和客户交流时，商家可以使用 SaleSmartly 进行多渠道聊天，SaleSmartly 将 Facebook Messenger/评论、聊天插件、Email、Telegram、WhatappBusiness、Instagram、Line 集成到一个面板中，在 PC 端或移动端可以通过一个软件快速与多个渠道的用户进行交流，从而大幅提升工作效率。

补充资料

社交媒体营销案例

一、奔驰——Instagram 集相片活动

奔驰公司想要接触到年轻的受众，所以其雇用了五位顶尖的 Instagram 摄影师为奔驰 CLA 轿车拍摄照片，谁的照片在 Instagram 上得到最多的“like”，谁就可以拥有这辆 CLA（见图 4-6）。为此，每个摄影师都非常努力，活动取得空前成功。

活动结束时，奔驰收到：87 000 000 个在 Instagram 上的展示、200 万 Instagram “like”、150 个杰出的投稿作品。

图 4-6　奔驰社交媒体营销

二、多芬——Twitter“SpeakBeautiful”活动

为了改变女性在社媒聊天遇到负面影响的情况，让社交媒体成为一种更积极的体验。多芬与 Twitter 合作，建立并启动名为“SpeakBeautiful”活动。在这次活动中，多芬的#SpeakBeauty 被使用了超过 168 000 次，推动了 8 亿社交媒体对这场运动的展示。

三、怎样选择合适的社交媒体

现时比较流行的社交媒体包括 Blog、Youtube、Facebook、Twitter、LinkedIn、Pinterest、Instagram、Reddi、Quora、Google +、Snapchat、Tumblr、Medium、Periscope、Whatsapp 共 15 个，可以根据图 4-7 中的资料为自己的产品或服务选择合适的社交媒体。

排在全球各大社交媒体市场份额前 5 位的是 Facebook、Youtube、Whatsapp、Facebook Messenger、WEIXIN（Wechat）。

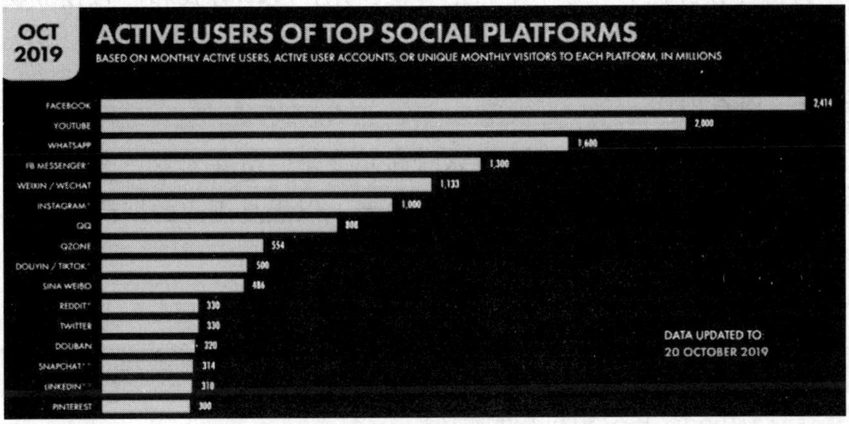

图 4-7　社交媒体排名

资料来源：https://www.zhihu.com。

三、任务实施

在实施社交媒体营销（SMM）与社交媒体广告的任务时，可以按照以下步骤进行，以确保策略的有效性和可执行性。

（一）步骤一：目标设定

（1）明确目标。定义具体、可衡量的营销目标，如提高品牌知名度、增加网站流量、提升销售量或增强用户参与度。

（2）SMART 原则。确保目标是具体（Specific）、可衡量（Measurable）、可实现（Achievable）、相关性（Relevant）、时限性（Time-bound）的。

（二）步骤二：受众分析

（1）用户画像。创建目标受众的画像，包括年龄、性别、地理位置、兴趣等，了解他们的需求和习惯。

（2）行为分析。研究用户在社交媒体上的行为和互动方式，找出他们活跃的时间段和喜爱的内容形式（包括视频、图文、直播等）；找出他们的互动方式，以制定个性化的营销策略。

（三）步骤三：平台选择

（1）选择合适平台。根据目标受众的特点和品牌定位选择合适的社交媒体平台（如 Facebook、Instagram、Twitter、LinkedIn、TikTok 等）。

Facebook（适合广泛受众）、Instagram（视觉导向，适合年轻用户）、Twitter（实时动态，适合快速互动）、LinkedIn（专业网络，适合 B2B 营销）、TikTok（短视频，适合年轻人和创意内容）。

（2）平台特性分析。了解各个平台的算法、用户互动方式和广告投放机制，以制定相应的策略。

（四）步骤四：内容创作

制作内容日历，规划各类内容的发布时间和形式，包括文字、图片、视频、直播等。根据内容日历按时发布内容并确保定期更新，以提高用户的期待感和参与度（见表 4-5）。

表 4-5　内容创作表

内容	具体细则
文字内容	博客文章、社交媒体帖子、品牌故事
图片	专业摄影、用户生成内容（UGC）、图表和信息图
视频	短视频、教程、访谈、直播活动
互动内容	投票、问卷、挑战活动，鼓励用户参与和分享

四、任务评价

任务评价表见表 4-6。

表 4-6　任务评价表

	学习态度（20%）	团队合作（20%）	完成率（50%）	其他表现（10%）	小计（100%）	综合评价
小组评分（30%）						
个人评分（20%）						
老师评分（50%）						
综合得分（100%）						

知识拓展

在深入理解社交媒体营销（SMM）与社交媒体广告的过程中，可以探索以下几个方面的知识，以提升策略的有效性和适应性。

一、社交媒体平台特性

（一）Facebook

Facebook 于 2023 年进行了广告政策的更新，特别是在个人数据保护和透明度方面。

对此，品牌在投放广告时需要更加注重用户隐私，以确保遵循欧盟 GDPR 等法规。Facebook 还引入了更多的人工智能工具，帮助广告主通过机器学习优化广告投放。这些工具可以自动调整预算和出价，提高广告的投放效率。随着短视频的流行，Facebook 增强了对视频内容的支持，提高了视频广告的展示率。市场鼓励品牌利用 Facebook Live 和短视频功能来提高用户参与度。

1. 案例一：耐克的互动广告

耐克在 Facebook 上推出了一系列互动广告，鼓励用户分享他们的运动故事和成果。这些广告不仅提高了品牌的曝光度，还增加了用户的情感连接。

2. 案例二：小型企业在 Facebook 上的广告投放

一些小型企业通过 Facebook 广告实现了显著增长。例如，某咖啡馆利用 Facebook 定向广告吸引附近的用户，结果在一个季度内增加了30%的客流量。

根据统计数据，Facebook 的月活跃用户已超过 30 亿，用户年龄层较广，尤其在 18~34 岁之间的年轻用户占比仍然很高。根据 Meta 的最新报告，使用 Facebook 广告的品牌在销售转化率上平均提升了20%至30%。借助广告工具的精准定向，品牌能够更有效地触达目标受众。数据显示，视频内容的参与度比静态图像高出近50%。2023 年调查显示，品牌若在广告中使用视频，则其用户互动率有显著提高。

（二）Instagram

Instagram 在 2023 年更新了算法，强调优质内容和用户互动。新的算法更倾向于推荐那些能引发用户讨论和分享的帖子，为此品牌需要更加注重内容的原创性和吸引力。Instagram 继续扩展其购物功能，品牌可以在 Stories 和 Reels 中直接添加购物标签，使用户在观看内容时可更便捷地购买产品。这一功能有助于提升转化率。随着短视频内容的流行，Instagram 对 Reels 的推广力度加大。品牌被鼓励利用 Reels 创建创意内容，以吸引更多关注。

1. 案例一：L'Oréal 的美妆挑战

L'Oréal 在 Instagram 上推出了一项美妆挑战活动，鼓励用户使用品牌的产品制作短视频并分享至 Reels，参与者有机会赢得奖品。这一活动显著提高了品牌参与度和曝光率。

2. 案例二：Airbnb 的故事营销

Airbnb 利用 Instagram Stories 分享用户的真实住宿体验和旅行故事，成功吸引了大量用户在该平台上进行互动，这种真实的内容帮助品牌建立了信任感并推动了用户预订。

根据较新数据，Instagram 的月活跃用户已超过 20 亿户，其中超过 60%用户在平台上每天至少使用一次。年轻用户（18~34 岁）占据了主要市场。Instagram Reels 的用户参与率比普通帖子高出约 22%。品牌如果在内容中使用 Reels，则通常会获得更高的观看和互动。一项研究显示，使用 Instagram 广告的品牌在转化率上平均提高了 25%。由于视觉内容的吸引力，Instagram 广告的点击率往往比其他社交媒体平台高。

（三）Twitter

Twitter 在 2023 年调整了其内容推荐算法，强调真实和高质量的信息。这一变化旨在减少虚假信息的传播，以提高用户对平台内容的信任度。Twitter 推出了“Twitter Blue”订阅服务，用户可以享受更多功能，如编辑推文、优先显示推文等。这为品牌提供了新的营销机会，能够通过付费功能吸引高质量的受众。Twitter 进一步强化了其视频和直播功能，品牌可以通过直播活动与用户实时互动，增加参与度。特别是在发生重大事件期间，直播功能尤为重要。

1. 案例一：耐克的实时营销

耐克在 Twitter 上利用实时事件进行营销，在大型体育赛事期间发布相关内容和促销活动，成功吸引了大量用户互动和分享。这种及时响应的策略极大增强了该品牌的影响力。

2. 案例二：可口可乐的互动活动

可口可乐在 Twitter 上发起了一个标签挑战，鼓励用户分享他们喝饮可口可乐的体验，并在此过程中使用特定的标签。该活动在短时间内获得了数万条参与推文，显著提高了品牌曝光率。

根据 2023 年的数据，Twitter 的月活跃用户约为 4 亿户，主要集中在 18~49 岁之间。其中，年轻用户（18~29 岁）对平台的使用频率最高，使用标签的推文比不使用标签的推文互动率高约 33%。品牌在营销活动中有效利用标签可以显著增加内容的可见性。一项数据显示，使用 Twitter 广告的品牌，在活动期间的用户参与度平均提升了 20%。可见，借助实时信息和趋势，品牌能够更好地吸引目标受众。

（四）LinkedIn

LinkedIn 在 2023 年加强了对高质量内容的推荐，鼓励用户分享专业知识和行业见解。平台倾向于推广那些能够激发讨论和互动的帖子，品牌和个人用户应注重内容的深度和专业性。LinkedIn 推出了更多视频内容功能，用户可以在个人资料和公司页面上发布短视频，包括行业见解、产品介绍和案例分析。这一趋势使得视频成为吸引关注和增加参与度的重要工具。在此过程中，LinkedIn Live 功能的使用率显著提高，企业和专业人士可以通过直播与受众实时互动，分享洞察和经验。直播内容的互动性增强了品牌与受众之间的联系。

1. 案例一：Salesforce 的网络研讨会

Salesforce 利用 LinkedIn 举办了一系列网络研讨会，分享关于客户关系管理（CRM）及销售管理的最新趋势和最佳实践。通过高质量的内容和专业的互动，Salesforce 成功吸引了大量行业专业人士参与。

2. 案例二：HubSpot 的内容营销

HubSpot 通过在 LinkedIn 上发布行业报告和案例研究，成功建立了自己在所在领域的权威形象。其内容分享不仅提升了品牌认知度，还推动了潜在客户的转化。

根据 2023 年的数据，LinkedIn 的月活跃用户已经超过 9 亿户，其中主要为专业人士和企业决策者。超过 70%的用户表示他们会使用 LinkedIn 来获取行业相关的内容和职业机会。使用视频内容的帖子互动率比普通文本帖子高出约 50%。品牌在 LinkedIn 上发布视频内容可以显著提升用户参与度。一项研究显示，LinkedIn 广告的转化率比其他社交媒体平台高出约 20%。B2B 企业如果能够有效利用 LinkedIn 进行广告投放，可以获得更高的投资回报率（ROI）。

（五）TikTok

TikTok 在 2023 年持续推出新的创作工具和特效，鼓励用户发挥创意。例如，平台新增了 AI 驱动的编辑工具，使用户能够更轻松地制作高质量的视频内容。TikTok 正积极发展电商功能，包括“购物车”功能和直播购物。这一策略旨在将平台转变为一个社交电商平台，使品牌能够直接通过短视频实现销售。TikTok 在 2023 年优化了其内容推荐算法，更加注重用户的兴趣和互动历史。这意味着品牌需要更加专注于了解目标受众，以便创作符合他们喜好的内容。

1. 案例一：Chipotle 的“挑战活动”

Chipotle 推出了“#GuacDance”挑战活动，鼓励用户分享与鳄梨酱相关的创意短视频。这一活动吸引了大量参与，最终使品牌在短时间内实现了显著的销售增长。

2. 案例二：Ocean Spray 的病毒式营销

Ocean Spray 通过 TikTok 的用户 Nathan Apodaca 的“滑板喝果汁”视频走红。该品牌迅速与之合作，推出了相关产品，从而成功吸引了年轻受众，并提升了自身的品牌知名度。

截至 2023 年，TikTok 的全球月活跃用户数已超过 10 亿，尤其在 18~24 岁的年轻用户中使用率极高，约为 60%。数据显示，TikTok 上的短视频平均互动率高达 17%，远高于其他社交媒体平台。这表明用户对内容的参与度非常高，品牌可以通过创意内容与受众建立更紧密的联系。一项研究显示，TikTok 广告的点击率比其他社交媒体高出约 30%。品牌可以通过精准的广告定位和创意内容实现更高的转化率。

二、内容营销策略

（一）内容营销的定义

内容营销是指以图片、文字、视频、动画等介质，通过内容生产及发布，向消费者传递品牌的有效信息，从而实现营销的目的（见图 4-8）。

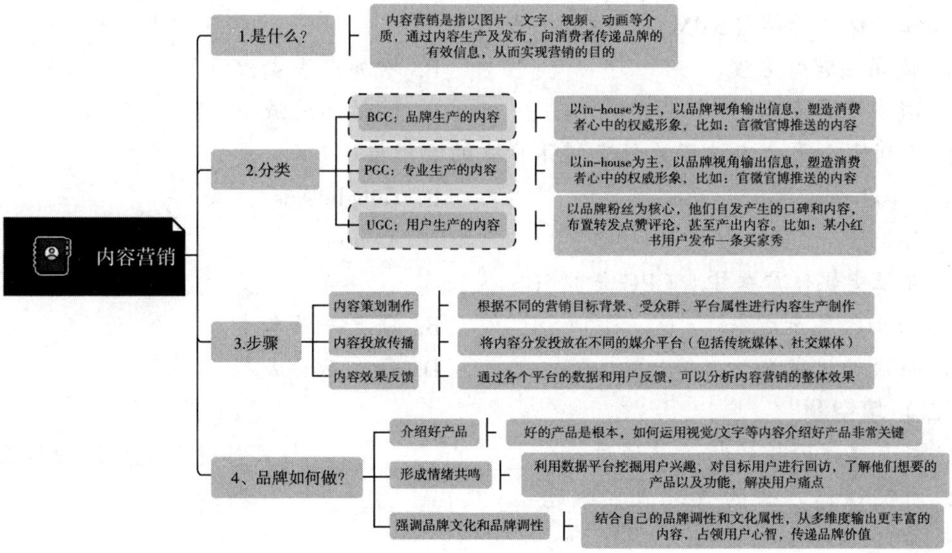

图 4-8　内容营销

（二）内容营销的分类

BGC：品牌生产的内容，以 in-house 为主，以品牌视角输出信息，塑造消费者心中的权威形象，如官微官博推送的内容。

PGC：专业生产的内容，以 in-house 为主，以品牌视角输出信息，塑造消费者心中的权威形象，如官微官博推送的内容。

UGC：用户生产的内容，以品牌粉丝为核心，他们自发产生的口碑和内容，不时转发点赞评论，甚至产出内容，如某小红书用户发布一条买家秀。

（三）内容营销的步骤

（1）内容策划制作。根据不同的营销目标背景、受众群、平台属性进行内容生产制作。

（2）内容投放传播。将内容分发投放于不同的媒介平台（包括传统媒体、社交媒体）；不论在什么平台，最终都是通过内容将用户吸引到品牌的自有平台中。

（3）内容效果反馈。通过各个平台的数据和用户反馈，可以分析内容营销的整体效果。

（四）内容营销品牌制作

（1）介绍好产品。好的产品是根本，如何运用视觉/文字等内容推广好的产品也非常关键。

（2）形成情绪共鸣。对此，可以利用数据平台挖掘用户兴趣，还可以对目标用户进行回访，了解他们想要的产品以及产品功能，从解决用户痛点的维度去营销就能实现不一样的效果。

（3）强调品牌文化和品牌调性。品牌在做内容营销的时候，不能一味推销广告，而是应结合自己的品牌调性和文化属性，从多维度输出更丰富的内容，占领用户心智，传递品牌价值。

习题

（一）选择题

1. 社交媒体营销（SMM）的主要目标是（　　）。

A. 提高品牌知名度　　B. 增加广告支出

C. 减少用户互动　　D. 降低网站流量

2. 下列哪个平台不被视为社交媒体广告的常用渠道？（　　）

A. Facebook　　B. Google Ads

C. Instagram　　D. Twitter

3. 在社交媒体广告中，CPC 是指（　　）。

A. 每千次展示成本　　B. 每点击成本

C. 每次转化成本　　D. 每次互动成本

（二）填空题

1. 社交媒体营销的核心是通过＿＿＿＿＿＿＿＿与目标受众建立互动和关系。

2. 社交媒体广告的效果通常通过＿＿＿＿＿＿＿＿和＿＿＿＿＿＿＿＿来衡量。

3. 在进行社交媒体广告时，选择合适的＿＿＿＿＿＿＿＿是确保广告成功的关键因素之一。

（三）名词解释

1. 社交媒体营销（SMM）

2. 社交媒体广告

3. 互动率

（四）简答题

1. 请简述社交媒体营销（SMM）与社交媒体广告之间的主要区别。

2. 结合实际案例，说明如何有效利用社交媒体广告提高品牌知名度。

3. 在社交媒体营销中，如何评估和分析广告的效果，以便进行优化？

任务三 内容营销与博客营销

一、任务描述

内容营销和博客营销是现代数字营销的重要组成部分，它们通过提供有价值的信息和吸引人的内容，帮助品牌与目标受众建立信任关系，提升品牌知名度和客户忠诚度（见表 4-7）。

表 4-7 内容营销与博客营销任务描述

任务目标	1. 理解内容营销和博客营销的基本概念及其重要性
	2. 探讨内容营销和博客营销的策略与实施方法
	3. 分析成功的内容营销和博客营销案例，从中提炼出有效的实践经验
	4. 设计一个简单的内容营销或博客营销计划，以提高品牌的在线存在和互动
任务内容	理论学习： 阅读相关文献，了解内容营销与博客营销的定义、特点和区别。 研究内容营销的常用工具和平台，如社交媒体、邮件营销和搜索引擎优化（SEO）
	案例分析： 选择两个成功的内容营销或博客营销案例，分析其核心策略、目标受众、内容形式及效果评估。 讨论这些案例中的最佳实践和创新方法
	实践设计： 根据所学内容，制订一个内容营销或博客营销计划，包括目标设定、内容主题、发布渠道、推广策略和效果评估方法。 提出如何衡量和优化该计划的建议
汇报与分享	准备一份简明扼要的报告，汇总学习成果和营销计划，在团队中或课堂上分享

预期：理解内容营销与博客营销的基本理论和实践，能够分析和借鉴成功案例中的策略，制订切实可行的内容营销或博客营销计划，并能够评估其效果。计划应详细说明每个步骤的执行方式，并设置具体的时间表和责任人。

要求：提交一份包含理论学习、案例分析和实践设计等在内的综合报告。该报告应包括至少两篇相关文献的引用，以及对案例的深入分析。

二、相关知识

在进行内容营销和博客营销的任务之前，了解相关的基础知识、策略和最佳实践是非常重要的。

（一）内容营销

1. 内容营销的基本概念

内容营销是一种以创造和分发有价值、相关或一致的内容来吸引和留住目标受众的营销策略，目的是推动客户行动并实现盈利。

2. 内容营销的核心要素

内容营销的核心要素见表 4-8。

表 4-8　内容营销的核心要素

要素	内容
目标受众	理解目标受众的需求、兴趣和痛点，以便提供他们所渴望的内容
内容形式	包括文章、视频、信息图、播客、社交媒体帖子等多种形式
价值提供	内容需要解决受众的问题或为之提供有用的信息，而不仅仅是产品的宣传

（二）博客营销

1. 博客营销的基本概念

博客营销是通过撰写和发布博客文章来推广品牌、产品或服务的一种内容营销形式。它侧重于创建高质量的、与品牌相关的内容，以吸引潜在客户，并提高搜索引擎排名。

2. 博客营销的核心要素

博客营销的核心要素见表 4-9。

表 4-9　博客营销的核心要素

要素	内容
SEO（搜索引擎优化）	通过优化关键词、元标签和内部链接等方式，提高博客文章在搜索引擎中的可见性
内容更新	定期更新博客内容，以保持新鲜感并吸引访客持续回访
互动与反馈	鼓励读者在博客下方留言、分享和提问，以增强品牌与受众之间的互动

（三）内容营销与博客营销的区别

内容营销与博客营销的区别见表 4-10。

表 4-10　内容营销与博客营销的区别

特点	内容营销	博客营销
目标	建立品牌认知，增强客户忠诚度	提高网站流量，促进产品销售
内容形式	多种形式（视频、文章、社交媒体等）	主要以文章为主
发布渠道	多样化（社交媒体、电子邮件、网站等）	主要通过公司网站或个人博客进行发布
目标受众	广泛（可能包括潜在客户、现有客户、行业专家等）	主要针对品牌或主题感兴趣的读者
效果评估	通过多种指标（如品牌知名度、客户反馈、转化率等）进行评估	主要通过流量、阅读量、评论和社交分享等指标来评估

(四) 内容营销的策略

(1) 确定目标：明确内容营销的目标（如提高品牌知名度、获取潜在客户、提升客户忠诚度等）。

(2) 受众分析：研究目标受众的特征，包括他们的兴趣、行为和需求。

(3) 内容规划：①主题选择。围绕目标受众的痛点和需求选择内容主题。②内容日历。制订内容发布计划，确保定期更新。③内容创作。根据选定的主题创作高质量的内容，确保内容有价值且易于分享。④渠道分发。选择合适的渠道（社交媒体、电子邮件、博客等）发布内容。⑤效果评估。使用分析工具（如 Google Analytics）监测、评估效果并进行调整。

(五) 博客营销的策略

(1) 优化 SEO。通过关键词研究和优化，提高博客文章在搜索引擎中的排名。

(2) 高质量内容。撰写具有深度和实用性的文章，吸引读者并维系他们的注意力。

(3) 吸引视觉元素。使用图片、插图、视频等视觉元素来增强文章的吸引力，帮助读者更好地理解内容。

(4) 内部链接和外部链接。在文章中合理使用内部链接（指向自己网站的其他相关内容）和外部链接（指向外部高权重网站），从而不仅有助于 SEO，还可以为读者提供更多的参考资料。

(5) 社交分享。在博客文章中添加社交分享按钮，鼓励读者分享内容到他们的社交媒体中，以提高文章的曝光率。

(6) 互动和评论。鼓励读者在博客下方留言，提出问题或分享看法，增强用户互动。这不仅能增进社区感，还能提供宝贵的有关品牌、企业等的反馈。

(7) 定期更新。保持博客活跃，定期发布新内容。更新旧文章以确保信息的准确性和关联性。

(8) 使用电子邮件营销。通过电子邮件订阅功能，吸引读者订阅你的博客，定期向他们发送最新的文章和相关内容。

(9) 分析与优化。使用工具（如 Google Analytics、Ahrefs 等）监测博客的流量、读者行为和转换率，及时调整策略以优化效果。

(六) 内容与博客营销的最佳实践

(1) 了解你的受众。持续进行市场调研，了解受众的变化和需求，确保内容能够满足他们的期望。

(2) 讲故事。通过讲故事的方式来呈现内容，可以进一步吸引读者，增强情感共鸣。

(3) 保持简洁。确保内容简洁明了，避免使用过于复杂的语言，以便读者快速理解。

（4）使用号召性用语（CTA）。每篇文章应包含明确的号召性用语，以引导读者进行下一步行动，如订阅、分享或购买。

（5）创建内容多样性。除了文字内容，尝试不同的内容形式，如视频、播客、问答等，满足不同受众的偏好。

（6）关注趋势。时刻关注行业动态和新兴趋势，及时调整内容策略以保持竞争力。

（7）利用数据驱动决策。定期分析内容和博客的表现，使用数据来指导未来的内容创作和营销策略，确保资源的有效利用。

（8）建立品牌声音。确保内容风格和语调与品牌形象一致，创造独特的品牌声音，使受众能够识别并记住品牌。

（9）优化移动体验。确保博客等各类内容在移动设备上的表现良好，现在越来越多的用户通过手机访问内容，优化移动体验是成功的关键。

（10）建立合作关系。与行业影响者或其他品牌建立合作，采取客座博客、联合活动等方式，扩大受众范围和影响力。

（11）使用可视化内容。信息图表、视频和图像等可视化内容更容易吸引注意力并增加分享率，可利用这些工具提升内容的吸引力。

（12）培养社群。建立和维护一个忠实的读者社群，通过社交媒体、邮件列表等渠道与读者保持互动，增强用户黏性。

（七）内容营销与博客营销的工具和资源

（1）内容管理系统（CMS）：使用 WordPress、Wix 等 CMS 平台来创建和管理博客内容，便于内容发布和优化。

（2）SEO 工具。使用 Ahrefs、SEMrush、Moz 等工具来进行关键词研究、竞争分析和优化建议。

（3）社交媒体管理工具。使用 Hootsuite、Buffer 等工具来规划和管理社交媒体内容的发布，增加内容的曝光率。

（4）分析工具。Google Analytics、Hotjar 等工具可以帮助企业监测网站流量、用户行为和转化率，提供数据支持。

（5）图形设计工具。使用 Canva、Adobe Spark 等工具来创建高质量的视觉内容，增强博客和社交媒体的吸引力。

（6）电子邮件营销平台。使用 Mailchimp、ConvertKit 等工具，帮助企业管理电子邮件订阅、发送内容，吸引读者。

（八）内容营销与博客营销的未来趋势

（1）视频内容的崛起。随着短视频平台（如 TikTok、YouTube Shorts）的流行，视频内容将继续占据重要地位，企业需要考虑将视频融入内容营销策略。

（2）个性化内容。随着数据分析技术的进步，个性化内容将成为趋势。企业可以根据用户的兴趣和行为定制内容，提高用户的参与度和转化率。

（3）语音搜索优化。随着智能音箱和语音助手的普及，优化内容以适应语音搜索将变得越来越重要。这意味着需要关注长尾关键词和自然语言表达。

（4）互动内容。测验、调查、实时问答等互动型内容将吸引更多用户参与，提升用户体验和黏性。

（5）可持续性和社会责任。现在越来越多的消费者关注品牌的社会责任，内容营销需要关注可持续性和社会责任相关话题，以提升品牌形象。

（6）AI与自动化。人工智能将更多应用于内容创作、数据分析和用户互动等环节，以提高效率并优化营销效果。

（7）跨渠道整合。内容营销将更加强调跨渠道的整合，以通过多个平台和渠道无缝连接用户，提供一致的品牌体验。

内容营销与博客营销是现代数字营销中不可或缺的部分，通过创造有价值、相关且一致的内容，企业可以有效吸引和留住目标受众，推动销售并提高用户的品牌忠诚度。了解受众需求、制定清晰的策略、保持内容质量，并借助各类工具和资源进行优化，这是实现成功的关键。

三、任务实施

（一）步骤一：确定目标受众

明确目标受众的特征，包括年龄、性别、地理位置、兴趣爱好等。进行市场调研，了解受众的需求和痛点。

（二）步骤二：制定内容策略

确定内容主题和方向，如行业趋势、产品使用技巧、客户案例等。制订内容发布计划，确定频率（如每周1~2篇）和形式（文章、视频、图文等）。

（三）步骤三：内容创作

根据内容策略撰写高质量的博客文章，确保内容有深度和实用性。使用SEO优化技巧，包括关键词研究、内部链接、外部链接和图像优化，以提高搜索引擎排名。

（四）步骤四：内容发布

在公司官网或博客平台上发布内容。在社交媒体（如微博、微信公众号、LinkedIn等）上分享内容，增加曝光率。

四、任务评价

任务评价表见表4-11。

表 4-11　任务评价表

	学习态度（20%）	团队合作（20%）	完成率（50%）	其他表现（10%）	小计（100%）	综合评价
小组评分（30%）						
个人评分（20%）						
老师评分（50%）						
综合得分（100%）						

知识拓展

2024 年 10 个最佳内容营销工具

一、Canva

对于内容营销人员来说，Canva 是一个非常有用的设计工具（见图 4-9）。从社交媒体帖子到电子邮件通信，再到视频和网站，Canva 的高级集合中有超过 600 000 个模板，以及数千个免费使用的模板。它是一个直观且易于使用的工具，即使是非设计师也可以借助这一工具创建具有视觉吸引力的内容营销资产。

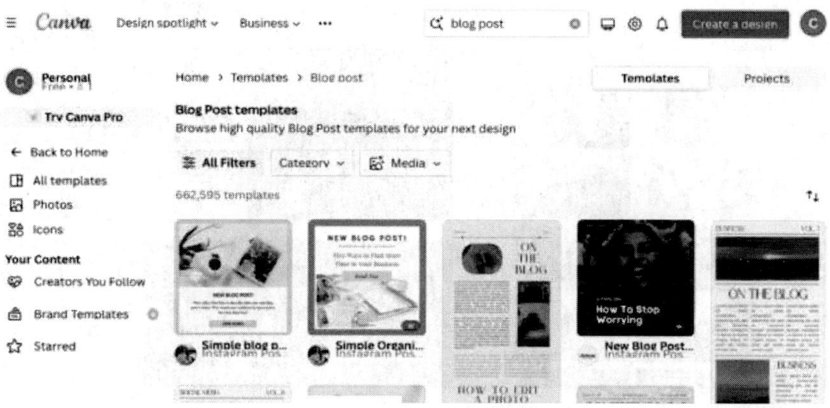

图 4-9　Canva 页面

二、Google Workspace

Google Workspace 曾被称为 G Suite，是 Google 工具套件的面向商业的版本（见图 4-10）。这些工具对于分布式团队特别有用，因为其基于云的特性可确保团队成员可以有效地在线协作。对于确保向多个利益相关者提供反馈而不会产生版本控制问题，它们也很有用。

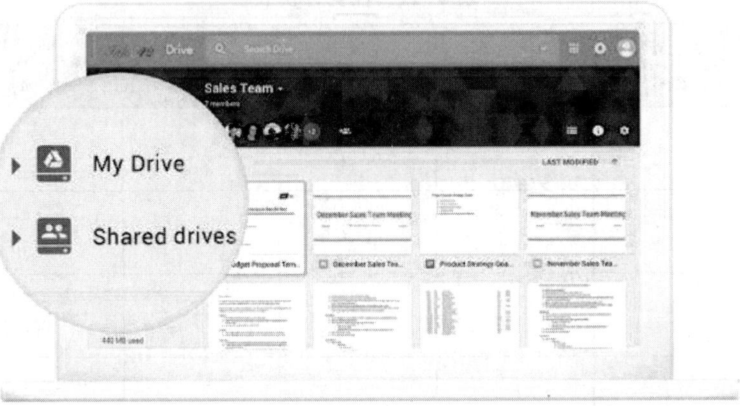

图 4-10　Google Workspace 页面

Google Docs 是将内容放入文件并在同事之间共享的主要工具，而 Google Keep 是用于记下内容想法的有效笔记工具。Google Meet、Google 日历和 Google Chat 允许团队进行实时和异步沟通。

三、Lumen5

Lumen5 是一个用于创建视频内容的拖放工具（见图 4-11）。对于内容营销人员来说，其的一个重要功能是使用人工智能直接从博客文章创建视频，然后通过使用详细的编辑工具对视频进行微调。其内置媒体库包括有价值的内容营销资源，如许可照片、库存视频和音乐，使用户的视频内容创建工作更加轻松。

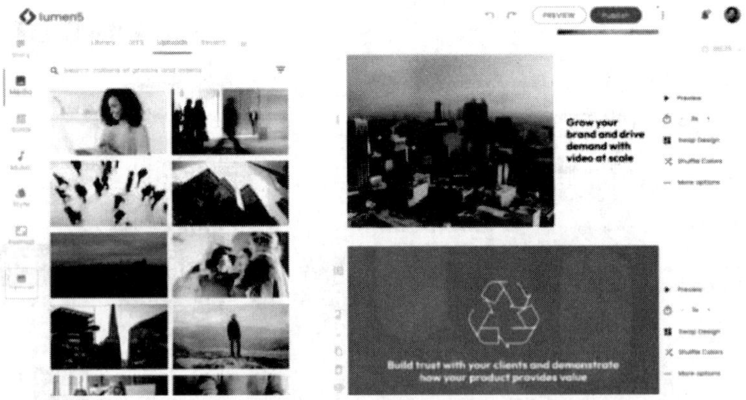

图 4-11　Lumen5 页面

四、WordPress

WordPress 是对小型企业特别有用的内容营销工具（见图 4-12）。它是一个内容管理系统（CMS），即使没有设计技能，也可以轻松创建、更新和管理博客或网站的内容。WordPress 架构对 SEO 友好，其插件可以帮助用户最大限度地提高内容的 SEO 影响。WordPress 网站在桌面和移动设备上看起来也很棒。

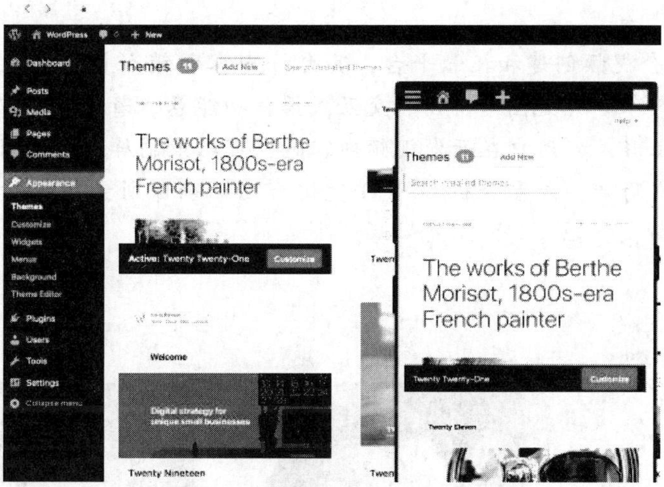

图 4–12 WordPress 页面

五、Brafton 内容营销平台

Brafton 内容营销平台旨在跟踪和管理企业的内容从构思到发布的整个过程（见图 4–13）。用户的所有内容项目都集中在一个地方，因此相关团队成员和利益相关者可以随时找到它们并查看其在创建过程中的进度。项目仪表板包括时间表、图像资产、内容简介、可交付成果和消息传递，因此用户无须通过电子邮件挖掘项目详细信息。

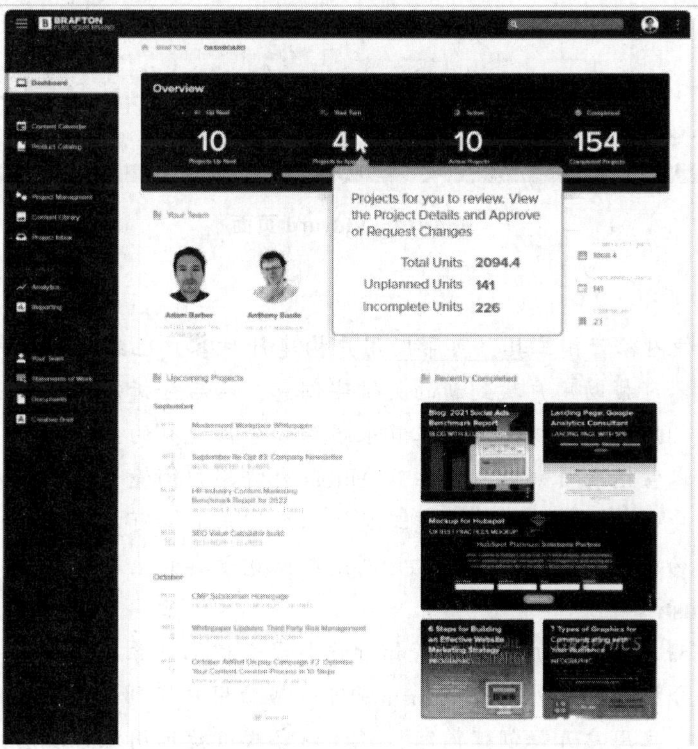

图 4–13 Brafton 内容营销平台页面

六、Vidyard

Vidyard是一个视频创建和托管平台，其允许内容营销人员将视频集成到电子邮件以及网络和社交内容中（见图4-14）。交互式播放功能意味着用户可以合并视频号召性用语以及视频内容形式。用户在开发视频内容时，可以录制屏幕或使用网络摄像头录制自己或者同时录制两者。内置分析和SEO优化有助于确保所录视频对用户的内容营销策略产生积极影响。

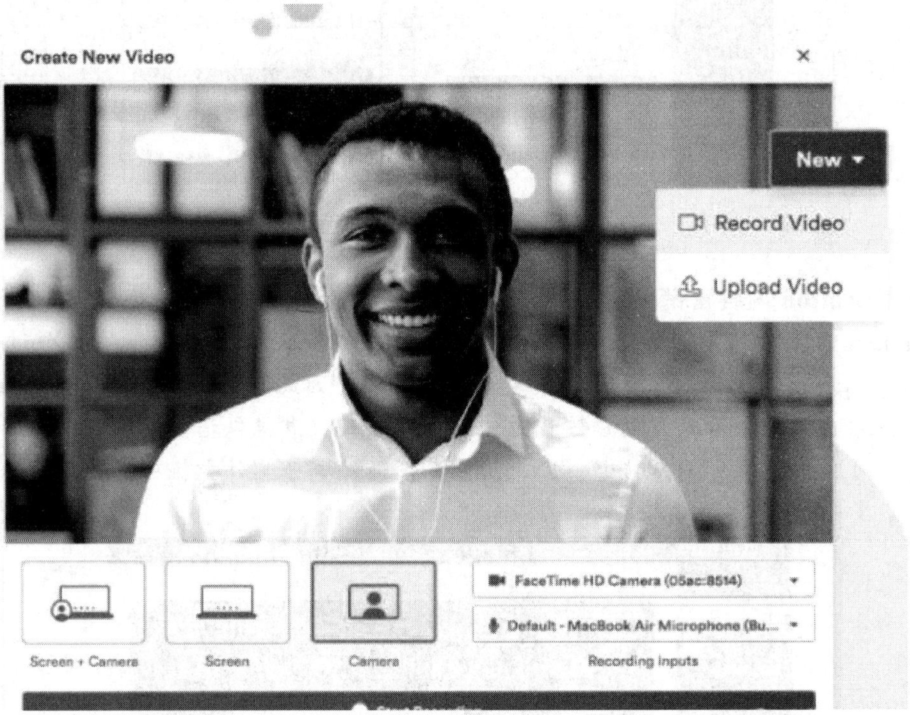

图4-14　Vidyard页面

七、Ahrefs

Ahrefs是一种内容营销工具，可帮助用户构建针对客户已经在网上寻找的主题的内容。关键字浏览器可帮助用户找到新的关键字创意，然后分析每个选项以确定对该术语进行排名的难度。用户还可以使用该工具来跟踪和分析现有的关键字集。

对于视频内容营销人员来说，应注意Ahrefs允许用户衡量YouTube以及主要搜索引擎中搜索查询的受欢迎程度。此外，该工具的内容搜索引擎可以帮助用户分析其所发布并已经在利基市场中发挥作用的内容，特别是在低竞争类的主题上。

八、SEMRush

SEMRush可帮助确保用户的内容营销资产与受众建立联系（见图4-15）。除了广泛的关键字发现和分析工具之外，SEMRush还可以帮助用户找到内容营销中所要解决的热门主题和问题。一旦用户开始创建内容，SEO内容模板就可用以帮助用户排名，SEO写作助手则可以检查用户的SEO分数并提高内容的可读性。

图 4-15 SEMRush 页面

九、Hemingway

该工具的中文名称是海明威应用程序，它是一个强大的免费内容营销工具（见图 4-16）。用户只需将内容复制并粘贴到海明威编辑器中，就会获得阅读水平分数。

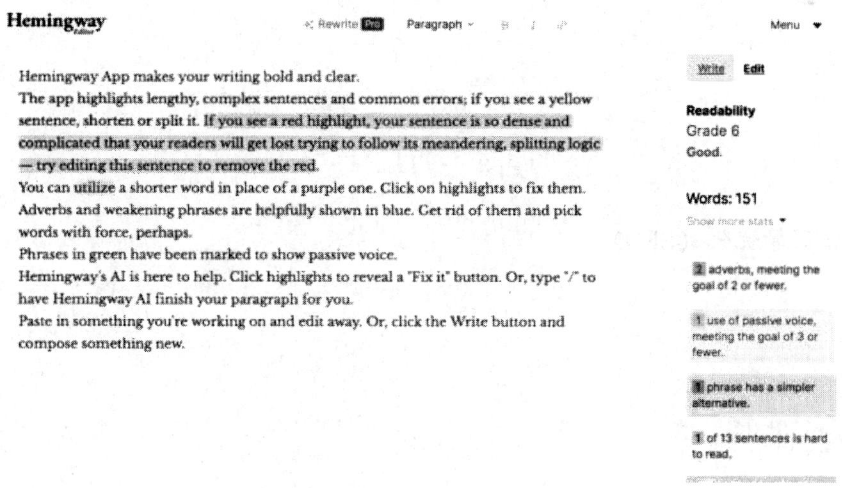

图 4-16 Hemingway 页面

用户还将获得有关如何提高可读性分数的提示，并突出显示问题区域以供发布者关注。阅读水平实时更新，因此用户可以继续阅读，直到达到目标水平。（提示：目标是 8 级阅读水平）

资料来源：https://zhuanlan. zhihu. com/p/676646378。

习题

（一）选择题

1. 内容营销的主要目标是（　　）。

A. 增加广告收入　　B. 提高品牌知名度和用户参与度

C. 增加产品的使用次数　　D. 降低产品价格

2. 哪种类型的内容最能吸引目标受众？（　　）

A. 纯广告内容　　B. 实用的教程和案例分析

C. 仅包含公司新闻的文章　　D. 随机的趣味文章

3. 在博客营销中，SEO 优化的主要目的是（　　）。

A. 增加文章的字数　　B. 提高搜索引擎中的排名

C. 增加社交媒体的关注者　　D. 降低网站的跳出率

（二）填空题

1. 内容营销的核心理念是通过________________来吸引和留住顾客。

2. 在撰写博客文章时，使用________________可以帮助提高搜索引擎的可见性。

3. ________________是指通过分析用户的行为数据来优化内容策略的过程。

（三）名词解释

1. 内容营销

2. 搜索引擎优化（SEO）

3. 博客营销

（四）简答题

1. 简述内容营销的四个主要组成部分。

2. 在实施博客营销时，如何确保内容的质量和相关性？

3. 讨论数据分析在内容营销中的重要性，以及如何利用数据分析优化内容策略。

任务四　电子邮件营销与自动化工具

一、任务描述

本任务旨在深入探讨电子邮件营销及其相关的自动化工具，了解其在现代市场营销中的重要性和应用策略。通过学习和实践，掌握电子邮件营销的核心概念、最佳实践、自动化工具的使用方法，以及如何有效地设计和实施电子邮件营销活动。

实施电子邮件营销活动：设计和实施一项完整的电子邮件营销活动，包括邮件列表的构建、内容创作、发送时间的选择和效果评估。分析和优化邮件营销活动的效果，利用数据驱动决策。

电子邮件营销及其相关的自动化工具可提高品牌认知度和客户忠诚度；增加潜在客户转化率，推动销售增长；优化邮件营销流程，提高工作效率。

二、相关知识

（一）电子邮件营销的定义与重要性

电子邮件营销指通过电子邮件向潜在或现有客户发送商业信息、促销活动、产品更新或其他相关内容，以建立和维护客户关系，促进销售和品牌忠诚度。

电子邮件营销具有以下重要作用：

（1）高投资回报率（ROI）：电子邮件营销通常被认为是成本效益较高的数字营销渠道之一。

（2）直接沟通：可以与用户进行一对一的沟通，提高客户参与度。

（3）个性化营销：可以根据用户行为和偏好进行个性化内容推送，提升用户体验。

（二）电子邮件营销的关键组成部分

1. 邮件列表管理

（1）列表构建：通过网站注册、社交媒体、活动等方式收集用户邮件地址。

（2）列表细分：根据用户行为、兴趣和人口统计信息对邮件列表进行细分，以提供更相关的内容。

2. 内容创作

（1）邮件主题：这是吸引用户打开邮件的重要因素，主题应该简洁且吸引人。

（2）邮件正文：邮件正文内容应清晰、有价值，包含明确的号召性用语（CTA）。

3. 设计与布局

（1）响应式设计：确保邮件在各种设备上（手机、平板、电脑）均能良好显示。

（2）视觉元素：使用图片、图表和色彩来增强邮件的吸引力。

（三）邮件营销自动化营销活动

1. 建立邮件列表

邮件列表是和客户沟通的基础，因此要保证邮件列表的准确性和及时性。建立邮件列表有网站注册、活动参与、表单提交等方法，建立邮件列表需要注意几点：一是确保用户信息的准确性，通过表单获取用户信息时，要提供验证机制，防止无效邮件地址进入邮件列表；二是尊重用户意愿，在收集用户信息时应明确告诉用户目的和用途，充分尊重用户意愿；三是提供有价值的内容，发送邮件时，要提供对用户有价值的内容，如优惠券、新品信息、行业资讯等，以提高用户的参与度和忠诚度。

2. 选择合适的邮件营销平台

选择邮件营销平台时，首先要考虑平台的稳定性；其次，选择能提供详细报告和分析功能的平台，帮助企业了解邮件营销的效果和优化方向；最后要选择能提供完善售后服务和支持的平台，以确保在使用过程中能够及时得到帮助和支持。综上所述，目前市场上有很多邮件发送平台可供选择，如 MailBrid、SendGrid、MailChimp、HubSpot 等。

3. 制定自动触发策略

邮件营销的自动触发策略包括以下几种：

（1）自动化流程。这种策略可以通过预先设定好的规则和流程，自动触发邮件营销活动。例如，当用户在网站上浏览某类商品时，可以自动发送一封推荐邮件，为其提供相关产品的信息和使用建议。

（2）用户行为分析。通过分析用户的浏览行为和购买历史，可以有效识别用户的兴趣和需求。根据这些信息可以自动触发相应的邮件营销活动，如向经常购买化妆品的用户发送最新的化妆品推荐邮件。

（3）生命周期营销。根据用户的购买历史和行为，可以将用户划分为不同的生命周期阶段，如新用户、活跃用户、流失用户等。针对不同的阶段，可以自动触发不同的邮件营销活动，如向新用户发送欢迎邮件、向活跃用户发送促销邮件、向流失用户发送挽回邮件等。

（4）实时个性化推荐。根据用户的购买历史和浏览行为，可以实时生成个性化的推荐邮件。例如，当用户在网站上浏览某类商品时，可以通过 API 接口实时触发邮件发送，提供该用户可能感兴趣的其他商品信息。

（5）自动化后续行动计划。在用户完成购买或参与活动后，可以自动触发后续的邮件营销活动。例如，在用户购买商品后，可以发送一封确认邮件和感谢邮件，并提供相关的售后服务和客户支持。

（6）动态内容。根据用户的个人信息或购买历史，可以在邮件中动态地展示不同的内容。例如，当用户在网站上浏览某类商品时，可以自动发送一封包含该商品详细信息的邮件，以帮助用户更好地了解和使用该产品。

（7）智能跟进。根据用户的反馈和行为，可以自动触发后续的跟进邮件。例如，当用户在邮件中点击某个链接或回复某个邮件时，可以进一步自动发送询问邮件或推荐邮件，以促进用户的转化和购买。

（四）效果跟踪

企业需要根据用户反馈和营销效果，不断优化邮件营销策略和方案。企业可以通过分析报告中的数据和用户反馈来了解邮件营销的效果，并根据这些信息调整策略和方案。在优化时，需要考虑以下几点：

（1）根据用户的反馈意见及时调整邮件内容，以满足用户的需求和增加用户的满意度。

（2）根据报告中的数据表现，如打开率、点击率、转化率等指标，及时调整发送计划中的频率、时间和内容等参数。

三、任务实施

在实施电子邮件营销与自动化工具的过程中，可以按照以下步骤进行：

（一）步骤一：收集邮件地址

（1）通过网站注册表单、社交媒体活动、在线调查、线下活动等多种渠道收集潜在用户的电子邮件地址。

（2）确保收集过程符合数据保护法律法规（如欧盟 GDPR 和 CAN-SPAM 法案）。

（二）步骤二：列表细分

（1）根据用户的兴趣、购买历史、地理位置等信息将邮件列表细分，以发送更有针对性的内容。

（2）采用标签或分组的方式，对用户进行分类管理。

（三）步骤三：邮件内容创作

（1）设计邮件模板。使用电子邮件自动化工具提供的模板，确保设计简洁、美观，并适合移动设备。

（2）确保模板包含公司品牌元素，如 LOGO、颜色和字体。

（3）撰写邮件内容：①主题行。撰写吸引人的主题行，鼓励用户打开邮件。②正文内容。确保内容有价值并相关，使用简洁的语言，包含清晰的号召性用语（CTA）。③个性化。根据用户数据进行个性化，使用用户的名字或推荐相关产品。

（四）步骤四：邮件自动化设置

（1）选择自动化工具。根据需求选择合适的电子邮件营销工具，如 Mailchimp、HubSpot、Sendinblue 等。

（2）设置自动化流程：①欢迎邮件，新用户在注册后自动发送。②生日祝福邮件，在用户生日时发送。③购物车放弃邮件，在用户未完成购买时自动发送。④定期通讯，定期向用户发送新闻简报或促销信息。

通过以上步骤，使用者可以有效实施电子邮件营销与自动化工具，提升营销效果并增强与客户的联系。

四、任务评价

任务评价表见表4-12。

表4-12　任务评价表

	学习态度（20%）	团队合作（20%）	完成率（50%）	其他表现（10%）	小计（100%）	综合评价
小组评分（30%）						
个人评分（20%）						
老师评分（50%）						
综合得分（100%）						

知识拓展

电子邮件营销自动化是一系列自动发送的电子邮件，由订阅者的行为来触发，而不需要手动一封一封发送给用户。虽然数字营销包括几十种的媒介和方式，但邮件营销至今仍然是回报率较高的策略之一（平均回报率高达4 400%）。

邮件营销自动化的好处是，它可以释放惊人的投资回报率，因为在用户设置了邮件自动化后，基本不需要任何行动，它会为用户自动工作。以下是一些关于邮件营销自动化的统计数据：

超过80%的公司都在使用电子邮件营销服务；

只有51%的公司在使用邮件自动化来节省时间和金钱；

自动化邮件的点击率比普通邮件高119%；

发送自动化的欢迎邮件系列而不是单一的欢迎邮件可以增加13%的收入；

自动化的生日邮件优惠比同样优惠的非定时邮件可以提高60%的转换率。

以下是一些常见的邮件自动化工具：

一、Snovio外贸客户开发CRM（自动化邮件营销和邮件群发）

它是基于邮件营销自动化生命周期个性化管理系统和一站式外贸客户开发解决方案，可以扩大用户的业务规模，通过实用的CRM系统有效地收集客户线索。

总部位于欧洲，但已经在我国国内已经开展业务且客户已经超过 10 万人，这是红板砖比较推荐的一个自动化邮件营销和邮件群发。

Snovio 的网址或链接：https://hongbanzhuan. com/snovio

二、Constant Contact

它是 1996 成立的美国公司，是全球规模最大、发展最快的电子邮件营销服务之一，也是最容易使用和初学者友好的电子邮件营销服务。

用户在使用这个电子邮件自动化工具时，会得到很多支持。Constant Contact 在用户支持、在线培训和网络研讨会方面的评价很高，可以帮助用户获得成功。

Constant Contact 是一个适合绝大多数人的工具，如果用户需要一个可以帮助管理活动邀请、注册和门票的电子邮件营销服务，则会对这个选择尤为满意。

阶梯价格：$20/月：可发 500 个人（发送邮件数量无上限）；$335/月：可发 50 000 个人（发送邮件数量无上限）；赠送 60 天免费使用。

Constant Contact 的网址或链接：https://www. constantcontact. com/

三、AWeber

AWeber 是较早地最受欢迎的电子邮件营销服务提供商之一。其为中小型企业提供广泛的工具来管理电子邮件营销。

你最近是否在你的电子邮件列表中增加了一批新的用户？那么，与其用一堆过时的电子邮件来轰炸他们，不妨使用 AWeber 的跟进功能，让订阅者迅速进入状态。

你还可以使用“广告跟踪”功能和 OptinMonster，根据用户在你的网站上选择的内容对他们进行分类。

阶梯价格：$19/月：可发 500 个人（发送邮件数量无上限）；$149/月：可发 25 000 个人（发送邮件数量无上限）；提供 30 天免费试用。

AWeber 的网址或链接：https://www. aweber. com/

四、ConvertKit

ConvertKit 主要是作为博客的电子邮件营销工具，但在目前阶段，它也可以为电子商务商店和其他商业网站服务。

自动化模块的界面很简化，但功能强大。用户可以根据少量的触发器来创建属于自己的自动化，也可以设置单独的规则，将更简单的自动化付诸实施。

ConvertKit 的网址或链接：https://convertkit. com/

五、Mailjet

Mailjet 只提供营销自动化的基本工具；

为新用户的发送邮件序列（欢迎他们）；

当联系人属性发生变化时触发一个邮件序列；

在一个特定的日期发送一个邮件序列。

Mailjet 的网址或链接：https://www. mailjet. com/

六、Keap

Keap 的 CRM 和销售及营销平台的建立是为了帮助你大幅提高销售业绩，并通过消除业务混乱来节省时间。

Keap 端到端自动化可以帮助销售增长并节省时间，你可以创建个性化、定制化的销售和营销流程，在销售管道中有效地输送销售线索，并获得更多的重复业务。

腾出时间专注于对用户而言最重要的事情。

通过简单的"when/then"模板或强大的高级自动化，消除重复性工作。

保证跟进，加强线索转化，使客户更满意。

Keap 的网址或链接：https://keap.com/

七、MailChimp

MailChimp 是一种非常知名的电子邮件营销工具。

Mailchimp 允许用户根据网站活动、放弃的购物车、活动或不活动等情况，发送序列邮件进行跟进。如果你正在寻找大量的集成和一个一体化的集客营销推广解决方案，Mailchimp 电子邮件营销可能是不错的选择。

阶梯价格：$10/月：可发 50 000 个人（可以发送 500 000 封邮件）；$299/月：可发 200 000 个人（可以发送 3M 封邮件）；免费账号支持 2 000 人，每月可以发送 10 000 封邮件。

MailChimp 的网址或链接：https://hongbanzhuan.com/mailch

八、GetResponse

像大多数人一样，如果你的 newsletter 是在预定的时间发送的，那么 GetResponse 的自动回复工具使用拖放功能将使日历管理变得轻而易举。用户还可以根据订阅者进入你的电子邮件名单的方式，向他们发送有高度针对性的自动回复。

阶梯价格：$15/月：可发 1 000 个人（发送邮件数量无上限）；$450/月：可发 100 000 个人（发送邮件数量无上限）；提供 30 天免费试用。

GetResponse 的网址或链接：https://www.getresponse.com/

九、MailerLite

MailerLite 具有拖放编辑器的功能，可以在几分钟内轻松建立漂亮的电子邮件营销活动。你可以使用 MailerLite 先进的目标定位功能对活动进行个性化、细分和自动化，其优化功能将确保你的活动达到最佳效果。

如果你刚刚起步，单打独斗，或需要一个简单、直观的界面，那么 MailerLite 可能就是你正在寻找的可靠工具。

MailerLite 的网址或链接：https://www.mailerlite.com/

十、Outreach

Outreach 是一个电子邮件序列软件，帮助你自动化你的电子邮件外展，推动每一次互动的效率，并使你的销售团队在收入驱动下变得更为高效。

Outreach 的网址或链接：https://www.outreach.io/

习题

（一）选择题

1. 以下哪项不是电子邮件营销的主要目标？（　　）

A. 提高品牌知名度　　　　B. 增加社交媒体粉丝

C. 提升用户参与度　　D. 促进销售转化

2. 在电子邮件营销中，什么是A/B测试？(　　)

A. 测试邮件的打开率　　B. 比较两个不同版本邮件的效果

C. 测试邮件的发送时间　　D. 测试用户的点击率

3. 下列哪个工具常用于电子邮件自动化营销？(　　)

A. Photoshop　　B. Microsoft Word

C. Mailchimp　　D. Excel

（二）填空题

1. 电子邮件营销的关键绩效指标（KPI）包括开信率、点击率和________。

2. 在邮件内容中，使用用户的名字进行呼叫的过程被称为________。

3. 确保遵循相关法律法规的电子邮件营销过程被称为________。

（三）名词解释

1. 邮件列表细分

2. 自动化工作流程

3. 退订选项

（四）简答题

1. 电子邮件营销中的个性化策略如何影响用户的参与度和转化率？请简要说明。

2. 请列举并解释两种有效的邮件内容创作技巧，以提高电子邮件的打开率和点击率。

3. 请描述如何使用用户反馈来改进电子邮件营销策略。包括收集反馈的方式和应用反馈的实例。

任务五　跨境电商平台运营与管理

一、任务描述

本任务将围绕跨境电商平台的运营策略、管理流程、市场分析和法律法规等多个方面进行探讨，以帮助企业有效进入和拓展国际市场。

全球速卖通（AliExpress）是阿里巴巴集团旗下的一个在线零售平台，面向全球市场，特别是个人消费者。其运作模式主要包括 B2C（商家对消费者）和 C2C（消费者对消费者）。任何符合条件的商家均可申请入驻，平台提供各种工具和资源支持商家建立自己的店铺。入驻商家须经审核，以确保其合法性和商品质量。商家可以在平台上发布商品信息，包括图片、描述、价格等。全球速卖通根据商品种类进行分类，方便消费者浏览和搜索。平台支持多种国际支付方式，包括信用卡、支付宝、PayPal 等，以方便全球消费者进行购物。该平台采用交易担保机制，消费者在确认收货后，款项才会支付给商家，从而降低了交易风险。

在物流与配送方面，全球速卖通与多家物流公司合作，提供多种物流配送方式，包括经济运输、标准运输和快递服务等。支持将商品配送到全球多个国家和地区，商家可以选择适合的物流服务。平台提供在线客服支持，帮助消费者解决购物过程中遇到的问题。根据不同情况，平台设有相应的退换货政策，以保障消费者的权益。

综上，全球速卖通通过 B2C 和 C2C 模式结合，提供多样化的产品和服务，建立了一个全球性的在线购物平台。通过安全的支付系统、多元的物流选择和完善的客户服务，速卖通成功吸引了来自全球的消费者，并为商家提供了一个进入国际市场的有效渠道。

资料来源：根据网络相关资料改写。

提问：全球速卖通是如何通过多样化的支付方式和物流选择来提升消费者的购物体验的？

二、相关知识

（一）亚马逊

1. 亚马逊平台的特点与市场定位

亚马逊是全球最大的跨境电商平台，以其广泛的产品种类和强大的物流网络闻名（见图 4-17）。该平台不仅提供了多种商品，包括电子产品、书籍、家居用品和服装等，还通过 Amazon Prime 等会员服务提升用户体验。亚马逊致力于为消费者提供便捷的购物体验，同时为卖家提供良好的销售平台，使其成为全球卖家的首选市场。

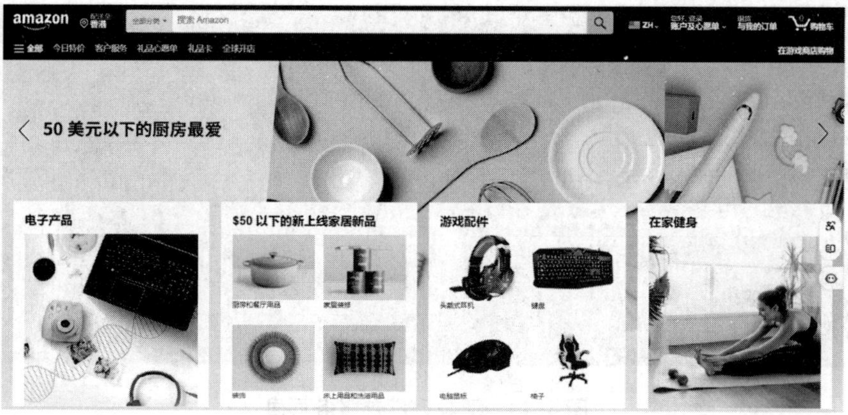

图 4-17　亚马逊官方网站

2. 运营管理中的关键要素

亚马逊运营管理中的关键要素包括产品管理、库存控制、定价策略和客户服务。卖家需要进行市场调研，选择适合的产品，并确保其价格和描述符合市场需求。做好库存管理至关重要，这样可以避免缺货或过期产品的出现。通过使用亚马逊的动态定价工具，卖家可以根据市场变化及时调整价格。同时，提供优质的客户服务，包括快速响应客户咨询和处理售后问题，有助于提升用户满意度和忠诚度。图 4-18 为亚马逊卖家中心页面。

图 4-18　亚马逊卖家中心页面

3. 数据分析与营销策略

数据分析在亚马逊的运营中非常重要。卖家可以利用亚马逊提供的各种分析工具，监测销售表现和客户行为。这些数据可以帮助卖家识别市场趋势并优化广告策略。通过亚马逊的广告服务（如 Sponsored Products），卖家能够提高商品曝光率，增加销量。不断分析数据和调整营销策略，有助于卖家在竞争激烈的市场中保持优势，实现可持续增长。图 4-19 为亚马逊广告服务页面。

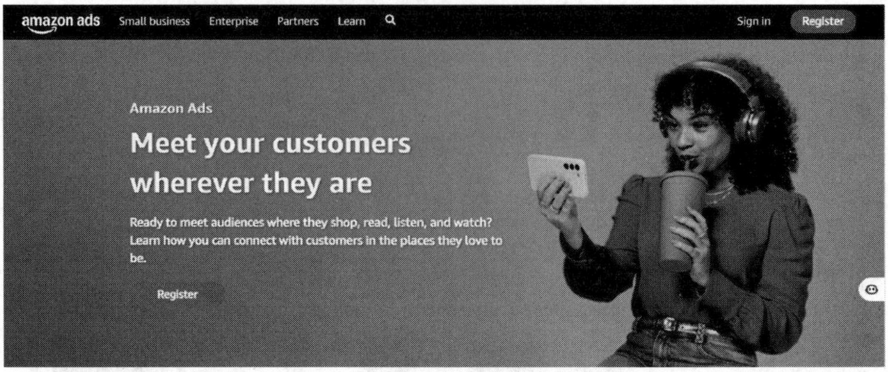

图 4-19　亚马逊广告服务页面

（二）eBay

1. eBay 平台的特点与市场定位

eBay 成立于 1995 年，是全球知名的在线拍卖和购物平台（见图 4-20）。它允许个人用户和企业在平台上通过拍卖或即买即卖的方式交易各种商品，涵盖了从电子产品到收藏品的广泛商品种类。eBay 的市场定位独特，强调买卖双方之间的互动与信任，这使其成为二手商品和独特物品的热门交易平台。通过强大的全球用户基础，eBay 为卖家提供了一个展示商品和打开市场的机会。

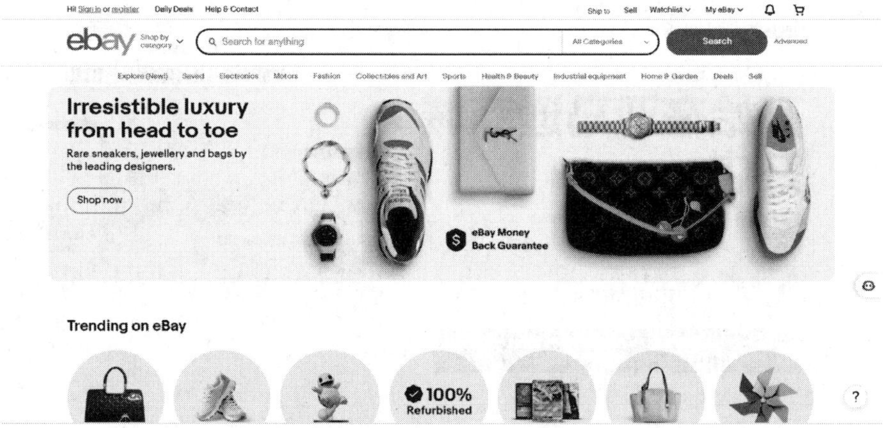

图 4-20　eBay 官方网站

2. 运营管理的关键要素

在 eBay 的运营管理中，卖家需要关注多个关键要素，包括产品列表、定价策略、客户服务和信誉管理。卖家应通过详细的商品描述和高质量的图片来吸引买家，并设定合理的起始价格或“立即购买”价格。此外，优质的客户服务对于维护良好的卖家信誉至关重要，及时响应买家询问和处理售后问题能够提高交易成功率。eBay 还提供卖家评级系统，良好的评级有助于提高在平台上的曝光度。图 4-21 为 eBay 卖家中心页面。

图 4-21 eBay 卖家中心页面

3. 数据分析与营销策略

数据分析在 eBay 的运营中同样扮演着重要角色。卖家可以利用 eBay 提供的数据分析工具，监测销售趋势、流量来源和客户行为，从而优化商品列表和广告投放。eBay 的推广工具（如 Promoted Listings）使卖家可以通过付费的方式增加商品的曝光率。卖家通过分析数据并调整营销策略，可以更好地满足市场需求，实现更高的销售额和利润率。图 4-22 为 eBay 推广工具页面。

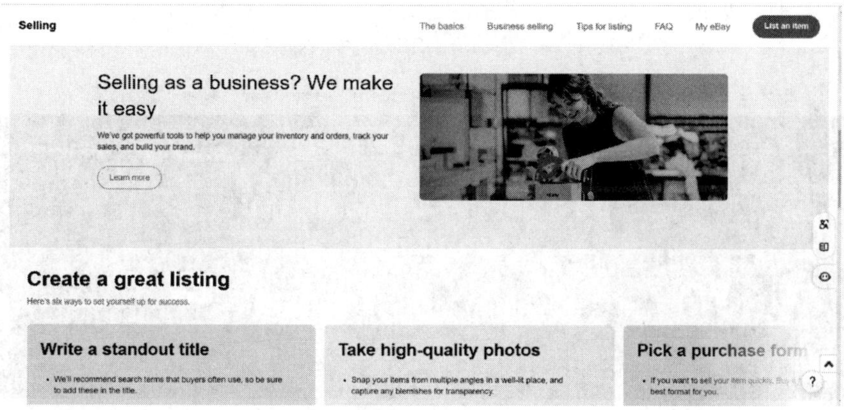

图 4-22 eBay 推广工具页面

（三）全球速卖通

1. 全球速卖通的特点与市场定位

全球速卖通（AliExpress）是阿里巴巴集团于 2010 年推出的国际在线零售平台，旨在为全球消费者提供来自中国的商品（见图 4-23）。该平台支持多语言和多货币交易，吸引了来自世界各地的买家和卖家。速卖通涵盖广泛的产品类别，包括电子产品、时尚服饰、美容产品和家居用品等，定位于价格敏感型消费者和寻求高性价比商品的用户。通过直接面向消费者的模式，速卖通成功地将全球买家与中国制造商连接起来。

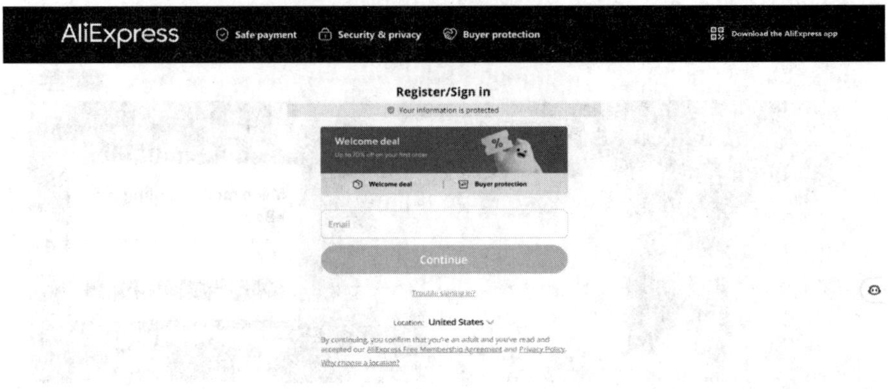

图 4-23　全球速卖通官方网站

2. 运营管理的关键要素

在全球速卖通的运营管理中，卖家需要关注多个关键要素，包括产品上架、定价策略、客户服务和物流管理。卖家应确保产品列表详细且具吸引力，包括高质量的图片和准确的描述，以提高转化率。定价策略要考虑市场竞争和消费者心理，合理设置价格以吸引买家。此外，高效的客户服务能够提升买家的购物体验，增加回购率。全球速卖通提供多种物流解决方案，卖家可选择合适的物流方式以确保商品及时送达。图 4-24 为该平台的卖家中心页面。

图 4-24　全球速卖通卖家中心页面

3. 数据分析与营销策略

数据分析在全球速卖通的运营中至关重要。卖家可以使用全球速卖通的分析工具，监测销售数据、流量来源和市场趋势，从而优化产品列表和营销策略。全球速卖通提供多种推广工具，例如“超级推荐”和“促销活动”，帮助卖家提高商品的曝光率和销量。通过分析数据，卖家可以更好地了解消费者需求，并据此调整营销策略，以实现更高的销售额和利润。图 4-25 为该平台的广告服务页面。

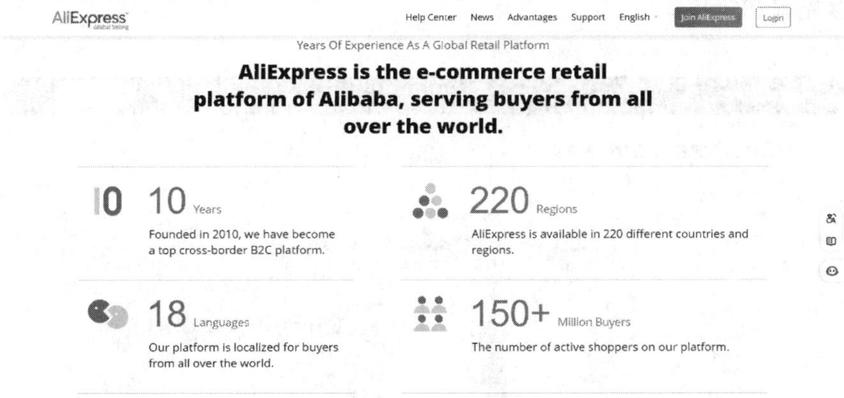

图 4-25　全球速卖通广告服务页面

（四）Shopify

1. Shopify 平台概述

Shopify 是一个全球领先的电子商务平台成立于 2006 年，旨在帮助企业和个人轻松创建和管理在线商店（见图 4-26）。该平台提供了一系列强大的工具和功能，使用户能够自定义商店外观、管理产品、处理支付和跟踪销售。Shopify 支持多种销售渠道，包括在线商店、社交媒体和实体店，适用于从初创公司到大型品牌。各类情况和规模的企业，其用户友好的界面和丰富的应用市场使得商家能够快速上手并扩展业务。

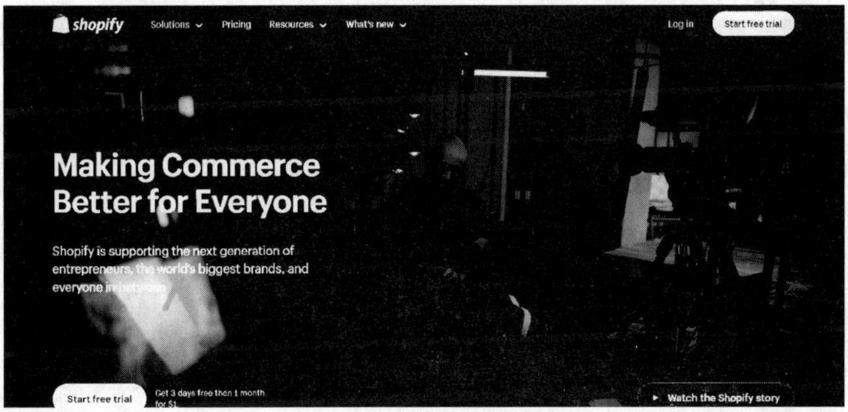

图 4-26　Shopify 官方网站

2. 核心功能与运营管理

Shopify 提供了一系列核心功能，帮助卖家高效管理在线商店（见图 4-27）。首先，卖家可以轻松上传和管理产品，包括设置产品描述、价格和库存。其次，Shopify 的支付处理系统支持多种支付方式，确保客户可以顺利完成交易。此外，Shopify 还提供强大的数据分析工具，卖家可以实时监控销售趋势、客户行为和库存状态，从而优化运营决策。通过集成的营销工具，卖家可以进行电子邮件营销、社交媒体广告和 SEO 优化，提升品牌曝光率和销售额。

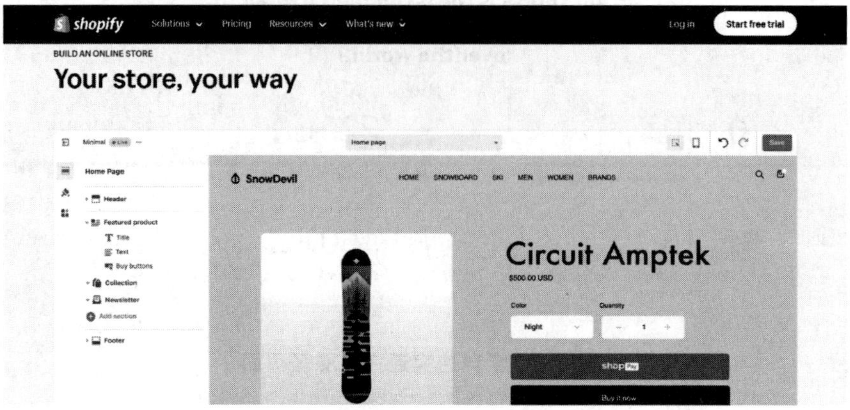

图 4-27　Shopify 功能介绍

3. 支持与社区资源

Shopify 不仅提供强大的平台功能，还为卖家提供丰富的支持和社区资源。Shopify 的帮助中心可提供详细的教程和常见问题解答，帮助用户解决各种问题（见图 4-28）。同时，Shopify 社区是一个活跃的论坛，卖家可以在这里与其他商家分享经验、获取灵感和寻求帮助。此外，Shopify 还提供 24×7 的客户支持，确保卖家在遇到问题时能够及时得到帮助。通过这些资源，卖家可以不断学习和改进自己的业务。

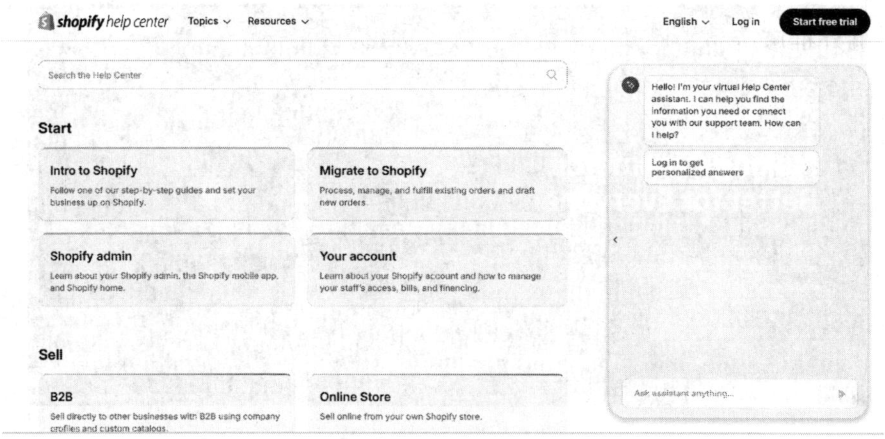

图 4-28　Shopify 帮助中心页面

（五）Wish

1. Wish 平台概述

Wish 是一个全球性的在线购物平台成立于 2010 年，专注于提供价格实惠的商品（见图 4-29）。该平台通过直接连接消费者与全球供应商，致力于为用户提供低价、丰富的产品选择。Wish 的购物体验以简单、直观为主，用户可以轻松浏览各种类别的商品，并通过个性化推荐发现新产品。Wish 的商业模式主要有赖于吸引大量用户，通过销售佣金和广告收入来盈利，特别适合价格敏感的消费者。

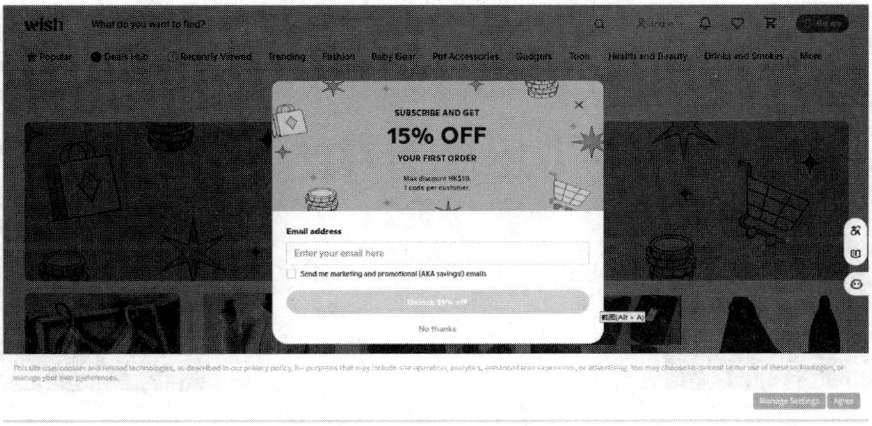

图 4-29　Wish 官方网站

2. 核心功能与运营管理

Wish 平台提供了一系列核心功能，帮助商家高效运营和管理在线店铺。商家可以轻松创建产品列表，上传商品图片、设置价格和描述，并管理库存。Wish 利用算法个性化推荐商品，帮助商家提高曝光率和转化率。平台还提供数据分析工具，商家可以实时跟踪销售表现、流量来源和客户行为，从而优化营销策略。通过 Wish 的广告功能，商家可以额外推广产品，提升销售机会。图 4-30 为该平台商家中心页面。

图 4-30　Wish 商家中心页面

3. 支持与社区资源

Wish 为商家提供多种支持和资源，以帮助他们优化运营。该平台有一个全面的帮助中心，提供常见问题解答、教程和最佳实践指南，帮助商家解决运营过程中遇到的问题（见图 4-31）。此外，Wish 还设有社区论坛，商家可以在这里交流经验、分享成功案例和获取市场洞察。Wish 的客户支持团队提供全天候服务，确保商家在需要时能够及时获得帮助。这些资源能够帮助商家不断提高自己的业务水平。

图 4-31　Wish 帮助中心页面

三、任务实施

（一）步骤一：平台选择与店铺搭建

（1）选择适合的平台：根据市场调研结果，选择合适的跨境电商平台（如 Amazon、eBay、AliExpress、Wish 等）。

（2）店铺注册与设置：创建商家账户，设置店铺名称、品牌形象及基本信息。

（3）产品上架：上传产品图片，撰写详细描述，设置价格和库存，并确保产品符合目标市场的需求。

（4）注意事项：优化产品描述和关键词，以提高在平台内的搜索排名；使用高质量的产品图片，增强消费者的购买意愿。

（二）步骤二：营销与推广策略

（1）制定营销计划：结合目标市场的特点制订线上营销计划，包括社交媒体营销、搜索引擎优化（SEO）、电子邮件营销等。

（2）广告投放：利用平台的广告功能（如 Amazon PPC、Facebook Ads 等）进行精准投放，吸引目标客户。

（3）促销活动：定期策划促销活动（如限时折扣、买一送一等），吸引用户关注和购买。

（4）注意事项：监测营销效果，及时调整策略以提高转化率；关注消费者反馈，建立良好的品牌形象和口碑。

四、任务评价

任务评价表见表 4-13。

表 4-13　任务评价表

	学习态度（20%）	团队合作（20%）	完成率（50%）	其他表现（10%）	小计（100%）	综合评价
小组评分（30%）						
个人评分（20%）						
老师评分（50%）						
综合得分（100%）						

知识拓展

一、敦煌网

敦煌网（Dunhuang. com）是一个专注于跨境电商的 B2B 平台，致力于连接中国供应商与全球买家（见图 4-32）。它为中小企业提供了一个便捷的国际贸易渠道，涵盖了从家居用品到电子产品丰富的产品类别，以满足全球市场的多样化需求。敦煌网提供多语言支持，从而确保不同国家的买家都能轻松使用平台进行采购。

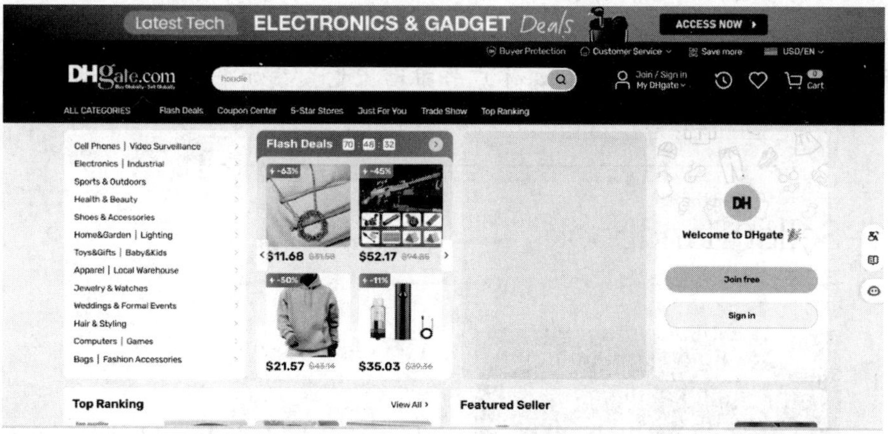

图 4-32　敦煌网官方网站

敦煌网的运营策略包括为卖家提供全面的支持与培训，帮助他们优化店铺运营。该平台提供实时数据分析工具，让卖家能够监控销售表现及市场趋势。此外，敦煌网通过

SEO 和社交媒体营销等多种方式，提升卖家的曝光率，吸引更多潜在买家。通过这些策略，敦煌网帮助卖家在激烈的市场竞争中立足。图 4-33 为该平台卖家中心页面。

图 4-33　敦煌网卖家中心页面

敦煌网重视客户服务，为买卖双方提供多渠道支持，包括在线客服、电话咨询和邮件支持。同时，平台设立了交易保障机制，保护买家的资金安全和卖家的权益。通过定期收集用户反馈，敦煌网不断优化平台功能，提升用户体验，确保客户满意度和忠诚度。

二、Etsy 的运营与管理

Etsy 是一个专注于手工艺品、复古商品和独特商品的电商平台，吸引了大量希望购买个性化商品的消费者（见图 4-34）。运营 Etsy 店铺需要关注产品的创意展示和品牌故事，以吸引目标客户群体。

Etsy 使用高质量的图片和富有吸引力的标题及描述，展示商品的独特性和工艺。通过社交媒体和 Etsy 社区建立品牌形象，分享制作过程和故事，增进客户的情感连接。用户可利用 Etsy 的广告工具和社交媒体广告推动流量，参加平台促销活动以提升销量。

图 4-34　Etsy 平台官方网站

三、Walmart Marketplace 的运营与管理

Walmart Marketplace 是一个允许第三方卖家在 Walmart. com 上销售商品的平台（见图 4-35）。借助 Walmart 巨大的客户基础，卖家可以通过此平台扩大市场覆盖面。运营 Walmart 店铺需要关注产品合规性、竞争定价和订单管理。

Walmart Marketplace 确保所售商品符合 Walmart 的政策和标准，以免被下架或罚款。执行动态定价策略，监控竞争对手的价格，以确保在同类商品中具有竞争力。优化订单处理流程，确保及时发货和良好的客户服务，提升客户满意度。

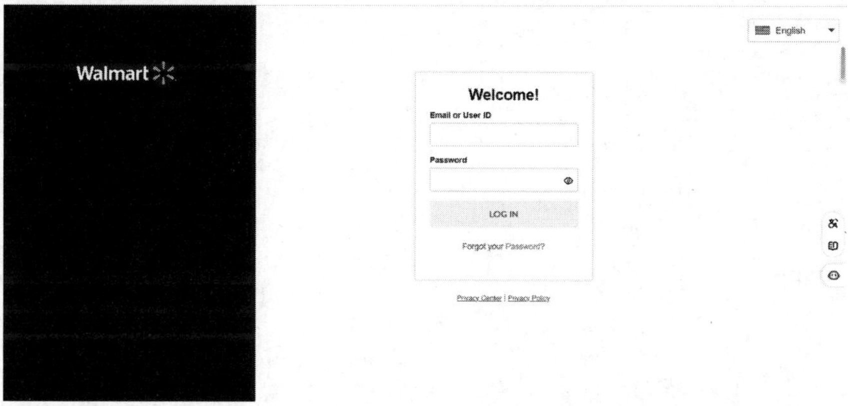

图 4-35　Walmart Marketplace 官方网站

习题

（一）选择题

1. 跨境电商平台的同步拓展主要包括哪些方面？（　　）

A. 产品线扩展　　B. 市场多元化

C. 渠道拓展　　D. 以上皆是

2. 以下哪项不属于渠道拓展的方式？（　　）

A. 在亚马逊开设店铺　　B. 通过社交媒体进行营销

C. 进行产品研发　　D. 与其他品牌合作

3. 在进行市场多元化时，最重要的步骤是（　　）。

A. 提高产品价格　　B. 进行市场调研

C. 增加广告投入　　D. 扩大生产规模

（二）填空题

1. 在跨境电商的同步拓展中，通过分析消费者需求，推出新产品的过程称为__________________。

2. 跨境电商平台在进入新市场时，通常需要进行__________________，以了解当地消费者的习惯与需求。

3. 多渠道销售策略旨在通过__________________和__________________等多

个途径，提高产品的曝光率和销售额。

（三）名词解释

1. 市场多元化

2. 产品线扩展

3. 渠道拓展

（四）简答题

1. 请简述同步拓展在跨境电商平台运营中的重要性。

2. 在进行产品线扩展时，企业应考虑哪些关键因素？请列举至少三项。

3. 请解释如何利用社交媒体进行渠道拓展，并举例说明其潜在优势。

项目五　跨境网络营销的跨境支付与物流

PayPal 是一家全球领先的在线支付平台，成立于 1998 年，总部位于美国加利福尼亚州。作为一种广泛使用的跨境支付工具，PayPal 旨在为个人和企业提供安全、便捷的支付解决方案，它支持多种货币交易，尤其在跨境电商和网络营销中发挥了重要作用。

PayPal 用户可以通过电子邮件地址进行交易，无须输入复杂的银行账户信息，支付过程简单快捷；PayPal 支持多种货币，用户可以在全球范围内进行购物和支付，无须担心汇率转换问题；PayPal 为消费者提供了一定的保护政策，如在未收到商品或商品与描述不符的情况下，用户可以申请退款；为企业提供了多种支付处理工具，包括购物车集成、订阅服务和发票管理等，从而有助于商家简化交易流程；PayPal 在移动设备上的应用支持用户随时随地进行支付，提高了支付的灵活性和便利性。

通过 PayPal，商家可以轻松接入国际市场，吸引全球客户，增加销售机会。PayPal 的支付安全保障措施能够降低跨境交易中的风险，使买卖双方更加放心。跨境电商商家可以通过 PayPal 平台处理多种货币的交易，简化结算流程，提高效率。

许多跨境电商平台，如 eBay、Etsy，都将 PayPal 作为主要的支付方式之一。在这些平台上，卖家可以通过 PayPal 收款，同时买家也能够享受到快速、安全的支付体验。这种便利性使得 PayPal 成为消费者和商家之间信任的桥梁，促进了跨境交易的增长。

PayPal 在跨境网络营销中发挥着不可或缺的作用。它不仅简化了支付流程，还提高了交易的安全性和便利性，帮助商家拓展全球市场。在未来，随着跨境电商的不断发展，PayPal 将继续创新和优化其服务，为全球用户提供更好的支付体验。

同学们可以思考：PayPal 如何通过其买家保护政策降低跨境交易的风险，从而促进全球电子商务的发展？

项目任务书

任务编号	分项任务	职业能力目标	知识要求	参考课时
任务一	跨境支付的方式与流程	1. 掌握不同跨境支付方式（如信用卡、PayPal、银行转账和加密货币等）的特点、优缺点及适用场景。 2. 能够描述跨境支付的基本流程，包括支付发起、资金结算、货币转换和资金到账等环节。 3. 具备识别和分析跨境支付中潜在的安全风险与合规要求的能力，以确保交易的安全性和合法性	1. 掌握不同的跨境支付方式（如信用卡、PayPal、银行转账和数字货币等）的基本概念和运作机制。 2. 掌握跨境支付的各个环节，包括支付发起、资金清算、货币转换和资金到账等流程。 3. 了解与跨境支付相关的法律和合规要求，如反洗钱法规和消费者保护政策，以确保支付过程的合法性	2
任务二	跨境支付的风险与解决方案	1. 能够识别和区分跨境支付中可能出现的风险，包括汇率波动、欺诈风险和支付失败等。 2. 具备评估不同风险对企业和消费者的潜在影响的能力，以制定相应的应对策略。 3. 能够提出有效的解决方案和风险管理措施，包括使用安全支付平台、增强身份验证和建立风险监测机制	1. 了解跨境支付中常见的风险类型，包括汇率波动、欺诈行为、支付失败和合规风险等。 2. 掌握用于降低跨境支付风险的各种工具和技术，如安全支付平台、加密技术和身份验证方法。 3. 了解针对不同风险的具体解决方案和应对策略，如使用保险、设置交易限额和实施风险监控机制	1
任务三	跨境物流的选择与优化	1. 能够分析和评估不同跨境物流方式（如海运、空运、快递等）的成本、时效和适用场景，以选择最合适的物流方案。 2. 具备识别和优化跨境物流流程中的关键环节的能力，以提高运输效率和降低物流成本。 3. 能够识别跨境物流中的潜在风险（如延误、损坏、丢失等）并制定相应的应对措施，以确保物流的可靠性和安全性	1. 掌握不同跨境物流方式（如海运、空运、陆运和快递）的特点、优缺点及适用情境。 2. 了解影响跨境物流成本的主要因素，包括运输费用、关税、保险和其他附加费用，以便进行合理预算和选择。 3. 了解常用的物流优化方法，如合理规划运输路线、提高装载效率和采用先进的物流管理技术，以提升物流效率和降低成本	1
职业素养目标		1. 具备数据解读能力，能够从数据中提取有价值的信息，为优化营销策略提供支持。 2. 提高跨文化沟通能力，能够与不同国家和地区的客户和合作伙伴有效沟通。 3. 培养创新思维，能够主动探索新的网络营销工具和技术，以应对快速变化的市场环境		

任务一　跨境支付的方式与流程

一、任务描述

本任务旨在帮助学员深入理解跨境支付的多种方式及其操作流程（见表5-1）。随着全球化的发展，跨境支付在国际贸易和个人交易中变得越来越普遍。掌握不同支付方式的特点，以及整个支付流程的各个环节，对于有效管理国际交易至关重要。

表5-1　跨境支付的方式与流程任务描述

任务目标	1. 了解主要跨境支付方式
	2. 熟悉跨境支付流程
	3. 认识与跨境支付相关的法律法规
任务内容	1. 学习并区分多种跨境支付方式，包括信用卡、电子钱包（如PayPal）、银行转账、区块链支付等，掌握每种方式的优缺点及适用场景
	2. 学习跨境支付的基本流程，包括支付发起、资金清算、货币转换和资金到账等步骤，理解每个环节的关键要素及其影响因素
	3. 学习与跨境支付相关的法律法规、合规要求及反洗钱政策，确保在实际操作中遵循相关法律规定，以降低法律风险

通过本任务的学习，学员应具备选择合适的跨境支付方式和理解支付流程的能力，从而为后续的跨境交易打下坚实基础。

二、相关知识

（一）主要跨境支付方式

1. 信用卡

信用卡是一种由银行或金融机构发行的支付卡，允许持卡人在一定的信用额度内进行消费（见表5-2）。持卡人可以在商家处购物、支付账单或进行其他交易，随后在规定的时间内还款，通常无需支付利息。如果未能按时还款，则会产生利息费用。

表5-2　信用卡

信用卡的主要功能	
消费支付	持卡人可以在全球各地的商家、网上商店和服务提供商处使用信用卡进行支付
信用额度	银行根据持卡人的信用历史和还款能力设定一个信用额度，持卡人可以在此额度内进行消费
分期付款	许多信用卡提供分期付款选项，允许持卡人将大额消费分摊到多个账单期中
积分和奖励	许多信用卡提供消费积分、现金返还或其他奖励计划，鼓励持卡人使用信用卡进行交易

续表

信用卡的优缺点	
优点	1. 方便快捷，适用于各种消费场景。 2. 提供紧急资金支持，以应对突发开支。 3. 许多信用卡提供保险、旅行优惠和消费保护等附加服务
缺点	1. 如果不按时还款，可能会产生高额利息。 2. 滥用信用卡可能导致债务累积，影响信用评分。 3. 一些商家可能会收取信用卡交易费用
如何选择信用卡	
年费	一些信用卡需要支付年费，对此应进行评估（即是否值得）
利率	了解信用卡的利率（APR），以便在未能全额还款时进行合理规划
奖励计划	考虑信用卡提供的积分、现金返还或其他优惠，选择最适合自己消费习惯的卡片
附加服务	如旅行保险、购物保护等，根据个人需求选择
信用卡的使用方法	
申请	向银行或金融机构提交申请，提供个人信息和财务状况
激活	收到信用卡后，按照说明进行激活
消费	在商家处刷卡、插卡或在线输入卡信息进行支付
还款	定期查看账单，按时还款，以避免产生利息和滞纳金

2. 电子钱包

电子钱包（E-Wallet）是一种数字支付工具，允许用户通过电子设备（如智能手机、平板电脑或电脑）存储和管理他们的支付信息、银行卡信息和其他财务数据（见表5-3）。电子钱包可以用于在线购物、转账、支付账单及在实体商店进行支付。图5-1为PayPal电子钱包官方网站，图5-2为Apple Pay官方网站。

表5-3　电子钱包

电子钱包的主要功能	
在线支付	用户可以在支持电子钱包的在线商店和服务平台上快速结账
转账功能	许多电子钱包允许用户之间快速转账，便于朋友或家庭成员之间的资金往来
储存卡信息	用户可以将多张银行卡、信用卡信息存储在电子钱包中，方便随时使用
优惠和积分	部分电子钱包提供促销活动、折扣和积分奖励，鼓励用户使用
电子钱包的优缺点	
优点	1. 用户可以轻松管理支付信息，无须携带实体卡片。 2. 大多数电子钱包采用加密技术和双重身份验证，提高了支付的安全性。 3. 无论是在线还是离线，支付都可以快速完成
缺点	1. 需要网络连接才能使用，可能在某些地区受限。 2. 由于存储了大量个人和财务信息，可能存在数据泄露的风险。 3. 尽管越来越普遍，但仍然有些商家不接受电子钱包支付

续表

如何选择电子钱包	
安全性	了解电子钱包的安全措施，如加密技术和用户保护政策
费用	某些电子钱包可能会收取交易费用或转账费用，需要事先了解
功能	根据个人需求选择提供额外功能的电子钱包，如积分奖励、账单支付等
兼容性	确保所选电子钱包与常用商家和服务平台的兼容性
电子钱包的使用方法	
下载和注册	在应用商店下载所选电子钱包应用，注册账户并提供必要信息
添加支付方式	将银行卡或信用卡信息添加到电子钱包中
进行支付	在支持电子钱包的商家处使用二维码、近场通信（NFC）或链接进行支付
管理账户	定期检查交易记录和账户余额，确保信息准确

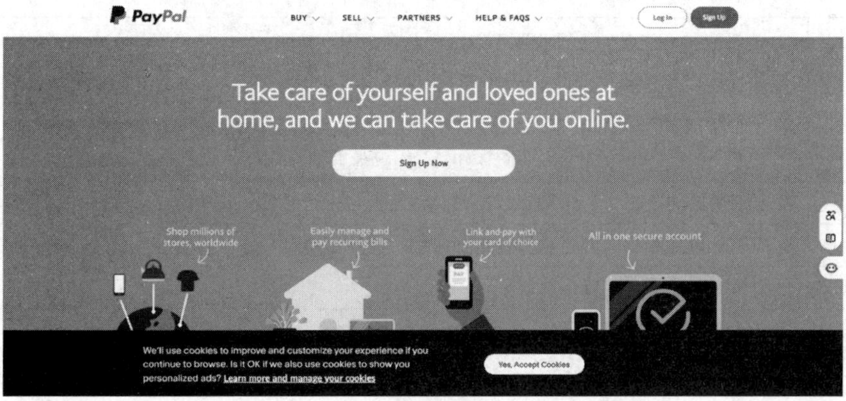

图 5-1　PayPal 电子钱包官方网站

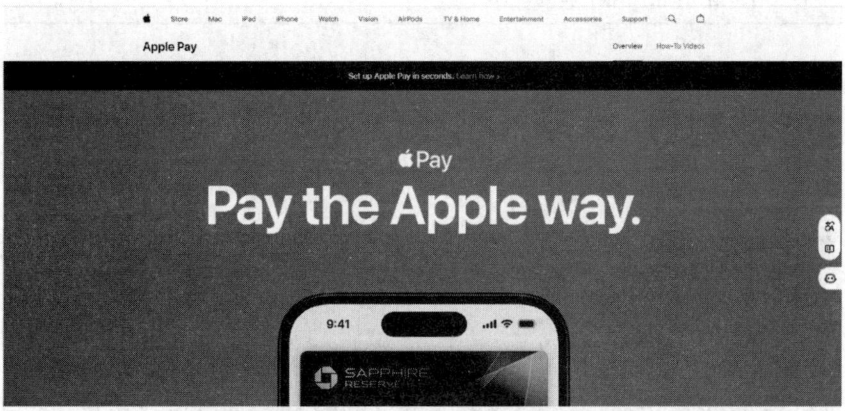

图 5-2　Apple Pay 官方网站

3. 银行转账

银行转账是指通过银行系统将资金从一个账户转移到另一个账户的过程（见表 5-4）。转账可以在同一家银行内进行，也可以跨银行进行。银行转账通常用于支付账单、转账给朋友或家人，以及企业之间的资金流动。图 5-3～图 5-5 为我国几家主要银行的官方网站页面。

表 5-4　银行转账

银行转账的主要功能	
国内转账	在同一国家内的银行账户之间进行的转账。通常处理速度较快
国际转账	不同国家的银行账户之间进行的转账，可能涉及外汇转换和更长的处理时间
实时转账	一些银行提供实时转账服务，可在几分钟内完成资金转移
定期转账	设置定期自动转账，如每月支付租金或账单
银行转账的优缺点	
优点	1. 银行转账通常比现金交易更安全，提供交易记录。 2. 可以通过网上银行、手机银行或 ATM 进行操作，方便快捷。 3. 所有转账都有记录，便于追踪和管理
缺点	1. 某些银行可能会对转账收取手续费，尤其是国际转账。 2. 虽然国内转账通常较快，但国际转账可能需要几天时间。 3. 一些银行对单笔或每日转账金额设定上限
如何进行银行转账	
选择转账方式	决定是通过网上银行、手机银行还是到银行柜台进行转账
填写转账信息	这些信息包括收款人姓名、银行账户号码、转账金额等
确认信息	仔细核对转账信息，确保无误
完成转账	提交转账请求，等待确认
注意事项	
1. 确保收款人的银行账户信息准确无误，以避免转账失败或资金丢失。 2. 了解银行的手续费政策和转账限额。 3. 在进行大额转账时，建议提前与银行沟通确认	

图 5-3　中国银行官方网站

图 5-4　工商银行官方网站

图 5-5　建设银行官方网站

4. 区块链支付

区块链支付是基于区块链技术的一种支付方式，利用去中心化的分布式账本技术实现安全、透明的交易（见表 5-5）。与传统支付方式相比，区块链支付在数据处理、交易确认和资金安全等方面具有独特优势。图 5-6 为比特币官方网站，图 5-7 为有关区块链技术详细介绍的页面。

表 5-5　区块链支付

区块链支付的主要特点	
去中心化	区块链技术通过去中心化的网络结构，消除了对中介机构（如银行）的依赖，降低了交易成本
透明性	所有交易记录都被保存在公共账本上，任何人都可以查看，确保了交易的透明性和可追溯性
安全性	区块链使用加密算法保护交易数据，减少了被篡改和欺诈的风险
速度	区块链支付通常比传统银行转账更快，尤其是在跨境支付方面
区块链支付的优缺点	
优点	1. 减少了中介和手续费，尤其在国际转账时尤为明显。 2. 在区块链网络上，交易可以在几分钟内完成，比通过传统银行处理的时间要快很多。 3. 只需要进行互联网连接，用户就可以随时随地进行交易

续表

区块链支付的优缺点	
缺点	1. 许多基于区块链的加密货币价值波动较大，可能影响支付稳定性。 2. 对一些用户来说，区块链技术仍然较新，使用上存在一定的学习曲线。 3. 各国对区块链支付的监管政策不同，可能影响其合法性和接受度
如何进行区块链支付	
选择数字钱包	用户须选择一个支持区块链支付的数字钱包，存储加密货币
获取加密货币	通过交易所或其他方式获取所需的加密货币（如比特币、以太坊等）
发起支付	输入收款人的钱包地址和支付金额，确认交易
交易确认	在区块链网络中进行交易验证和确认，完成后资金将转入收款人账户
区块链支付的应用场景	
1. 当需要大幅降低跨境支付的时间和费用时。 2. 当需要实现自动化交易和合约执行时。 3. 当需要提高供应链透明度，跟踪商品流动时	

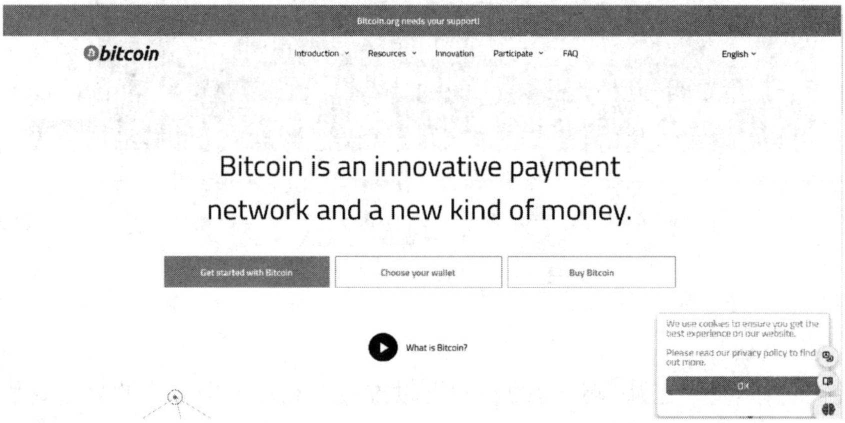

图 5-6 比特币官方网站

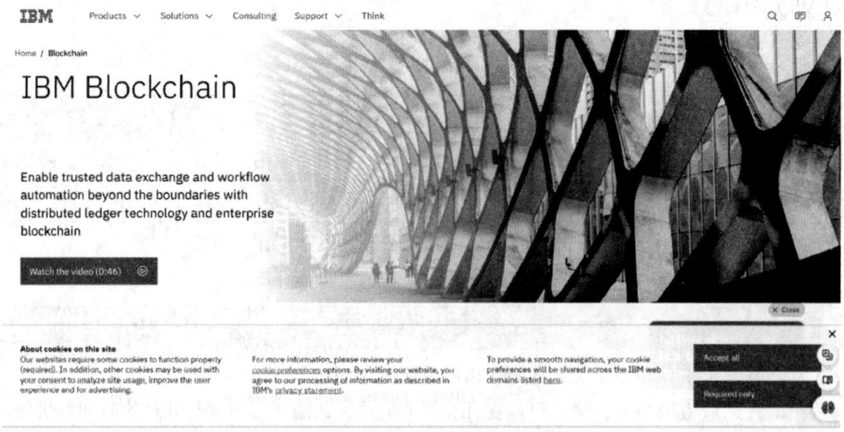

图 5-7 区块链技术详细介绍页面

（二）跨境支付的基本流程

跨境支付的基本流程见表 5-6。

表 5-6　跨境支付的基本流程

	1. 选择支付方式。用户可以选择多种跨境支付方式，如银行转账、第三方支付平台（如 PayPal、Stripe）、加密货币支付等。 2. 提供支付信息。向支付平台或银行提供相关的支付信息，包括收款人的姓名、账户信息、转账金额及币种等。 3. 货币兑换。如果支付中涉及不同货币，支付平台或银行将进行货币兑换，通常会收取一定的汇率差价。 4. 提交支付请求。用户确认支付信息后，提交支付请求。此时支付平台或银行会进行初步的风险评估。 5. 交易处理。支付平台或银行在后台处理交易，进行资金验证、清算和结算。根据选择的支付方式，处理时间可能会有所不同。 6. 确认与通知。一旦交易完成，用户和收款人将收到交易确认通知。资金会在一定时间内到达收款人账户。 7. 记录与对账。所有的交易记录将被保存，以便后续进行审计和对账

（三）支付相关的法律法规

1. 反洗钱法（AML）

反洗钱法（Anti-Money Laundering，AML）是各国政府和国际组织为防止洗钱行为而制定的一系列法律、规定和程序。这些法律旨在识别、追踪和阻止通过金融系统进行的非法资金转移，确保金融机构遵循高标准的合规要求，以保护经济和社会安全。其法要求支付提供商识别客户身份和监控可疑交易，以防范洗钱和金融犯罪。

2. 消费者保护法

消费者保护法是指一系列法律法规和政策，旨在保护消费者的合法权益，确保他们在购买商品和服务时的安全、公平和知情权。这些法律通常涵盖商品质量、价格透明、广告真实性、售后服务等多个方面，以确保消费者在跨境交易中享有特定权利，包括退款和纠纷解决机制。

3. 数据保护与隐私法

数据保护与隐私法是指一系列法律法规和政策，旨在保护个人数据的安全与隐私权。这些法律规定了如何收集、存储、处理和共享个人信息，以防止数据泄露和滥用，以遵循相关法律（如欧盟 GDPR），保护用户的个人信息和支付数据安全。

掌握以上相关知识将有助于学生更好地理解跨境支付的操作方式，确保在国际交易中能够安全、有效地进行资金转移。

三、任务实施

下面实操跨境支付流程的具体步骤，详细流程步骤如下：

（一）步骤一：确定支付需求

（1）明确支付目的，确认支付是用于国际贸易、个人汇款还是服务支付等。

（2）确定金额和币种，了解交易金额，并确认需要使用的货币。

（二）步骤二：选择支付方式

比较不同支付方式的手续费、到账时间、安全性等，选择最适合的方式（如 SWIFT 转账、PayPal、加密货币等）。

（三）步骤三：注册账户（若需要）

（1）开设账户，如果选择使用在线支付平台（如 PayPal、Stripe），则需要先注册账户并完成身份验证。

（2）提供必要信息，如姓名、地址、邮箱、银行信息等。

（四）步骤四：收集受款人信息

获取收款方的详细信息，包括：姓名或公司名称、银行账号（IBAN 或相应的格式）、银行名称和地址、SWIFT/BIC 代码（适用于国际银行转账）、其他必要信息（如收款人地址等）。

（五）步骤五：输入支付信息

（1）进入支付平台或银行系统，登录所选支付方式的系统。

（2）填写支付信息，输入受款人信息和支付金额，选择币种。

（3）查看汇率，确认实时汇率和交易费用。

（六）步骤六：确认交易细节

（1）核对信息，以确保所有输入信息（受款人、金额、币种等）准确无误。

（2）了解并确认将要支付的手续费。

（七）步骤七：进行支付授权

（1）选择支付方式，选择资金来源（如银行账户、信用卡等）。

（2）完成身份验证，根据要求输入相关密码、短信验证码或双重认证信息。

（八）步骤八：提交交易

（1）确认支付，在确认所有信息无误后，提交交易请求。

（2）记录交易凭证，保存交易确认页面或记录交易编号，以备后续查询。

四、任务评价

任务评价表见表 5-7。

表 5-7　任务评价表

	学习态度（20%）	团队合作（20%）	完成率（50%）	其他表现（10%）	小计（100%）	综合评价
小组评分（30%）						
个人评分（20%）						
老师评分（50%）						
综合得分（100%）						

知识拓展

一、跨境支付的历史

古代，商人通过“物物交换”进行跨国交易，随着时间的推移，银两、金币等成为主要的支付手段。在中世纪，商人开始使用汇票（类似于今天的支票），使得跨境交易更为便捷和安全。

二、科技驱动的转型

越来越多的跨境支付公司采用区块链技术，以提高交易速度和安全性。Ripple 就是一个利用区块链进行跨境支付的例子。随着人工智能与大数据的发展，一些支付平台利用人工智能（AI）和大数据分析来降低欺诈风险，优化用户体验。

三、文化差异与支付习惯

不同国家的支付习惯，在一些国家（如瑞典），现金使用率极低，几乎所有支付都通过电子支付完成；而在另一些国家（如印度），现金仍然是主要的支付方式。在一些特别的日子（如中国的“双十一”）商家会利用这一机会进行促销，会出现跨境支付量大增。

四、PayPal 的全球扩展

PayPal 作为全球领先的支付平台，其跨境支付服务已经覆盖了 200 多个国家和地区，支持 25 种货币。PayPal 的成功在于其用户友好的界面和强大的安全保障，使得消费者和商家能够方便地进行国际交易。特别是在跨境电商迅猛发展的背景下，PayPal 已成为许多小型商家的首选支付方式。

五、Wise（原名 Transfer Wise）

Wise 以其透明的汇率和低廉的手续费而受到广泛欢迎。它通过区块链技术和去中心化的网络模式，实现了快速且经济的跨境汇款。Wise 的成功之处在于它将传统银行的高昂费用和复杂流程简化为用户友好的体验，从而帮助全球用户更方便地进行跨境资金转移。

六、未来趋势

数字货币正在兴起，一些国家正在探索央行数字货币（CBDC），可能会彻底改变跨境支付的格局。随着技术的发展，未来的跨境支付可能会实现“无缝支付”，用户只需点击一次，系统即可自动完成所有汇款和兑换操作。

根据统计数据，2023 年全球移动支付用户数已超过 50 亿，显示出数字支付的广泛接受度。例如，支付宝和微信支付的用户数量在中国迅速增长，几乎覆盖了所有年龄段。预计到 2025 年，全球跨境电子支付市场将达到数万亿美元，成为金融科技领域的重要组成部分。

习题

（一）选择题

1. 以下哪种支付方式是跨境支付中常用的？（　　）

A. 信用卡　　B. 现金

C. 支票　　D. 电子钱包

2. 跨境支付中，哪种货币最常用？（　　）

A. 人民币　　B. 欧元

C. 美元　　D. 英镑

3. 在跨境支付中，SWIFT 系统主要用于（　　）。

A. 资金转账　　B. 物流跟踪

C. 货物清关　　D. 贸易融资

（二）填空题

1. 在跨境支付中，____________________是指通过金融机构进行的国际资金结算。

2. 跨境支付的主要参与者包括：支付发起方、支付中介和____________________。

（三）名词解释

1. 跨境支付

2. SWIFT

3. 外汇风险

（四）简答题

1. 请简述跨境支付的主要流程，并说明每个环节的重要性。

2. 结合实际案例，分析跨境支付中可能遇到的风险及其应对策略。

3. 讨论电子钱包在跨境支付中的优势和劣势。

任务二　跨境支付的风险与解决方案

一、任务描述

在全球化日益加深的背景下，跨境支付作为国际贸易和投资的重要组成部分，面临着诸多风险。为了保证资金的安全、高效及合规，了解这些风险并提出相应的解决方案显得尤为重要。该任务旨在深入分析跨境支付中的主要风险，并探讨有效地应对策略（见表5-8）。

表5-8　跨境支付的风险与解决方案任务描述

任务目标	梳理跨境支付中可能遇到的各种风险，包括但不限于外汇风险、合规风险、欺诈风险、技术风险等
	研究这些风险对企业和个人跨境支付的潜在影响，包括财务损失、法律责任和声誉损害等
	根据识别的风险，设计相应的解决方案和风险管理策略，以降低风险发生的概率和影响
任务要求	通过文献查阅、案例分析等方式，识别和分析跨境支付中的主要风险。 针对每种风险，评估其可能造成的影响程度
	1. 针对每种识别出的风险，提出切实可行的解决方案，包括技术手段、管理措施及合规策略等。 2. 考虑不同类型企业（如大型跨国公司、中小企业、个人用户）在跨境支付中面临的不同风险，并提出相应的解决方案
	1. 将研究结果整理成一份报告，内容包括风险识别、影响分析和解决方案设计。 2. 报告应简洁明了、逻辑清晰，并附上相关数据和案例支持

作业：提交一份全面的跨境支付风险分析报告，字数不少于3 000字。需要清晰的风险分类及影响评估，配合具体案例。针对每种风险的详细解决方案，具有可操作性。

二、相关知识

跨境支付的主要风险如下：

（一）外汇风险

1. 外汇风险的定义

外汇风险是指由于汇率波动而导致的金融损失的风险。在跨境支付和国际贸易中，规避外汇风险尤为重要，因为不同国家的货币价值会随时变化。这种波动可能会影响企业的利润、成本和现金流。

2. 外汇风险的类型

外汇风险分为交易风险、经济风险和翻译风险。其中，交易风险发生在外币交易后到实际结算的时间段内，汇率变化可能导致损失。经济风险发生在企业长期经营中，汇率变化可能影响其市场竞争力和未来现金流。翻译风险发生在企业在财务报表中将外币资产和负债转换为本币时，汇率变化可能导致财务报告价值的波动。

3. 外汇风险的影响

（1）汇率变化会直接影响以外币计价的收入和成本，从而影响企业利润。

（2）如果企业需要购买外币以支付外部供应商，则汇率上涨会导致成本增加。

（3）外汇风险可能影响企业的投资决策，尤其是在国际市场上。

4. 外汇风险管理策略

对冲——使用金融工具（如远期合约、期权等）来锁定汇率，减少未来汇率波动带来的不确定性。

多币种账户——开设多币种账户，以减少外汇转换的频率，从而降低风险。

自然对冲——通过在同一货币区内进行采购和销售，以抵消外汇风险。

（二）合规风险

1. 合规风险的定义

合规风险是指企业在经营过程中，由于未能遵守相关法律法规、标准或内部政策而可能导致的法律责任、财务损失或声誉损害的风险。在跨境支付和国际贸易中，规避合规风险尤为重要，因为不同国家和地区的法律法规存在显著差异。

2. 合规风险的来源

（1）法律法规变化。各国的法律法规会随时变化，企业需要及时了解和适应这些变化。

（2）国际制裁与反洗钱政策。不同国家对特定国家或个人的制裁政策可能影响交易的合法性。

（3）数据保护法规。随着欧盟 GDPR 等个人数据保护法规的实施，企业须确保客户数据的合规使用。

（4）内部政策不一致。企业内部的合规政策未能得到有效实施时，也可能导致合规风险。

3. 合规风险的影响

（1）法律责任。未遵守法律法规可能导致罚款、制裁或法律诉讼。

（2）财务损失。合规失败可能导致直接的财务损失及间接成本（如修复损害）。

（3）声誉损害。合规失误可能对企业声誉造成长期影响，从而影响客户和投资者对其的信任。

4. 合规风险管理策略

合规审查——定期进行合规审查，确保业务操作符合当地及国际法律法规。

员工培训——对员工进行合规培训，提高其对相关法律法规的认识和理解。

建立合规文化——在企业内部建立合规文化，鼓励员工报告潜在的合规问题。

使用合规技术——采用合规管理软件和数据分析工具，以提高合规监控的效率。

（三）欺诈风险

1. 欺诈风险的定义

欺诈风险是指由于欺诈行为导致的财务损失或声誉损害的风险。这种欺诈行为可能表现为多种形式，如财务报表欺诈、资产盗窃、网络欺诈等。无论是在企业内部还是外部，欺诈风险都可能对组织的财务状况和声誉造成严重影响。

2. 欺诈风险的来源

（1）内部欺诈。员工可能利用职务之便进行资产盗窃或财务报表操控。

（2）外部欺诈。客户、供应商或其他外部方可能通过各种手段对企业进行欺诈，如身份盗窃、虚假交易等。

（3）网络欺诈。随着数字化的普及，网络欺诈（如网络钓鱼、恶意软件攻击）的问题也日益严重。

（4）管理不善。企业内部控制薄弱、合规性不足或审计机制不健全，增加了欺诈发生的可能性。

3. 欺诈风险的影响

（1）财务损失。欺诈行为直接导致资金流失，影响企业的盈利能力。

（2）声誉损害。欺诈行为将严重损害企业的公信力和品牌形象。

（3）法律后果。欺诈行为可能引发法律诉讼，导致罚款和其他法律责任。

4. 欺诈风险管理策略

内部控制——建立健全的内部控制制度，确保财务和运营流程的透明性。

定期审计——进行内部和外部审计，以发现潜在的欺诈风险和不合规行为。

员工培训——对员工进行反欺诈培训，提高他们对欺诈行为的警惕性和识别能力。

举报机制——设立匿名举报机制，鼓励员工报告可疑活动并保护举报者的隐私。

（四）技术风险

1. 技术风险的定义

技术风险是指在使用技术或信息系统时，可能导致损失、故障或安全问题的风险。这些风险可能源于技术本身的缺陷、实施过程中的错误、外部攻击或技术环境的变化。技术风险通常与信息技术（IT）相关，但也可以扩展到其他技术领域。

2. 技术风险的来源

（1）软件缺陷。软件中的漏洞或错误可能导致系统崩溃或数据泄露。

（2）硬件故障。物理设备的故障（如服务器崩溃）可能导致服务中断或数据丢失。

（3）网络安全威胁。网络攻击（如黑客入侵、恶意软件）可能导致数据被盗或系统瘫痪。

（4）技术过时。由于技术快速发展，过时的系统和设备可能无法满足新的安全和性能需求。

（5）第三方风险。依赖外部服务或技术供应商可能引入额外的风险，如因供应商的安全漏洞而造成的风险。

（五）信用风险

1. 信用风险的定义

信用风险是指借款人或交易对手未能履行合同义务（如未按时还款或违约）所导

致的损失风险。在金融领域，信用风险通常涉及贷款、债券投资和其他信用交易。信用风险不仅影响金融机构，也会对企业和个人产生重要影响。

2. 信用风险的来源

（1）借款人违约。借款人因财务状况恶化而无法按时还款，导致贷款方面临损失。

（2）市场波动。宏观经济因素（如经济衰退、利率变化）可能影响借款人的偿债能力。

（3）信用评级变化。借款人的信用评级下降可能导致其融资成本上升，从而增加违约风险。

（4）行业风险。某些行业（如房地产、能源）可能面临更高的信用风险，受行业周期影响显著。

3. 信用风险的影响

（1）财务损失。违约可能导致直接的财务损失，从而影响贷款方的收益。

（2）资本充足率下降。银行和金融机构可能需要提取拨备以抵消潜在损失，从而影响资本充足率。

（3）声誉损害。信用风险事件可能影响金融机构或企业的市场声誉，从而降低客户信任度。

4. 信用风险管理策略

（1）信用评估——在放贷或投资前，对借款人进行全面的信用评估，分析其财务状况和信用历史。

（2）多样化投资——通过多样化投资组合来分散信用风险，降低对单一借款人的依赖。

（3）风险定价——根据借款人的信用风险水平调整利率或手续费，以补偿潜在的违约风险。

（4）监控与管理——对借款人进行持续监控，及时识别潜在的信用风险并采取相应措施。

（5）使用信用衍生品——利用信用违约互换（CDS）等金融工具进行风险对冲。

（六）政策风险

1. 政策风险的定义

政策风险是指由于政府或其他权威机构的政策变化而导致的潜在损失或不确定性。这种风险通常会影响企业的运营环境、投资决策和市场表现。政策风险源于多种因素，包括立法、监管、税收政策、贸易政策等的变化。

2. 政策风险的来源

（1）法律和法规变化。新的法律或法规的实施可能会改变企业的运营方式或增加其合规成本。

（2）税收政策调整。政府税收政策的变化（如增税或减税）会直接影响企业的利润和现金流。

（3）贸易政策。关税、配额和贸易协议的变化可能影响企业在国际市场上的竞争力。

（4）宏观经济政策。货币政策和财政政策的变化可能影响整体经济环境，从而影响企业的销售和盈利能力。

（5）社会和环境政策。政府在社会责任和环境保护方面的政策变化可能要求企业进行额外投资或调整其商业模式。

3. 政策风险的影响

（1）财务损失。政策变化可能导致额外的合规成本或税负，影响企业的盈利能力。

（2）投资不确定性。政策风险增加了投资决策的不确定性，可能导致企业的资本流出或投资减少。

（3）市场竞争力下降。政策变化可能影响企业在特定市场的竞争力，导致其市场份额下降。

4. 政策风险管理策略

（1）政策监测——定期监测相关政策变化，及时调整企业战略以应对潜在风险。

（2）合规管理——加强合规管理，确保企业始终遵循最新的法律法规，降低法律风险。

（3）多样化市场——通过多样化市场和产品组合来分散政策风险，降低对特定地区或市场的依赖。

（4）利益相关者沟通——积极与政府和其他利益相关者沟通，参与政策制定过程，争取有利政策。

（5）风险评估与应对计划——建立系统的风险评估机制，识别政策风险的潜在影响，并制定应对计划，以减少负面影响。

（6）使用保险——在某些情况下，企业可以购买特定的保险产品来保护自己免受政策风险的影响，如政治风险保险。

（7）灵活的战略规划——制定灵活的商业战略，能够使企业迅速适应政策变化，保持竞争优势。

（8）参与行业协会——通过行业协会参与政策倡导，推动建设有利于行业发展的政策环境。

三、任务实施

实施跨境支付的风险管理和解决方案需要系统的步骤和规划。下面是具体的实施步骤：

（一）步骤一：风险识别

（1）组建跨部门团队，包括财务、法务、IT 和运营部门，确保全面识别风险。

（2）列出潜在风险，如汇率风险、合规风险、网络安全风险、延迟风险和金融机构风险。

（二）步骤二：风险评估

（1）风险评分。对识别出的每种风险进行评估，考虑影响程度和发生概率，使用 1~5 评分制度。

（2）优先级排序。根据评分结果，对风险进行排序，优先处理高风险项目。

四、任务评价

任务评价表见表 5-9。

表 5-9　任务评价表

	学习态度（20%）	团队合作（20%）	完成率（50%）	其他表现（10%）	小计（100%）	综合评价
小组评分（30%）						
个人评分（20%）						
老师评分（50%）						
综合得分（100%）						

知识拓展

随着全球化进程的加快，跨境支付市场规模不断扩大。根据市场研究，预计未来几年内，跨境电商和国际贸易将推动跨境支付需求的持续增长。区块链为跨境支付带来了革命性变化，可提供去中心化、透明和不可篡改的交易记录，显著降低交易成本和时间。数字货币能够简化跨境支付流程，降低汇率风险，如比特币、以太坊等数字货币已逐渐被一些商家接受。在风险评估、欺诈检测和客户服务中，人工智能和机器学习等 AI 技术的应用提高了处理效率和准确性。

未来发展趋势会呈现以下一些特点：一是无现金支付的加速。随着消费者习惯的变化，越来越多的商家和消费者倾向于使用电子支付方式，推动无现金支付的普及。二是开放银行。开放银行战略允许第三方金融服务提供商通过 API 访问银行数据，这将增强跨境支付的灵活性和创新性。三是提升用户体验。提供个性化的支付解决方案和无缝的支付体验将成为支付服务提供商关注的重点。

跨境支付是全球经济一体化的重要组成部分，虽然面临多种风险，但通过适当的策略和技术手段，企业可以有效地管理这些风险，实现安全、高效的跨境交易。企业应关注市场动态、技术发展和消费者需求变化，灵活调整其跨境支付策略，以保持竞争力并抓住市场机会。未来，跨境支付将继续向更加简化、透明和安全的方向发展。随着科技的进步和市场的变化，企业需要保持敏锐的洞察力，灵活应对多变的环境，以实现可持续增长。

习题

（一）选择题

1. 跨境支付中，以下哪种风险主要与货币波动相关？（　　）

A. 信用风险　　B. 操作风险

C. 外汇风险　　D. 法律风险

2. 在跨境支付中，为了降低汇率波动带来的风险，企业可以采取哪种策略？（　　）

A. 选择固定汇率　　B. 延迟付款

C. 增加支付频率　　D. 选择不使用外汇

（二）填空题

1. 跨境支付的主要风险包括____________________。

2. 为了应对跨境支付中的信用风险，企业可以采取____________________等措施。

（三）名词解释

1. 跨境支付

2. 外汇风险

（四）简答题

1. 简述跨境支付中常见的风险类型，并举例说明。

2. 针对跨境支付的外汇风险，企业可以采取哪些具体的解决方案？请列举至少两种。

任务三　跨境物流的选择与优化

一、任务描述

随着全球贸易的不断发展，跨境物流在供应链管理中的重要性日益突出。企业在进行国际贸易时，选择合适的跨境物流方案不仅关系到成本控制，还会影响货物的运输时效与客户满意度。因此，本任务旨在深入分析跨境物流的选择与优化策略，以帮助企业提高物流效率和竞争力（见表 5-10）。

表 5-10　跨境物流的选择与优化任务描述

任务目标	明确跨境物流的定义、特点及其在国际贸易中的作用
	探讨影响跨境物流选择的主要因素，如运输方式、成本、时效、可靠性和目的地要求等
	探讨如何通过技术手段、流程优化和合作伙伴选择等方式，提高跨境物流的效率和降低成本
案例分析	选择典型的跨境物流案例，分析其物流选择与优化过程，从中提炼成功经验和教训

（一）查阅相关文献

了解当前跨境物流的研究现状和趋势，尤其应关注物流选择与优化的理论与实践。收集不同跨境物流方案的数据，包括运输时间、成本、服务质量等，以便进行比较分析。根据分析结果，设计一套优化的跨境物流方案，包括具体的运输方式选择、合作伙伴建议及流程改进措施。

（二）作业：撰写报告

将研究结果整理成报告，内容包括背景介绍、分析过程、优化建议及案例分析，在此基础上提出结论与展望。

下面是阿里巴巴的国际物流战略：

阿里巴巴集团在其国际化过程中，积极打造跨境物流网络，以支持其全球电商业务。尤其是通过旗下的菜鸟网络，阿里巴巴致力于构建一个高效的全球物流体系。菜鸟网络不仅与各国的物流公司合作，还投资建设海外仓储设施，以降低跨境电商的物流成本和提高运输效率。

2018 年，菜鸟网络在欧洲建立了多个智能物流园区，这些园区能够实现快速清关和高效配送，显著提升跨境电商的运营效率。通过这些措施，阿里巴巴不仅增加了全球用户的购物体验，还推动了中国制造商品的全球销售。

二、相关知识

（一）跨境物流的基本概念

1. 跨境物流

1）定义

跨境物流指在国际贸易中，涉及货物通过不同国家或地区的运输、存储和配送等环节进行的一系列物流活动。这些活动包括但不限于海关申报、货物转运、国际运输、仓储管理和配送等。

2）特点

（1）复杂性。跨境物流涉及多国法律法规、不同的贸易政策以及多样化的文化和商业环境。

（2）多样性。根据不同的货物类型、目的地和客户需求，跨境物流可采取多种方式和路径。

2. 物流链条

物流链条包括国际运输、仓储管理、订单处理、配送、清关等环节（见表 5-11）。每一个环节都会对整体物流效率和成本产生影响，优化每个环节是提高跨境物流效率的关键。

表 5-11 物流链条

国际运输	通过海运、空运、陆运等方式，将货物从出发地运输到目的地
仓储管理	在运输过程中，货物可能需要在中转仓库进行存储，以便调配和分配
订单处理	包括接收订单、拣货、打包和发货等环节
配送	将货物从仓库或分拨中心送到最终客户手中
清关	在进出口过程中，需办理海关手续，确保货物合法通关

（二）跨境物流的选择标准

1. 运输方式

运输方式优缺点见表 5-12。

表 5-12 运输方式优缺点

海运	优点：适合大宗货物，单位运输成本相对较低，适合长途运输。 缺点：运输时间较长，受天气影响较大，不适合紧急货物
空运	优点：适合高价值、急需货物，运输速度快，安全性高。 缺点：成本较高，货物体积和重量受到限制，不适合大宗商品
陆运	优点：适用于邻近国家的货物运输，灵活性高，能够快速响应市场需求。适合短距离运输，能有效降低运输时间。 缺点：受交通状况和天气影响较大，跨国运输可能需要多次转运，从而增加了复杂性

2. 成本因素

（1）运输费用。其包括物流服务提供商的收费、燃油费、过路费等。选择运输方式时，需要评估不同方式的费用结构。

（2）关税。根据目的地的政策，关税会直接影响货物的进口成本。了解目的地的关税政策可以帮助优化成本。

（3）保险费用。在跨境运输中，货物可能面临损坏或丢失的风险，合适的保险可以降低潜在损失。

3. 时效性

（1）运输时效。不同运输方式的时效差异显著，需要根据客户需求选择合适的运输方式。例如，空运适合需要快速交付的货物，而海运适合不紧急的订单。

（2）订单处理时间。这包括仓储、拣货和打包时间，优化这些环节可以提高整体物流效率。

4. 可靠性与安全性

（1）货物安全。选择物流提供商时，需要考虑其在运输过程中的安全记录和事故处理能力，包括货物损坏、丢失等风险。

（2）服务商信誉。选择信誉良好的物流公司可以降低风险，确保货物安全和及时交付。

（三）出口跨境电商物流模式

出口跨境电商物流模式是指在国际电子商务交易中，为满足消费者需求而开展的物流活动。随着全球电商的快速发展，越来越多的企业开始将商品出口到海外市场，而物流模式的选择直接影响到交易的效率和成本。下面是几种主要的出口跨境电商物流模式：

1. 直邮模式

直邮模式是指商家将商品直接从国内发货，经过海关清关后，直接邮寄到消费者手中。

（1）优点——简单易操作，适合小规模出口；可以减少中间环节，降低运营成本。

（2）缺点——运输时间较长，难以控制；受限于物流公司和航空运输的时效性。

2. 海外仓模式

商家在目标市场设立仓库，将商品提前送至海外仓库，消费者下单后从海外仓库发货。

（1）优点——缩短配送时间，提高客户体验；可以通过本地化运营降低物流成本。

（2）缺点——初期投资较高，需要承担仓储和管理成本；需要了解并遵循当地的法律法规。

3. 集成物流模式

将物流环节外包给专业的第三方物流公司（3PL），这些公司负责整个物流链条，包括运输、清关、仓储等。

(1) 优点——专业化管理，降低物流风险；提高物流效率，商家可以更专注于核心业务。

(2) 缺点——成本较高，尤其是对于小型企业来说，更是如此；依赖第三方，由此可能影响服务质量。

4. 跨境电商平台物流模式

依托大型跨境电商平台（如阿里巴巴、亚马逊等），通过平台的物流服务进行发货。

(1) 优点——平台提供的一站式服务，简单方便；利用平台的国际网络，可以获得更多的客户。

(2) 缺点——竞争激烈，利润空间可能受到影响；平台规则限制，商家自主性受限。

5. 分销物流模式

在目标市场选择当地的分销商或代理商，利用其物流网络进行商品的配送。

(1) 优点——可以快速进入市场，减少物流成本；分销商熟悉当地市场，有助于提高销售。

(2) 缺点——依赖分销商的业务能力和信誉，风险较高；利润分成可能影响整体收益。

6. 多渠道物流模式

通过多种渠道进行物流配送，如结合直邮、海外仓和第三方物流，以满足不同客户的需求。

(1) 优点——灵活性高，可以根据市场需求调整策略；能够覆盖更多的客户群体，提高市场份额。

(2) 缺点——物流管理复杂，需要协调多个渠道；可能导致成本上升，增加管理难度。

7. 市场导向物流模式

根据目标市场的特定需求和消费习惯为其量身定制物流方案，如针对特定国家的节假日促销活动。

(1) 优点——能够更好地满足消费者需求，提高客户满意度；增强市场竞争力，提升品牌形象。

(2) 缺点——需要进行市场调研和数据分析，从而增加前期成本；方案实施中需要灵活调整，从而增加管理负担。

(四) 选择合适的物流模式

在选择出口跨境电商物流模式时，企业需要考虑以下几个因素：

1. 目标市场特性

不同国家和地区的物流基础设施和消费者行为存在差异，企业须根据目标市场的特点选择合适的物流模式。

2. 产品特性

产品的类型、重量和体积等因素会影响物流成本和运输方式的选择。

3. 成本与时效

企业须平衡物流成本与配送时效，制定合理的物流方案，以提高市场竞争力。

4. 法律法规

各国的进出口法规、关税政策等会影响物流选择，企业须确保合规性。

出口跨境电商物流模式是影响国际交易成功的重要因素之一。随着全球电商市场的不断扩张，企业需要灵活运用不同的物流模式，以适应市场变化和消费者需求的多样化。在进入新市场之前，应进行充分的市场调研，了解目标市场的消费者习惯、物流基础设施和法律法规，以便选择最合适的物流模式。对不同物流模式进行成本效益分析，明确各模式的物流成本、时效和风险，选择最能提高竞争力的方案。借助专业的第三方物流（3PL）公司或当地分销商，可以降低风险并提高效率。选择信誉良好且经验丰富的合作伙伴有助于优化物流流程。跨境电商环境瞬息万变，企业应具备灵活应变能力，及时调整物流策略，以适应市场需求的变化。利用现代科技（如大数据、人工智能、区块链等）提升物流管理的效率和透明度，例如，通过数据分析预测物流需求，优化仓储和配送。优化物流流程以提升客户体验，包括提供多种配送选择、实时追踪订单状态、简化退货流程等，以满足消费者的期望。随着环保意识的增强，企业在选择物流模式时应考虑其对环境的影响，探索绿色物流选项，如使用可再生包装材料和低碳运输方式。

（五）物流未来演变趋势

数字化时代跨境电商物流将持续演变，以下几个趋势值得关注：

1. 智能化物流

自动化仓储、无人配送、智能算法优化运输路径等技术将逐渐普及，提高物流效率。

2. 本地化服务

更多企业将考虑在主要市场建立本地仓库，提供更快速的配送服务，提升客户满意度。

3. 绿色物流

随着可持续发展理念的深入人心，跨境电商物流将逐渐转向环保措施，包括使用可再生材料、优化运输路线以减少碳足迹等。

4. 区块链技术应用

区块链技术有助于提升物流透明度，增强供应链的可追溯性，降低欺诈风险，并提高跨境交易的安全性。

5. 个性化服务

随着消费者对个性化体验的追求，物流服务将更加注重定制化，提供个性化的配送选项和增值服务。

6. 多元化物流渠道

企业将探索更多元化的物流渠道，结合海运、空运、陆运等多种方式，以应对不同市场和客户的需求。

7. 数据驱动决策

利用大数据分析预测市场趋势和消费者行为，企业能够做出更精准的物流决策，提高运营效率。

出口跨境电商物流模式是一个动态发展的领域，企业在选择和实施物流策略时，应紧跟市场变化和技术发展趋势。通过合理运用不同的物流模式，企业可以在激烈的国际竞争中脱颖而出，从而实现更高的市场份额和客户满意度。不断探索和创新，将成为推动跨境电商物流持续发展的关键。

三、任务实施

通过模拟跨境物流的选择与优化过程，评估不同运输方式的适用性，并制定相应的物流方案。

（一）步骤一：确定产品与市场

（1）选择一款产品。例如，电子产品（如手机）或服装。

（2）确定目标市场。选择一个国家或地区（如欧洲、东南亚等）。

（二）步骤二：调研与数据收集

了解目标市场的需求：研究该市场对所选产品的需求量、竞争情况和消费者偏好。

（三）步骤三：收集物流信息

（1）运输方式的特点（如空运、海运、陆运）。

（2）各种运输方式的成本、时效和适用情况。

（四）步骤四：选择运输方式

（1）根据产品特性和市场需求，选择适合的运输方式。

（2）列出每种运输方式的优缺点。

（五）步骤五：制定物流方案

（1）确定最佳运输方式后，制定详细的物流方案，包括运输路线规划。

（2）预计运输时间和费用。

（3）所选择的物流服务提供者（如国际货代公司）。

（六）步骤六：成本分析

（1）进行成本计算，评估不同运输方式的总费用。

（2）考虑关税、保险、仓储等额外费用。

四、任务评价

任务评价表见表5-13。

表 5-13　任务评价表

	学习态度（20%）	团队合作（20%）	完成率（50%）	其他表现（10%）	小计（100%）	综合评价
小组评分（30%）						
个人评分（20%）						
老师评分（50%）						
综合得分（100%）						

知识拓展

一、海外仓

海外仓是指企业在目标市场国家或地区设立的仓储设施，用于存储和管理商品，并将其快速配送给当地客户。这一模式在跨境电商和国际贸易中越来越受到青睐，因为它能够显著提高物流效率、降低运输成本和改善客户体验。

（一）海外仓的优势

（1）缩短交货时间。通过在目标市场设立仓库，企业能够实现更快的订单处理和配送，通常可以将交货时间缩短至 1~3 天。这种快速响应对提升客户满意度至关重要，尤其是在电商领域。

（2）降低物流成本。海外仓可以集中存储大量商品，减少每次运输的成本。企业还可以利用当地的运输资源，以更低的运费将商品配送到客户手中。

（3）提升市场竞争力。借助海外仓，企业能够更好地应对竞争，及时满足市场需求，从而增强品牌的市场地位。

（二）海外仓的运作模式

海外仓的运作模式一般包括以下几个步骤：

（1）产品备货。企业将产品发往海外仓（通常选择目标市场附近的港口或物流中心）。

（2）库存管理。海外仓负责对存储商品进行管理，包括库存监控、分拣、打包等。

（3）订单处理。当客户下单后，海外仓根据订单信息迅速处理并发货。

（4）本地配送。通过当地的快递或物流公司，将商品及时送达客户手中。

（三）海外仓的挑战与解决方案

尽管海外仓带来了很多优势，但也面临一些挑战：

1. 库存管理复杂性

跨境电商企业在海外仓中需要处理多种商品，这对库存管理提出了更高的要求。对此，企业可以利用先进的软件系统进行库存管理，提高效率。

2. 法律法规

不同国家的法律法规差异可能给海外仓运作带来困难。企业应了解目标市场的法律要求，确保合规运营。

3. 高昂的初期投资

设立海外仓需要较大的固定投入，包括仓库的租赁、装修以及设备购置等。为了降低初期投资风险，企业可以考虑与当地物流服务商合作，利用其仓储设施进行合作运营，或者选择共享仓储模式。

（四）海外仓的未来发展趋势

随着全球电商市场的不断扩展，海外仓模式也在持续演变，未来可能呈现以下几种发展趋势：

（1）智能化仓储。借助人工智能、物联网和大数据，海外仓的管理将变得更加智能化。例如，利用自动化设备进行货物的存取、实时监控库存状态和预测市场需求，以此提升仓储效率。

（2）区域性仓库布局。企业可能会选择在特定区域内设立多个小型海外仓，而不是仅仅依赖一个大型仓库。这种布局可以更好地响应不同地区市场的需求。

（3）绿色仓储。随着可持续发展理念的普及，越来越多的企业将在海外仓中应用环保技术和材料，如使用可再生能源和环保包装，以减少物流过程中的碳排放。

（4）跨境电商平台的支持。许多跨境电商平台开始提供海外仓服务，帮助卖家更好地进入国际市场。这些平台可能会整合物流、支付和客户服务，形成一站式解决方案。

二、其他跨境物流

电商物流还有多种其他模式，各自适用于不同的市场需求和商业策略。下面是一些常见的物流模式：

（一）直邮模式

直邮模式（Drop Shipping）是商家在收到客户订单后，不直接处理货物，而是将订单信息转交给供应商，由供应商直接向客户发货。这种模式下商家无须持有库存，从而降低了运营成本和风险。

商家不需要持有库存，而是将客户订单直接转给供应商，由供应商负责发货。这种模式减少了库存风险，但对于供应商的发货速度和产品质量有一定依赖。表 5-14 为直邮模式的优缺点。

表 5-14 直邮模式优缺点

优点	缺点
1. 降低库存风险。商家无须提前购买和存储商品，从而避免了库存过剩或滞销的风险。 2. 启动成本低。商家可以较低的成本开始业务，适合创业者和小型企业。 3. 灵活性高。商家可以轻松调整产品线，增加或删除商品，而无需担心库存问题。 4. 时间节省。商家可以专注于市场营销、客户服务和业务发展，而不必负责仓储和物流管理	1. 依赖供应商。商家对于供应商的发货速度和产品质量有一定依赖，若供应商出现问题，则会影响商家的信誉。 2. 利润空间较小。由于竞争激烈，直邮模式的利润率通常低于传统零售模式。 3. 库存管理困难。商家无法实时掌握库存情况，可能出现客户下单后商品缺货等状况

（二）国内仓储模式

国内仓储模式主要包括传统仓储模式、第三方物流（3PL）仓储模式、智能仓储模式等。表5-15是对这些模式的详细介绍及具体案例。

表5-15 国内仓储模式特点

传统仓储模式	第三方物流（3PL）仓储模式	智能仓储模式
特点： 1. 主要由企业自建仓库，仓储管理完全由企业内部控制。 2. 适合大中型企业，能够满足企业自身的存储需求	特点： 1. 企业将仓储和物流管理外包给第三方物流公司，减少自身的管理负担。 2. 具有灵活性，能够根据市场需求快速调整	特点： 1. 利用物联网、大数据、人工智能等技术，实现仓储管理的自动化和智能化。 2. 提高了仓储效率，降低了人力成本
案例：某大型家电制造企业建立了自己的仓储中心，主要用于存储成品和零部件。通过自建仓库，企业能够更好地控制库存水平，降低仓储成本。但在高峰期，可能面临人力资源不足的问题	案例：京东物流作为一个第三方物流服务提供商，为许多电商和零售企业提供仓储服务。通过其遍布全国的仓储网络，京东物流能够快速响应市场需求，提供次日达服务，从而显著提升客户满意度	案例：阿里巴巴的“菜鸟网络”利用智能仓储技术，通过自动化分拣系统和无人仓库，实现了高效的库存管理和订单处理。菜鸟网络的智能仓储可以在极短的时间内完成订单的拣选和配送，从而大幅提高物流效率
冷链仓储模式	**多级仓储模式**	**共享仓储模式**
特点： 专门用于存储对温度要求严格的产品，如生鲜食品、药品等。 需要配备冷藏设备及温控监测系统	特点： 企业在不同地区设立多个仓储中心，通过多级配送网络实现快速配送和库存管理。 适合大规模运营，能够有效降低物流成本和提高配送效率	特点： 企业通过共享仓储资源来降低运营成本，适合中小企业或不定期需求的企业。 企业可以根据需要灵活选择仓储空间，避免资源浪费
案例：顺丰冷运专注于生鲜电商的仓储需求，其建立了多个冷链仓库，以确保产品在运输和存储过程中的温度控制。顺丰冷冻通过实时监测系统，能够确保仓储环境符合标准，从而提高生鲜产品的保鲜率和客户满意度	案例：拼多多利用多级仓储模式，在全国范围内建立了多个区域仓库和次级配送中心。通过将商品分散存储在靠近用户的仓库，拼多多能够更快地响应订单，从而大幅缩短配送时间	案例：某新兴电商平台与周边的小型仓储公司合作，采用了共享仓储模式。平台可以根据销售季节和订单波动灵活调整仓储空间，降低了在淡季时的仓储成本，同时在旺季时也能保证拥有足够的库存
直达仓储模式	**自动化仓储模式**	
特点： 1. 直接将产品从生产厂家送到仓储中心，减少中间环节。 2. 适合快速消费品和高周转率的商品	特点： 1. 采用自动化设备和系统，如自动化存取系统（AS/RS）、自动导引车（AGV）等，提升仓储效率。 2. 大幅减少人工操作，降低人为错误	

续表

直达仓储模式	自动化仓储模式
案例：某快消品公司与大型超市合作，采用直达仓储模式。生产的商品可被直接送到超市的配送中心，从而减少了仓储时间和成本，提高了商品的市场响应速度	案例：某大型零售企业在其主要仓库中引入了自动化存取系统。通过机器人和自动化设备，企业能够实现 24 小时无间断作业，显著提高了拣选和出货速度，降低了人力成本

（三）本地配送模式

本地配送模式是针对特定地域市场提供快速配送服务的物流解决方案，通常结合本地仓储设施，以实现高效的配送和更好的客户体验。该模式广泛应用于电商、生鲜、快消品、餐饮等领域，能够满足消费者对快速、便捷服务的需求。

1. 特点

本地配送模式能够在短时间内完成订单配送，通常在 1 小时到当天内。根据本地市场需求和订单量，灵活调整配送人员和车辆的配置。在主要市场区域建立仓储中心，缩短配送距离，提高配送效率；可以采用骑手送货、自动驾驶配送车、无人机等多种方式。

2. 关键组成部分

本地仓库——设置在城市中心或主要商业区，以方便进行快速拣货和配送。

配送网络——建立高效的配送网络，使用先进的调度系统优化配送路线。

信息系统——利用大数据和实时监控系统，提高订单处理速度和配送透明度。

3. 案例分析

1）美团外卖

美团外卖作为中国最大的外卖配送平台，致力于提供快速、便捷的餐饮配送服务。

（1）本地仓储：美团在各个城市设立多个配送站和临时仓库，存储热门餐厅的外卖食品，确保快速配送。

（2）快速配送：通过智能算法优化配送路线，通常可在 30 分钟内完成送达。

（3）多样化服务：除了餐饮配送，美团还将业务扩展到生鲜、快消品等领域，采用同样的本地配送模式。

美团外卖成功覆盖全国主要城市，提升了用户的满意度和复购率。这在一定程度上推动了本地餐饮行业的发展，增加了商家的曝光率和销售额。

2）京东到家

京东到家是京东旗下的本地配送服务，主要提供生鲜食品、日用百货等商品的快速送达服务。

（1）本地仓储：京东到家在各大城市设立了多个本地仓储中心，特别是在居民区附近，以便快速拣货和配送。

（2）快速配送：通过整合京东的物流体系，京东到家的配送时间通常控制在 1 小时之内，部分城市甚至可提供 30 分钟内送达的服务。

（3）智能调度系统：利用大数据分析和 AI 技术，京东到家能够实时监控库存情况和订单状态，自动匹配最优配送路线和配送人员。

由此，用户体验显著提升，复购率逐年上升。京东到家成功吸引了各类商家入驻，提供了一个便捷的平台，促进了本地经济的发展。

每种模式都有其优缺点，企业可以根据自身的业务特点和市场需求选择合适的物流模式。

习题

（一）选择题

1. 在跨境物流中，最常用的运输方式是（　　）。

A. 铁路运输　　B. 海洋运输

C. 空运　　D. 公路运输

2. 影响跨境物流成本的主要因素不包括（　　）。

A. 运输距离　　B. 货物类型

C. 目的地的天气　　D. 海关政策

3. 以下哪种物流模式最适合快速交付高价值商品？（　　）

A. 集装箱运输　　B. 空运

C. 陆运　　D. 海运

4. 在选择跨境物流服务提供商时，以下哪个因素最为关键？（　　）

A. 运输时间　　B. 服务费用

C. 客户评价　　D. 地理位置

（二）填空题

1. 跨境物流的主要环节包括____________________。

2. 在跨境电商中，____________________是指在不同国家和地区之间进行商品和服务的交换。

3. 选择合适的跨境物流方案时，需要考虑____________________、____________________和____________________等因素。

4. ____________________是跨境物流中用于处理海关手续并确保货物顺利通关的重要环节。

（三）名词解释

1. 跨境物流

2. 最后一公里配送

3. 海关清关

4. 供应链管理

5. 多式联运

（四）简答题

1. 简述跨境物流选择的关键因素。

2. 请解释为何海关清关在跨境物流中至关重要。

3. 如何通过技术手段优化跨境物流？

项目六　跨境网络营销的数据分析与优化

一家名为“环球风尚”的时尚品牌，专注于设计和销售高品质的服装和配饰。该品牌在国内市场取得了一定的成功，并决定拓展其业务到海外市场。为了实现这一目标，“环球风尚”启动了一系列跨境网络营销活动，包括社交媒体广告、电子邮件营销和在线影响者合作。

尽管投入了大量的资源和精力，“环球风尚”发现其海外营销活动的效果并不如预期，转化率低于行业平均水平，客户留存率也不理想。品牌团队面临以下几个关键问题：

1. 数据收集的挑战：如何收集和整合来自不同渠道和地区的数据，以便进行全面的分析？

2. 分析工具的选择：应该使用哪些数据分析工具来更好地理解市场趋势和消费者行为？

3. 营销效果的评估：如何评估当前营销策略的效果，并确定哪些方面需要改进？

4. 用户行为的深入理解：如何分析用户行为数据，以实现更精准地营销和提高用户参与度？

“环球风尚”需要一个系统的数据分析和优化流程来解决这些问题。首先，它必须确保能够从各种来源收集数据，并将其整合到一个中央数据库中。接着，它需要选择合适的数据分析工具来处理和解释这些数据。此外，它必须建立一套评估体系来衡量营销活动的效果，并根据分析结果不断调整策略。最后，深入的用户行为分析将帮助它更好地理解目标市场，并制定个性化的营销策略。

通过这个案例，我们可学习如何应用数据分析与优化的理论和工具，以解决实际的跨境网络营销问题。这不仅涉及技术层面的数据分析，还包括战略层面的决策制定。

项目任务书

任务编号	分项任务	职业能力目标	知识要求	参考课时
任务一	数据收集与整合	1. 数据管理能力：能够识别和选择适合的数据收集工具，对数据源进行评估和筛选。 2. 数据整合技能：掌握数据清洗、转换和加载（ETL）的过程，确保数据的一致性和准确性。 3. 数据库应用知识：理解数据库的基本概念，能够进行数据存储和管理	1. 数据收集技术：理解不同数据收集方法的原理和应用场景，包括在线和离线数据采集。 2. 数据预处理知识：掌握数据清洗、数据转换和数据整合的技术，包括处理缺失值、异常值和数据标准化。 3. 数据库管理：熟悉数据库的设计、操作和管理，能够使用 SQL 语言进行数据查询和操作	2
任务二	数据分析工具与方法	1. 数据分析软件操作：熟练操作至少两种数据分析软件，进行数据的导入、处理和分析。 2. 统计分析能力：运用描述性统计和推断性统计方法，对数据进行深入分析。 3. 高级分析技术应用：了解并应用机器学习和大数据分析技术，提高分析的深度和广度	1. 数据分析软件操作：熟练使用 Excel、SPSS、Python 等数据分析工具进行数据的导入、处理和可视化。 2. 统计学原理：理解基本的统计学概念，包括均值、方差、标准差、相关性和回归分析。 3. 高级分析方法：了解机器学习算法和大数据技术，如聚类分析、分类算法和数据挖掘技术	2
任务三	营销效果评估与优化	1. 营销指标理解：深入理解营销效果评估的关键指标，如转化率、点击率和 ROI。 2. 测试与优化策略：掌握 A/B 测试和多变量测试方法，能够设计实验并分析结果，提出优化建议。 3. 竞争对手分析技巧：能够收集和分析竞争对手的数据，制定有效的竞争策略	1. 营销指标分析：掌握关键营销指标的计算方法和评估标准，能够对营销活动的效果进行量化分析。 2. 测试设计能力：理解 A/B 测试和多变量测试的设计原则，能够根据业务需求设计测试方案。 3. 竞争情报分析：学习如何收集和分析竞争对手的公开信息，评估其市场策略和业务表现	2
任务四	用户行为分析与精准营销	1. 用户行为分析能力：掌握用户行为数据的收集和分析方法，识别用户需求和行为模式。 2. 用户细分与画像构建：能够根据用户特征进行细分，并构建详细的用户画像，为精准营销提供依据。 3. 精准营销策略制定：运用个性化推荐和定向广告技术，制定并实施精准营销策略	1. 用户行为分析理论：理解用户行为分析的基本概念，包括用户旅程、用户参与度和用户生命周期价值。 2. 用户细分技术：掌握用户细分的方法，包括基于人口统计学、行为特征和心理特征的细分。 3. 精准营销策略：学习如何根据用户行为和偏好制定个性化的营销策略，包括个性化推荐系统和定向广告的实施	2
职业素养目标		1. 培养专业技能，使学生能够熟练运用数据分析工具，独立完成数据驱动的营销策略制定。 2. 提升沟通能力，确保学生能够清晰有效地在多元文化背景下交流复杂的营销分析结果。 3. 强化团队合作与领导力，让学生在团队项目中展现协调与领导才能，推动项目成功实施		

任务一　数据收集与整合

一、任务描述

（一）任务描述

在当今数字化时代，跨境网络营销已成为企业拓展全球市场的关键策略。随着数据量的激增，如何有效收集、分析数据，并据此优化营销策略，成为企业面临的重要课题。本项目旨在通过数据分析提升跨境网络营销的效果，实现精准营销。

（二）案例引入

亚马逊作为全球知名的跨境电商平台，它在数据分析方面具有丰富的实践经验。通过利用消费者调研问卷数据，亚马逊能够深入了解消费者的购物行为和偏好，从而优化其产品推荐系统和提升用户体验。此外，亚马逊还通过分析竞争对手的销售数据和市场策略，不断调整自身的营销和物流策略，确保在激烈的市场竞争中保持领先地位。

二、相关知识

（一）数据收集的重要性

在跨境网络营销中，数据收集的重要性不容忽视，它对优化策略有着深远的影响。

1. 数据在跨境网络营销中的作用

数据收集是跨境电商数据分析的基础，它可帮助企业深入了解市场需求、用户消费行为以及产品性能。通过分析用户的购买行为、搜索关键词和消费偏好等数据，企业可以获得有价值的市场信息，从而有助于制定更具针对性的营销策略。例如，亚马逊通过收集用户在其网站上的所有行为数据，如页面停留时间、是否查看评论等，实现精准的个性化推荐和库存管理。

2. 数据收集对优化策略的影响

数据收集对优化跨境网络营销策略至关重要。它不仅可以指导企业制定个性化营销策略以增强用户黏性，还可以通过分析不同市场的消费者行为和产品需求来制定更科学的市场推广计划。此外，数据收集还有助于企业优化广告投放效果，即通过分析不同广告渠道的表现和投放效果，调整广告策略，提高广告效果和投资回报率。在实际操作中，某知名跨境电商平台通过深度挖掘用户数据和市场数据，成功在多个海外市场实现了拓展，并提供了个性化服务，优化了营销策略。图 6-1 为阿里巴巴营销中心提供的营销数据。

总之，数据收集是跨境网络营销的基石，它为市场洞察、用户行为分析和营销决策提供数据支持，是提升营销效果和竞争力的关键。

图 6-1　阿里巴巴营销中心提供的营销数据

（二）数据来源

在跨境网络营销中，数据收集的重要性体现在其对内部和外部数据源的依赖上，这些数据源共同构成了企业决策和策略优化的基础。

1. 内部数据源

内部数据源指的是企业自身在运营过程中生成的数据，这些数据通常包括用户行为数据、交易数据、产品反馈等。数据收集的来源包括社交媒体数据、SEO 数据、网站流量数据、购买行为数据、竞品数据等。这些数据可以通过工具（如 Google Analytics）收集，从而帮助企业深入了解消费者行为和偏好。此外，内部数据源还包括 CRM 系统中的客户信息和购买历史，这些信息有助于企业进行客户细分和个性化营销策略的制定。图 6-2 为某企业借助 CRM 系统获取的营销数据。

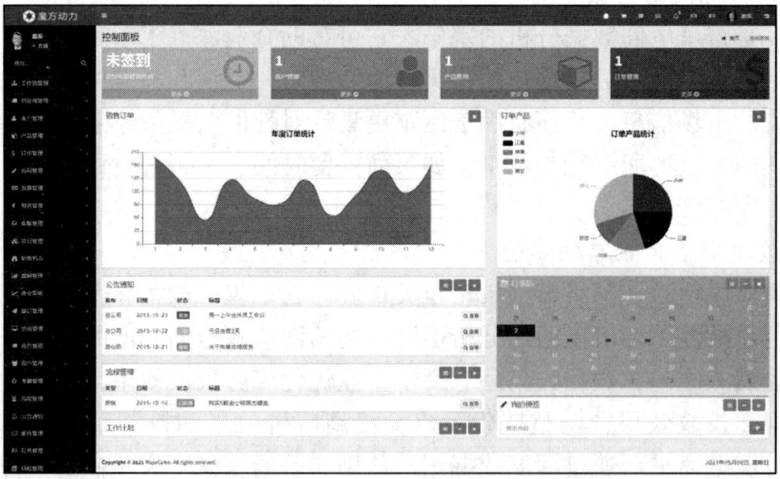

图 6-2　某企业借助 CRM 系统获取的营销数据

2. 外部数据源

外部数据源则涵盖了更广泛的市场和竞争情报，如行业报告、市场调研数据、社交媒体趋势分析等。通过外部数据，企业可以获得关于市场规模、增长趋势和消费者需求的宏观视角。例如，通过市场调研和社交媒体分析，企业可以识别目标市场的特点和消费者的具体需求。此外，外部数据源还包括竞争对手的公开信息，如价格策略、市场占有率等，这些信息对于企业制定竞争策略而言至关重要。图 6–3 为某行业协会发布的行业报告。

图 6–3　有关行业协会发布的行业报告

综合内部和外部数据源，企业可以更全面地理解市场和消费者，从而在跨境网络营销中做出更精准的决策和优化策略。通过这种方式，数据收集不仅提高了营销活动的效率和效果，也为企业在激烈的国际市场中保持竞争力提供了支持。

（三）数据整合策略

1. 数据清洗和预处理

数据清洗和预处理是数据整合策略的基础，涉及删除重复数据、处理缺失值、异常值等操作。这一步骤的目的是提高数据质量，确保数据的准确性和一致性。缺失值处理可以通过填充、删除或估计缺失值来完成；对异常值则通过识别和修正来保证数据的可靠性。数据预处理还包括数据转换，如对数变换、归一化等，以改善数据分布，提高数据分析和建模的效率（见图 6-4）。

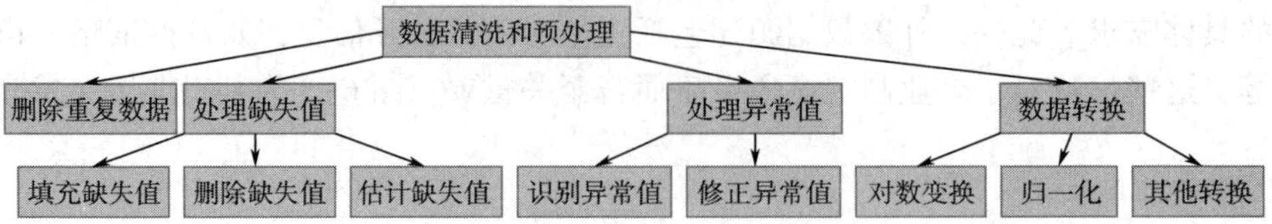

图 6-4　数据清洗和预处理的步骤

2. 跨平台数据整合方法

有效的跨平台数据整合方法能够连接不同的应用程序和数据库，实现它们之间的通信和数据交换。中间件、APIs、ETL 工具和数据虚拟化技术都是实现跨平台数据整合的关键技术手段。例如，ETL 工具可以将不同源的数据提取、转换并加载到统一的数据仓库中；数据虚拟化技术则允许实时访问和查询来自多个源的数据，无须移动或复制数据。

3. 数据库管理与维护

数据库的管理与维护对于确保数据整合策略的成功至关重要。这包括定期的数据备份与恢复、性能优化、安全控制以及监控分析。数据库维护的基本工作，如转储与恢复、安全性和完整性控制、性能监控分析和改进、数据库的重组和重构等，都是维护数据库健康状态的重要组成部分。数据库存储空间管理也是关键，需要根据数据增长预测空间需求，并及时调整存储资源。

通过这些策略，企业可以确保数据在整个组织中的流动性和可用性，同时保持数据的完整性和安全性。

（四）法律与伦理考量

1. 数据隐私保护

数据隐私保护是跨境网络营销中不可忽视的法律与伦理问题。企业在收集、存储、处理和传输个人数据时，必须遵循相关法律法规，保护用户隐私不被侵犯。根据《中华人民共和国个人信息保护法》等相关法律法规，企业需要明确告知用户数据收集的目的、范围及使用方式，并获取用户的同意。此外，企业还应建立相应的数据保护机制，采取必要措施保障数据安全，防止数据泄露、滥用或未经授权的访问。

2. 跨境数据传输的合规性

跨境数据传输的合规性是确保数据合法、安全流动的关键。企业在进行跨境数据传输时，不仅要遵守数据来源国的法律法规，还要符合数据接收国的法律要求。例如，根据《促进和规范数据跨境流动规定》，数据处理者在向境外提供数据时，需要进行安全评估、订立个人信息出境标准合同或通过个人信息保护认证等，以确保数据传输的合法性和安全性。同时，企业还应关注国际贸易中的数据流动规则，遵循相关的国际协议和标准，如欧盟 GDPR 等，以促进数据的自由流动，同时保护个人信息权益和国家安全。

企业必须在遵守法律法规的前提下开展数据相关活动，确保数据的安全、合法和合规使用。

三、任务实施

（一）任务目标

（1）数据收集技能掌握：学习并掌握从多个渠道获取高质量数据的方法。

（2）数据分析工具应用：熟练使用 Google Analytics 等工具，对数据进行深入分析。

（3）营销效果评估与优化：根据数据分析结果，评估并提出营销活动的优化建议。

（二）实施步骤

1. 数据收集与整合

（1）学习数据收集的基本原理和方法。

（2）实践从社交媒体、SEO、网站流量等多个渠道收集数据。

（3）掌握数据清洗和整合技术，形成统一的数据集。

2. 数据分析基础

（1）运用描述性统计分析数据的基本特征。

（2）探索性数据分析，识别关键营销指标和消费者行为模式。

3. 营销策略优化

（1）根据数据分析结果，评估现有营销活动的效果。

（2）提出基于数据的营销策略优化建议，如目标受众定位、广告投放优化等。

4. 项目实施与报告

（1）将所学理论知识应用于实际跨境网络营销项目。

（2）编制分析报告，清晰展示分析过程和优化建议。

（三）预期成果

（1）完成一份包含数据收集、分析和营销优化建议的实训报告。

（2）能够展示使用数据分析工具的技能，并能够解释数据分析结果。

（3）提出切实可行的营销策略优化建议，为跨境网络营销活动带来实际价值。

四、任务评价

评价标准见表 6–1。

表 6–1　评价标准

评价指标	评价内容	评价等级 （优/良/需改进）	备注
数据收集能力	学生能否全面、准确地从多个渠道收集数据		请给出具体的评价和建议
数据清洗与整合	学生在数据预处理、清洗和整合方面的能力		考虑数据清洗的彻底性和整合的准确性

续表

评价指标	评价内容	评价等级（优/良/需改进）	备注
描述性统计分析	学生运用描述性统计分析数据基本特征的能力		评价描述性统计的准确性和解释能力
探索性数据分析	学生识别关键指标和消费者行为模式的能力		评价探索性分析的深度和广度
数据挖掘技术应用	学生应用机器学习等数据挖掘技术的能力		评价技术应用的适当性和效果
营销策略优化建议	学生提出营销策略优化建议的创新性和实用性		考虑建议的可执行性和对营销的潜在影响
实训报告完整性	学生编制的实训报告的完整性和逻辑性		评价报告的结构、内容和逻辑连贯性
专业技能展示	学生展示使用数据分析工具和解释结果的能力		评价工具使用的熟练度和结果解释的清晰度
沟通与表达能力	学生在报告和讨论中沟通与表达的能力		评价沟通的清晰性和有效性
创新思维	学生在实训过程中展现的创新思维		评价创新思维的独立性和应用性

通过本实训任务，学生可深入理解跨境网络营销数据分析的重要性，掌握从数据收集到分析优化的全套技能，并能够在实际工作中灵活运用，提升自身的职业竞争力。

知识拓展

跨境网络营销数据分析的重要性与实践

一、数据分析在跨境电商中的作用

在全球化的今天，跨境电商已成为连接不同国家和地区消费者的重要桥梁。数据分析不仅能帮助企业洞察消费者行为，还在把握市场趋势、实现个性化营销和优化物流等方面起着至关重要的作用。

二、真实案例分析

（一）亚马逊的数据分析应用

亚马逊通过利用消费者调研问卷数据，深入分析消费者的基本属性、消费偏好和购物行为，从而优化服务和产品，保持其在跨境电商市场的领先地位。

（二）恒丰银行的大数据精准营销

恒丰银行通过打通内外部数据，运用人工智能技术打造个性化理财推荐系统，实现对客户需求和价值的预测，细分客群、精准触达，展示了大数据在金融行业营销中的应用。

（三）数据资产运营的全流程解析

从数据清洗到价值创造，企业如何通过细致的数据管理焕发数据资产的光彩。例如，电商平台通过精确的数据清洗和整合，避免因错误信息而导致的顾客体验下降和销售机会丧失。

（四）探索性数据分析（EDA）的实际应用

探索性数据分析帮助营销人员发现新的增长机会，优化营销活动，提高投资回报率。通过观察数据模式和关系，营销人员能够构建更强大的活动，与客户建立联系。

（五）Google Analytics 在营销策略中的应用

Google Analytics 作为强大的网络分析服务，提供了网站和应用程序用户行为的深入了解，帮助企业优化用户体验和营销策略。

（六）中国跨境电商市场的发展

中国跨境电商市场的快速增长，得益于市场需求的释放和政策的支持。相关企业（如跨境通、亚马逊和天猫等），利用政策优势在自贸区中发展业务；同时，快递公司和第三方物流也积极参与其中。

（七）数据策略案例分析

通过数据洞察指导营销自动化策略，企业能够在不同营销场景中制定有效的媒介策略和营销策略，提高采买效率，实现 ROI 最大化。

（八）探索性统计分析的应用

探索性统计分析能帮助分析人员发现数据中不易察觉的内在价值和联系，通过数据可视化技术将问题的答案图形化呈现，直观地发现数据中的有价值信息。

三、结论

数据分析已成为跨境网络营销不可或缺的一部分。通过真实案例的学习和分析，我们可以看到数据分析在不同领域的广泛应用，以及它在优化营销策略、提升用户体验和增强市场竞争力方面的巨大潜力。

习题

（一）选择题

1. 数据收集的主要目的是（　　）。

A. 进行数据存储　　B. 获取有用的信息

C. 进行数据分析　　D. 增加数据量

2. 以下哪种方式不属于定量数据收集方法（　　）。

A. 问卷调查　　B. 访谈

C. 实验　　D. 文献分析

3. 数据整合的主要挑战之一是（　　）。

A. 数据的准确性　　B. 数据的来源多样性

C. 数据存储容量　　D. 数据的可视化

（二）填空题

1. 数据收集的过程包括____________________、____________________和____________________三个步骤。

2. 在数据整合中，____________________是指将来自不同来源的数据合并成一个统一格式的过程。

3. ____________________是指在数据收集过程中，为了提高数据质量而采取的措施。

(三) 名词解释

1. 数据收集

2. 数据整合

3. 数据质量

(四) 简答题

1. 请阐释数据隐私与合规性问题。

2. 简述多渠道数据整合的挑战与策略。

3. 简述数据分析在提升用户体验和个性化营销中的应用。

任务二　数据分析工具与方法

一、任务描述

本任务专注于数据分析工具与方法的掌握与应用。本任务旨在培养学生对数据的洞察力，学会如何运用先进的数据分析工具来挖掘信息、识别模式，并据此做出明智的营销决策。学生将学习如何收集和处理大规模数据集，运用描述性统计分析来概括数据特征，利用推断性统计方法来预测市场趋势，并通过预测性分析来制定前瞻性策略。此外，任务二还将介绍高级分析技术，如机器学习算法，帮助学生理解复杂模型如何应用于用户行为分析和市场细分。通过实践操作，学生将熟悉 Google Analytics 等工具，掌握数据可视化技术，学习如何通过数据讲述故事，并为跨境网络营销活动提供数据支持和优化建议。

二、相关知识

（一）数据分析工具介绍

数据分析是跨境网络营销中的核心环节，它涉及一系列工具和方法，帮助营销人员洞察数据背后的故事，从而优化营销策略。本任务旨在引导学生熟悉并掌握数据分析的必备工具和技巧。

1. 常用数据分析软件

数据分析软件是进行数据挖掘和信息提取的重要工具。例如，Microsoft Excel 是一个功能强大的工具，广泛应用于数据整理、统计分析和图表制作。除此之外，SAS 软件以其强大的统计分析能力和用户友好的操作界面著称，适合进行复杂的数据分析和报告生成。又如 SPSS，它起初是为社会科学领域研究者设计的，但因其易用性和强大的分析功能，已被广泛应用于市场研究和数据挖掘。

2. 数据可视化工具

数据可视化工具能够帮助我们以图形的方式展示数据，使得数据分析结果更加直观易懂（见表 6-2）。Tableau 是一款领先的数据可视化工具，以其直观的拖放式界面和丰富的图表类型而受到用户的青睐。Power BI 作为微软推出的商业智能工具，结合了 Excel 的数据处理能力和数据可视化功能，非常适合快速创建交互式报表和仪表盘。另外，ECharts 作为一款开源的数据可视化库，支持 JavaScript 编程语言，能够在浏览器中生成高质量的图表和图形。

表 6-2　常见的数据可视化工具

工具名称	作用	优点	缺点
Excel	基础数据可视化，适用于入门级用户进行数据图表的制作	操作简单，用户基础广泛，提供基本的图表制作功能，是良好的内部沟通工具	可视化效果基础，样式选择有限，难以制作高级数据图

续表

工具名称	作用	优点	缺点
Tableau	强大的数据可视化工具，支持丰富的数据连接选项和直观的可视化界面	拖拽式操作，无须编程，强大的数据处理和分析功能，丰富的图表类型和模板	学习曲线陡峭，高级功能可能需要更多学习时间
Power BI	商业智能工具，集成 Excel 功能和云计算，支持多种数据源连接	丰富的可视化模板和自定义选项与其他微软产品无缝集成支持实时数据更新	界面相对复杂，对初学者而言可能会有一定的学习难度
D3. js	基于 JavaScript 的可视化库，提供高度定制化的数据可视化	高度的灵活性和定制性，丰富的视觉效果和交互功能，适合技术用户	学习曲线陡峭，需要编程基础，制作过程繁琐
ECharts	开源的 JavaScript 图表库，支持多种图表类型和丰富的交互功能	丰富的图表类型、灵活地配置选项、支持动态数据加载和交互	需要一定的技术背景
Plotly	开源的数据可视化框架，支持多种编程语言和数据源连接	可创建复杂且交互性强的图表，支持实时数据更新和数据交互，有丰富的图表类型	制作过程繁琐，需要具备编程基础

通过本任务的学习，学生应能够熟练运用这些工具，对跨境网络营销活动的数据进行收集、处理和可视化展示，从而为营销决策提供数据支持。

（二）数据分析方法

1. 描述性分析

描述性分析的目的是总结和描述数据集的特征。它通过计算中心趋势度量（如均值、中位数、众数）和变异度量（如方差、标准差、极差）来帮助我们理解数据的一般趋势和分布情况。此外，描述性分析还包括数据的频数分布、直方图、箱线图等可视化方法，这些方法有助于揭示数据的集中趋势、离散程度和分布形态。

2. 推断性分析

推断性分析用于根据样本数据推断总体特征。它通过抽样方法从总体中选择代表性的子集，然后利用统计工具如置信区间、假设检验等来估计总体参数。推断性分析使我们能够对整个数据集做出泛化的结论，这在不可能或不实际对整个数据集进行分析时尤其有用。

3. 预测性分析

预测性分析是一种利用历史数据和统计建模、数据挖掘技术以及机器学习相结合的方法，来预测未来事件或趋势。它使用分类模型、聚类分析和时间序列模型等技术，帮助企业识别风险和机遇。预测性分析在多个行业中有广泛应用，如银行业、医疗保健、人力资源、营销和销售以及供应链管理。

三种数据分析方法的对比见表 6-3。

表 6-3　三种数据分析方法的对比

分析方法	目的	使用场景	关键技术	结果应用	特点	局限性
描述性分析	总结和描述数据特征	数据概览、初步了解数据	中心趋势度量（均值、中位数、众数）、变异度量（方差、标准差）、数据可视化（直方图、箱线图）	提供数据的直观理解，发现数据规律和异常	简单易懂，快速提供数据概览	无法推断总体特征，仅限于描述样本
推断性分析	从样本推断总体特征	总体分析、泛化结论	抽样方法、置信区间、假设检验（t 检验、卡方检验）、回归分析	对总体进行估计和预测，制定基于数据的决策	能够对总体情况做出推断，适用于样本代表总体的情况	依赖样本的代表性，可能存在抽样偏差
预测性分析	预测未来趋势或结果	趋势预测、风险管理	机器学习算法（分类、聚类、时间序列）、统计建模、深度学习	预测未来事件，指导战略规划和资源配置	高度灵活，适用于处理大量数据和复杂模型	对数据质量和模型准确性要求高，解释性可能较差

（三）高级分析技术

1. 机器学习在数据分析中的应用

机器学习作为人工智能的一个分支，它通过数据学习和模式识别，帮助我们揭示数据背后的关联、规律以及未知信息。在跨境网络营销中，机器学习可以应用于预测销售趋势、客户细分和个性化营销。例如，通过历史销售数据，机器学习模型能够预测未来的销售情况，从而帮助企业制定库存和营销策略。此外，机器学习还能够通过聚类算法对客户进行细分，为不同群体制定个性化的营销策略，从而提高营销效率和客户满意度。

2. 大数据分析技术

大数据分析技术涉及海量数据的存储、处理和分析。它通过高效的算法和技术手段，如 MapReduce、分布式文件系统等，帮助企业处理大规模数据集。在跨境网络营销中，大数据技术可以用于用户行为分析、市场趋势预测、产品推荐等方面。例如，通过分析用户的浏览和购买行为，企业可以优化产品推荐系统，提升用户体验和购买转化率。同时，大数据分析还能够揭示不同市场和消费者群体的特点，帮助企业制定更加精准的市场定位和营销策略。

（四）数据解读与报告

1. 数据解读技巧

数据解读的技巧与应用场景见表 6-4。

表 6-4 数据解读的技巧与应用场景

技巧描述	应用场景示例	注意事项
数据清洗确认：检查数据集中的异常值和错误数据，并进行清洗	分析销售数据前，排除明显的错误记录	确保数据集的准确性和可靠性
多角度分析：从不同维度审视数据，以获得全面的理解	评估不同地区、年龄段用户的购买行为	避免单一视角导致的片面结论
相关性与因果关系：区分数据中的相关性，并不意味着因果关系	发现广告投入与销售额增加的关系，但不一定是因果关系	不要仅凭相关性就做出决策
趋势识别：在数据中寻找长期趋势或周期性变化	识别季节性产品的销售高峰	关注长期趋势而非短期波动
假设验证：使用数据来测试假设，以确认其有效性	验证营销活动对销售的具体影响	保持开放性，准备接受假设可能不成立
使用适当的统计方法：选择适合数据特性的统计测试来支持结论	使用 t 检验比较两组数据的均值差异	确保统计方法与研究问题相匹配
结合业务知识：将数据分析与业务逻辑和市场知识结合起来，以提高解读的准确性	考虑行业趋势和公司战略来解释销售数据	数据解读不能脱离实际业务背景
持续迭代：数据分析是一个持续的过程，应根据新的数据和反馈不断调整解读和策略	根据营销活动反馈调整后续计划	保持灵活性，适应数据的变化

2. 制作有效的数据分析报告

数据分析报告是将解读结果传达给团队和决策者的工具。下面是制作报告的关键步骤：

（1）明确报告目的：在报告开始前，明确报告的目标和预期的行动指导。

（2）结构化报告内容：采用清晰的结构，如摘要、背景介绍、方法论、结果展示、结论与建议等。

（3）数据可视化：使用图表、图形和表格等可视化工具，直观展示数据分析结果。

（4）解释数据：对数据图表和结果进行详细解释，确保无相关技术背景的读者也能理解。

（5）提供见解和建议：基于数据分析结果，提供可行的见解和建议，帮助企业实现目标。

（6）报告审阅和反馈：在最终提交前，对报告进行审阅，确保其准确性，并征求反馈以改进报告。

通过掌握数据解读技巧和制作有效的数据分析报告，能够有效地将复杂的数据转化为易于理解的信息，从而为企业的跨境网络营销决策提供支持。

三、任务实施

（一）任务描述

帮助学生通过实际操作来巩固对数据分析工具与方法的理解。学生将应用所学的数据分析技术，使用 Google Analytics 等工具，对给定的跨境网络营销数据进行深入分析，并提出基于数据的营销策略。

（二）任务目标

（1）掌握数据分析工具的基本操作。

（2）学习如何收集和处理跨境网络营销数据。

（3）运用描述性、推断性和预测性分析方法来洞察市场趋势。

（4）基于数据分析结果，提出优化营销策略的建议。

（三）任务完成步骤

（1）工具学习：学习如何使用 Google Analytics 等数据分析工具，包括数据收集、处理和可视化。

（2）数据收集：收集跨境网络营销活动的相关数据，如网站流量、用户行为、销售转化等。

（3）数据处理：对收集到的数据进行清洗、整合，确保数据质量。

（4）分析方法应用：运用描述性统计分析数据特征，使用推断性统计进行假设检验，应用预测性分析预测市场趋势。

（5）策略制定：根据分析结果，制定或优化跨境网络营销策略。

（6）报告撰写：编写分析报告，清晰展示分析过程和策略建议。

四、任务评价

评价标准见表 6-5。

表 6-5　评价标准

评价指标	评价内容	评价等级
工具掌握程度	学生对数据分析工具的熟练使用程度	优秀/良好/需改进
数据收集能力	学生收集跨境网络营销数据的全面性和准确性	优秀/良好/需改进
数据处理能力	学生在数据清洗和整合方面的能力	优秀/良好/需改进
分析方法应用	学生应用描述性、推断性和预测性分析方法的能力	优秀/良好/需改进
策略制定能力	学生基于数据分析结果提出营销策略建议的创新性和实用性	优秀/良好/需改进
报告撰写能力	学生撰写分析报告的清晰度、逻辑性和专业性	优秀/良好/需改进
创新性和创造性	学生在分析和策略制定中展现的创新思维和创造性	优秀/良好/需改进
团队合作	学生在团队项目中的协作和沟通能力	优秀/良好/需改进
总体表现	学生在任务中的整体表现和对知识的掌握程度	优秀/良好/需改进

知识拓展

一、亚马逊的跨境电商数据分析

亚马逊通过利用消费者调研问卷数据，深入分析消费者的基本属性、消费偏好和购物行为。这些分析帮助亚马逊优化服务和产品，保持其在跨境电商市场的领先地位。例如，根据消费者在网站上的行为数据（如页面停留时间和用户反馈），亚马逊能够实现个性化推荐和库存管理，从而提升用户体验和销售效率。

二、Google Analytics 在营销策略中的应用

Google Analytics 是一个强大的网络分析服务工具，它为跨境网络营销提供了用户行为分析和营销效果评估功能。通过 Google Analytics，企业可以追踪用户来源、分析用户互动度、评估广告投放效果，并据此优化营销策略。例如，企业可以通过分析用户获取渠道，了解哪些渠道带来的流量最多，从而调整营销资源分配，提高转化率。

习题

（一）选择题

1. 在数据分析中，以下哪种工具最常用于数据可视化？（　　）

A. Excel　　B. SQL

C. Python　　D. Tableau

2. 以下哪种方法主要用于预测未来趋势？（　　）

A. 描述性分析　　B. 诊断性分析

C. 预测性分析　　D. 规范性分析

3. 使用 Python 进行数据分析时，哪一个库是最常用的？（　　）

A. NumPy　　B. Django

C. Flask　　D. TensorFlow

（二）填空题

1. 数据分析的常用方法包括____________________。

2. 在数据分析中，____________________是指通过统计方法对数据进行总结和描述的过程。

3. 数据挖掘技术通常使用____________________算法来发现数据中的潜在模式。

（三）名词解释

1. 描述性分析

2. 预测性分析

3. 数据可视化

(四) 简答题

1. 请简要描述常用的数据分析工具，包括其主要功能和适用场景。

2. 请解释一下如何选择合适的数据分析方法，并提供一个具体的例子。

3. 数据分析中如何处理缺失值？请提供几种常见的方法。

任务三　营销效果评估与优化

一、任务描述

在本任务中，我们将深入学习如何量化和评估跨境网络营销活动的效果，并基于数据驱动的见解进行策略优化。

本任务的核心在于运用一系列评估指标，如转化率、点击率、投资回报率等，来衡量营销活动的成效。学生将实践如何收集关键数据，运用 A/B 测试和多变量测试来识别最有效的营销手段，并利用这些测试结果来优化广告投放、提升用户体验和提高用户参与度。此外，本任务还将涉及对竞争对手的分析，以了解市场地位和潜在的增长机会。通过本任务的学习，学生应能够运用数据分析技能，对营销活动进行全面评估，并制定出创新且有效的优化方案，以提高跨境网络营销的整体表现和 ROI。

二、相关知识

(一) 营销效果评估指标

1. 转化率、点击率等关键指标

转化率和点击率是评估营销效果的两个核心指标，它们直接反映了营销活动的吸引力和用户的参与度。转化率衡量的是访问者在参与营销活动后完成既定目标（如购买、注册或下载）的比例，点击率则关注用户对营销链接或广告的实际点击次数与展示次数的比例。通过对这些指标的持续追踪和分析，企业可以了解哪些营销渠道和策略最有效，从而有针对性地调整营销信息和投放策略。

2. ROI（投资回报率）的计算与分析

ROI 是衡量营销活动经济效益的关键财务指标，它通过比较营销活动的收益与成本来评估其盈利能力。

投资回报率的计算公式为：

$$ROI=\left(\frac{收益-成本}{成本}\right)\times100\%$$

一个正的 ROI 值表明营销活动产生了盈利，而负值则意味着亏损。企业需要深入分析 ROI，识别成本效益最高的营销渠道和方法，优化预算分配，确保每一分钱的投入都能带来最大的回报。此外，ROI 分析还可以帮助企业评估长期营销策略的效果，为未来的营销计划提供数据支持。

假设一家跨境电子商务公司在一次网络营销活动中投入了以下成本：广告费用：$10 000，促销活动成本：$2 000，员工成本（用于策划和执行活动）：$3 000，其他相关成本（如材料费、运输费等）：$1 000。

总成本(Cost)= $10 000(广告)+ $2 000(促销)+ $3 000(员工)+ $1 000(其他)= $16 000

这次营销活动为公司带来了以下收益：总销售额：$40 000

将上述数据代入公式中计算得到：

$$ROI=[(\$40\ 000-\$16\ 000)/\$16\ 000]\times100\%=150\%$$

这意味着公司在这次网络营销活动中每投入 1 美元，就可获得 1.5 美元的回报。150%的 ROI 表明这是一个盈利的活动，并且效率相当高。

这个例子说明了如何使用 ROI 来评估营销活动的效果，并帮助公司理解其营销投资的回报情况。在实际应用中，ROI 可以应用于不同的营销渠道和活动，帮助企业优化其营销策略和预算分配。

通过对这些营销效果评估指标的深入分析，将能够全面理解跨境网络营销活动的成效，并运用这些指标来指导营销策略的优化和调整。

（二）营销策略的优化

1. A/B 测试在营销优化中的应用

A/B 测试是一种实验方法，通过对比两个或多个版本（如 A/B 或 A/B/n）的营销策略，来确定哪个版本在特定指标上表现更佳（见图 6-5）。这种方法可以帮助营销人员了解不同元素（如广告文案、页面布局、CTA 按钮等）对用户行为的影响。在实施 A/B 测试时，关键是要确保只有一个变量在变化，以便准确测量其效果。例如，通过测试不同的 CTA 按钮颜色，可以发现哪种颜色更能提高点击率。

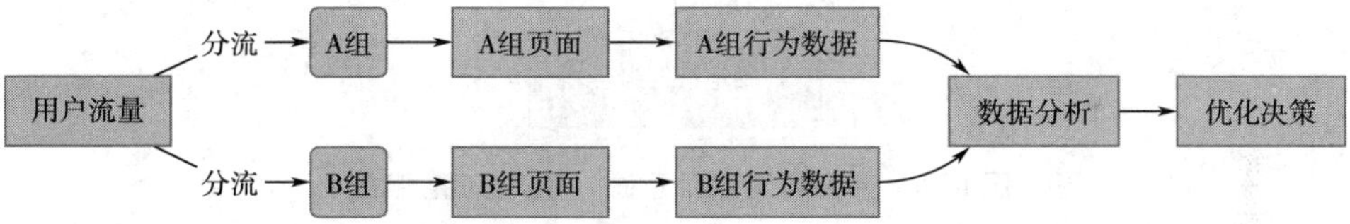

图 6-5　A/B 测试示意图（用户流量测试）

2. 多变量测试策略

多变量测试（MVT）是 A/B 测试的扩展，允许同时测试多个设计元素的不同变体（见图 6-6）。这种方法可以揭示不同元素之间可能存在的相互作用，以及它们对营销效果的联合影响。例如，在电商产品详情页的优化中，可以同时测试产品展示形式（图片或视频）和主要操作按钮的文案，以找到最佳的组合效果，从而使转化率最大化。

通过运用 A/B 测试和多变量测试策略，营销人员能够基于数据驱动的见解，科学地优化营销策略，提高营销活动的效果和投资回报率。这些测试方法不仅提供了对营销元素影响力的量化评估，还可帮助企业做出更加精准和有效的营销决策。

（三）竞争对手分析

1. 竞争对手数据分析

竞争对手数据分析涉及收集和分析有关市场上其他竞争者的相关信息。常用的竞争对手数据分析的维度与工具见表 6-6。

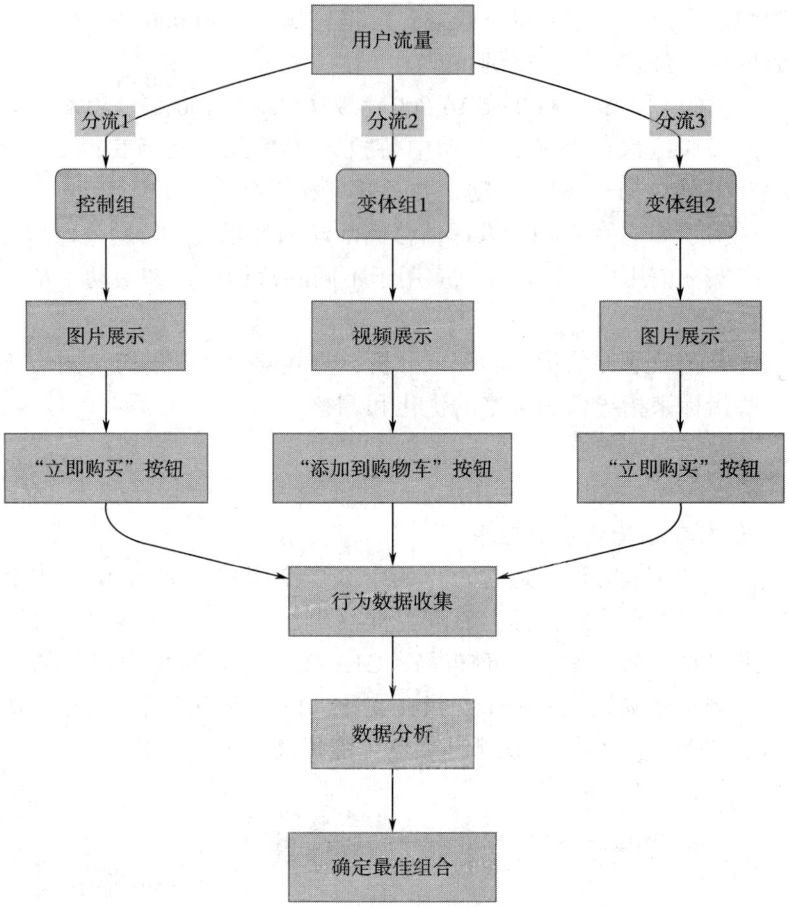

图 6-6　多变量测试示意图（用户流量测试）

表 6-6　竞争对手数据分析的维度与工具

分析维度	描述	目的	应用工具/方法
市场份额	了解竞争对手在市场中所占的比例和整体影响力	评估竞争对手的市场地位和潜在的市场机会	市场研究报告、销售数据
产品与服务	评估竞争对手提供的产品或服务的种类、质量、价格及客户体验	识别竞争对手的优势和不足，寻找差异化的切入点	产品比较分析、客户评价调研
营销策略	研究竞争对手的营销手段、广告宣传、促销活动和公关策略	学习竞争对手的成功营销实践，发现自身的营销机会	营销材料分析、广告监测工具
客户反馈	分析消费者对竞争对手品牌和产品的评价、建议和反馈	了解消费者需求和不满，提升自身产品和服务水平	社交媒体监听、在线评价分析
在线表现	通过工具分析竞争对手的网站流量、用户行为和转化率	评估竞争对手的数字营销效果，优化自身的在线营销策略	Google Analytics、SEMrush 等 SEO/SEM 工具

通过对这些数据的分析，企业可以识别竞争对手的优势和劣势，了解市场趋势，从

而在战略规划中获得先机。

2. 竞争策略的制定与调整

基于对竞争对手的深入分析，企业需要制定或调整自己的竞争策略：

（1）差异化：确定企业与竞争对手不同的领域，如独特的销售主张（USP）或特殊的客户服务。

（2）市场定位：根据目标市场的特点和需求，明确企业的市场定位。

（3）价格策略：制定有竞争力的价格策略，考虑成本、市场接受度和竞争对手的定价。

（4）产品创新：持续进行产品和服务的创新，以保持市场竞争力。

（5）营销组合优化：调整营销组合（产品、价格、地点、促销），以更好地满足市场需求和应对竞争。

通过不断监控市场和竞争对手的动态，企业可以灵活调整自己的竞争策略，以应对市场变化，增强自身的市场竞争力。同时，可学会如何通过分析竞争对手来优化自己的营销策略，这不仅涉及对数据的收集和分析能力，还包括基于这些数据制定战略的能力。

（四）持续优化流程

1. 建立反馈循环

建立反馈循环是确保营销活动能够不断自我完善和提升的关键步骤。这一过程包括以下几个方面：

（1）收集反馈：通过调查问卷、用户访谈、在线评论和客户支持反馈等多种渠道，收集用户对营销活动的意见和建议。

（2）数据分析：利用数据分析工具对收集到的反馈进行量化分析，识别常见问题和用户需求。

（3）评估效果：基于数据分析结果，评估营销活动的效果，以确定哪些方面表现良好，哪些方面需要改进。

（4）团队沟通：确保营销团队内部沟通畅通，将客户反馈和数据分析结果传达给所有相关部门和人员。

（5）制定改进措施：根据反馈和评估结果，制定具体的改进措施和解决方案。

2. 持续监控与调整

持续监控与调整是持续优化流程中的实际操作阶段，其目的是确保营销活动始终与市场趋势和用户需求保持一致。

（1）设定监控指标：确定关键绩效指标（KPIs），如转化率、点击率、用户留存率等，用以监控营销活动的表现。

（2）实时监控：使用营销自动化工具和分析平台实时监控营销活动的各项指标，以及时发现问题和机会。

（3）定期审查：定期审查营销活动的执行情况和效果，与设定的 KPIs 进行对比分析。

（4）灵活调整：根据监控结果和市场变化，灵活调整营销策略和活动内容，如更改广告投放渠道、优化广告创意等。

（5）记录和学习：记录每次调整的结果和影响，总结经验教训，从而为未来的营销活动提供参考。

通过建立反馈循环和持续监控与调整，企业能够确保其跨境网络营销活动始终保持活力和有效性，从而及时响应市场和用户的变化，实现持续改进和优化。

三、任务实施

（一）任务描述

本实训任务旨在教授如何评估跨境网络营销活动的效果，并根据评估结果进行策略优化。我们将学习使用各种分析工具，收集关键数据，并基于数据做出明智的营销决策。

（二）实施步骤

（1）选择营销活动：选择一个正在进行或已完成的跨境网络营销活动作为评估对象。

（2）确定评估指标：确定用于评估活动效果的关键绩效指标（KPIs），如转化率、ROI、用户参与度等。

（3）数据收集与分析：收集相关数据，并运用数据分析工具进行深入分析。

（4）竞争对手分析：评估竞争对手的市场表现，并识别其优势和劣势。

（5）策略优化建议：基于分析结果，提出具体的营销策略优化建议。

（6）实施优化措施：在教师的指导下，选择部分建议实施。

（7）效果跟踪与评估：对优化措施的效果进行跟踪，并评估其对营销活动的影响。

四、任务评价

评价标准见表 6-7。

表 6-7　评价标准

评价指标	评价内容	评价等级
指标确定能力	学生确定评估指标的合理性和全面性	优秀/良好/需改进
数据收集能力	学生收集数据的准确性和完整性	优秀/良好/需改进
数据分析能力	学生运用数据分析工具的能力及分析结果的准确性	优秀/良好/需改进
竞争对手分析	学生对竞争对手分析的深度和广度	优秀/良好/需改进
策略优化建议	学生提出的营销策略优化建议的创新性和实用性	优秀/良好/需改进
优化措施实施	学生实施优化措施的能力及效果	优秀/良好/需改进
效果跟踪与评估	学生对优化效果的跟踪和评估能力	优秀/良好/需改进

续表

评价指标	评价内容	评价等级
报告撰写能力	学生撰写实训报告的清晰度、逻辑性和专业性	优秀/良好/需改进
团队合作	学生在团队项目中的协作和沟通能力	优秀/良好/需改进
创新性和创造性	学生在实训过程中展现的创新思维和创造性	优秀/良好/需改进
总体表现	学生在任务中的整体表现和对知识的掌握程度	优秀/良好/需改进

知识拓展

2018年“双十一”期间，电商平台“飞漫网”策划了一场包括拼团、限时购、满减等多种形式在内的营销活动。这场活动的目的在于吸引更多的消费者，提高销售额。品牌经理通过销售额、网站访问量、页面停留时间等量化指标来评估活动效果，并结合用户购买行为和反馈进行深入分析，为未来的营销活动提供参考。

通过这些量化指标的评估，品牌经理可以更加准确地了解营销活动的效果。例如，通过对比历年“双十一”的销售额，可以清晰地看到此次活动的增长趋势。而网站的访问量和用户页面停留时间等数据能够反映出消费者对活动的关注度和兴趣程度。

此外，品牌经理还通过分析用户的购买行为、购买习惯以及用户的反馈和评价来了解消费者的需求和喜好，以及对活动的满意度和意见。这些深入的数据分析有助于“飞漫网”优化产品和服务，提高消费者的满意度和忠诚度。

通过多种方式和手段的量化指标评估，“飞漫网”得以更加有效地开展营销活动，并为消费者提供更好的产品和服务。最终，品牌经理需要进一步研究和优化这些活动，同时营销效果数据上的指标只是初步的，重要的是实际操作中的验证，以证明量化指标是否准确。

习题

（一）选择题

1. 在评估营销活动的效果时，最常用的指标是以下哪个？（　　）

A. 转化率　　B. 网站流量

C. 社交媒体关注者　　D. 邮件打开率

2. 以下哪种方法可以用来优化广告投放效果？（　　）

A. A/B测试　　B. SWOT分析

C. PEST分析　　D. 需求预测

3. 在进行市场细分时，通常可以根据以下哪种标准进行分类？（　　）

A. 地理　　B. 心理

C. 行为　　D. 以上皆是

（二）填空题

1. 营销效果评估的主要目的是____________和____________。

2. 通过分析____________，企业可以了解客户的购买行为和偏好，从而制定更有效的营销策略。

3. 在评估营销活动的投资回报率（ROI）时，公式为____________________。

（三）名词解释

1. 转化率

2. A/B 测试

3. 客户生命周期价值（CLV）

任务四　用户行为分析与精准营销

一、任务描述

在数字化时代，用户行为分析成为跨境网络营销中不可或缺的一环。本任务旨在教授学生如何通过分析用户在线行为、购买历史和交互数据来识别消费者的需求和偏好。学生将学习使用高级分析工具来跟踪和衡量用户行为，从而构建精细化用户画像。

通过对用户行为的深入理解，学生将掌握如何设计和实施个性化营销活动，这些活动旨在提高用户参与度、增强品牌忠诚度，并最终提升转化率。学生还将探讨跨文化差异对用户行为的影响，并学习如何根据不同地区和文化背景的用户特性来调整营销信息和策略。

任务的关键组成部分包括：

（1）用户行为数据收集：学习如何收集用户在不同触点的行为数据，包括网站、社交媒体和移动应用。

（2）行为模式识别：运用统计和机器学习技术来识别用户行为模式和趋势。

（3）用户细分：根据用户行为和偏好将用户分为不同的细分市场。

（4）个性化营销策略：基于用户细分和行为分析，制订个性化的营销信息和推广计划。

（5）跨文化营销考量：分析不同文化如何影响用户行为，并探索在多元文化环境中实施营销策略的方法。

（6）营销效果评估：评估精准营销活动的效果，并根据反馈进行优化。

通过本任务的学习，学生应能够将理论知识与实践相结合，提高自己在跨境网络营销领域的用户行为分析和精准营销能力。

二、相关知识

（一）用户行为分析基础

1. 用户行为数据的类型与价值

用户行为数据是指用户在数字环境中的各种活动记录，这些数据对于理解消费者的需求、偏好和决策过程具有极高的价值。数据类型见表 6-8。

表 6-8　用户行为数据的类型

用户行为数据类型	描述	数据价值
浏览行为	用户访问的网站页面、浏览的深度和停留时间	了解用户兴趣点和内容的吸引力
搜索行为	用户在搜索引擎或网站内部搜索的关键词	洞察用户需求和关注点
购买行为	用户购买的商品类别、频率、时间以及购买路径	分析用户购买模式和偏好

续表

用户行为数据类型	描述	数据价值
互动行为	用户在社交媒体上的互动，包括点赞、评论和分享	衡量用户参与度和社会影响力
反馈行为	用户对产品或服务的评价、建议和投诉	收集用户满意度和改进意见

这些数据的价值在于：

（1）市场洞察：揭示市场趋势和消费者偏好，为产品开发和市场定位提供依据。

（2）个性化推荐：根据用户行为模式提供个性化的产品推荐和服务。

（3）风险管理：识别潜在的客户流失风险，及时采取措施挽留客户。

（4）营销优化：评估营销活动的效果，指导营销资源的合理分配。

2. 用户行为分析的方法论

用户行为分析的方法论涉及如何收集、处理和解释用户行为数据，以得出有价值的商业洞察。其关键方法包括：

（1）定性分析：通过访谈、焦点小组和用户调研等方式收集深度信息，理解用户行为背后的动机和情感。

（2）定量分析：运用统计学方法分析用户行为数据，识别模式和趋势。

（3）聚类分析：使用机器学习算法将用户分为不同的群体，为细分市场策略提供支持。

（4）序列分析：研究用户行为的顺序模式，了解用户在转化路径上的行为习惯。

（5）情感分析：评估用户在社交媒体和反馈中的文本数据，了解用户的情感倾向。

通过这些方法论，企业可以：

构建用户画像：综合用户行为数据，创建详细的用户画像，包括用户的基本属性、行为特征和心理特征。

制定精准营销策略：基于用户画像和行为分析，设计有针对性地营销活动，提高营销的精准度和效果。

持续优化用户体验：根据用户行为反馈，不断优化产品和服务，提高用户满意度和忠诚度。

（二）用户细分与画像构建

1. 用户细分的标准与方法

用户细分是将用户群体根据不同的标准划分成具有相似特征的子群体的过程。细分的标准可以基于多个维度：

（1）人口统计特征：如年龄、性别、收入水平、教育背景等。

（2）行为特征：包括用户的购买频率、购买类别、使用习惯等。

（3）心理特征：如用户的生活方式、价值观、品牌偏好等。

（4）技术使用特征：包括用户对科技产品的熟悉程度和使用情况。

细分的方法包括聚类分析、因子分析等统计方法，以及基于用户行为数据的机器学习算法。通过细分，企业能够识别不同用户群体的特定需求和偏好，为制定差异化的营销策略提供依据。

图 6-7 展现了 2023 年亚马逊平台购物者的心理特征，图 6-8 则为其人口特征。

Psychographics

What else do we know about Amazon shoppers?

PSYCHOGRAPHIC	%	INDEX VS. ALL SHOPPERS
Finds ads entertaining	12%	101
Dines out 4+ times weekly	9%	98
Actively manages health	50%	98
Committed to organics	16%	98
Impulse buyer	21%	105
Homeowner	68%	100

图 6-7　2023 年亚马逊平台购物者的心理特征

Demographics

Who is shopping at Amazon and what are they like?

DEMOGRAPHIC	%	INDEX VS. ALL SHOPPERS
Gen Z [> 1996]	7%	101
Millennials [1982—1995]	27%	105
Gen X [1965—1981]	32%	106
Boomers+ [< 1965]	34%	91
Low Income (<$40k)	24%	96
Middle Income ($40 ~ $80k)	48%	104
High Income ($80k+)	28%	98
White/Caucasian	67%	102
Black or African American	13%	98
Hispanic/Latino	13%	94
Asian	6%	98
Other	2%	101
Female	75%	102
Male	24%	95
Other	1%	97
Rural	29%	102
Suburban	38%	100
Urban	34%	98

图 6-8　2023 年亚马逊平台购物者的人口特征

2. 用户画像的应用

用户画像是将用户细分的结果具体化，构建出具有代表性个体的虚拟形象。用户画像的应用包括：

（1）个性化推荐：根据用户画像，为用户推荐他们可能感兴趣的产品或服务。

（2）精准营销：利用用户画像中的信息，设计针对性的营销活动，提高转化率。

（3）风险管理：通过用户画像识别潜在的风险用户，进行风险预警。

（4）产品开发：依据用户画像的反馈，指导新产品的设计和开发。

用户画像的构建通常涉及多个数据源的整合，包括交易数据、行为数据、社交数据等，通过数据分析挖掘用户的特征和偏好。

图 6-9 为部分头部电商的用户画像。

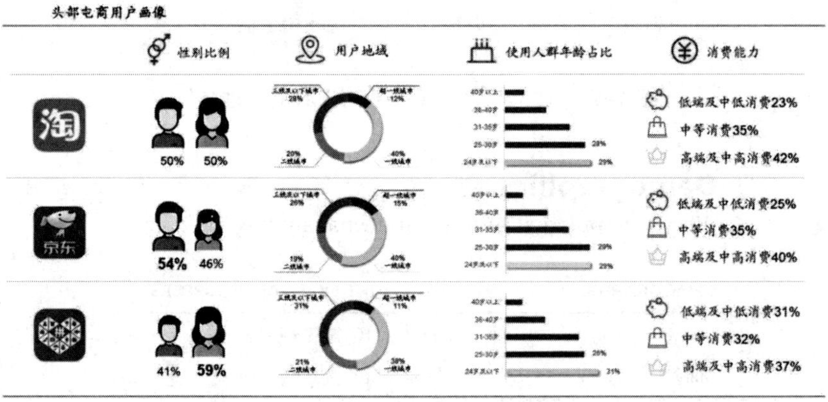

图 6-9　头部电商的用户画像

资料来源：易观千帆，艾瑞咨询，西南证券整理（消费能力数据截至 2020 年 5 月，使用人群年龄占比、用户地域分布、性别比例数据截至 2020 年 11 月）。

通过用户细分与画像构建，企业能够更深入地了解目标用户，实现从“一刀切”的营销策略向“千人千面”的个性化服务转变，从而提升用户体验和增强市场竞争力。

（三）精准营销策略

1. 个性化推荐系统的构建

个性化推荐系统通过分析用户的历史行为、偏好和反馈，为用户提供定制化的产品或服务推荐。这种系统通常基于协同过滤、内容推荐算法或深度学习技术，能够提高用户的购买转化率和满意度。例如，电商平台可以利用用户浏览和购买历史，通过机器学习算法预测用户可能感兴趣的商品，并在首页或搜索结果中优先展示这些商品。

2. 定向广告的设计与实施

定向广告利用用户数据和行为分析来设计有针对性的广告内容，并在合适的时间和渠道展示给目标用户群体。这包括使用地理位置、兴趣偏好、搜索历史等信息来优化广告投放。例如，通过社交媒体平台的定向广告功能，企业可以针对特定年龄段、性别或具有特定兴趣的用户展示产品广告。

通过个性化推荐系统和定向广告的结合使用，企业能够在跨境网络营销中实现更精准的用户触达，从而提升营销效果，增强用户体验，并最终提高销售业绩和市场竞争力。

（四）用户参与度提升

1. 用户参与度的衡量指标

用户参与度是衡量用户与产品或服务互动频率和深度的重要指标。关键指标如表 6-9 所示。

表 6-9　衡量用户参与度的关键指标

指标名称	描述	重要性与作用
活跃用户数（Active Users）	在一定时间内与产品或服务进行互动的用户数量	反映用户对产品或服务的兴趣和当前的用户基础规模
留存率（Retention Rate）	用户在一段时间后继续使用产品或服务的比例	显示用户对产品的忠诚度和长期价值
平均会话时长（Average Session Duration）	用户每次使用产品或服务的平均时间	衡量用户每次互动的深度和参与程度
用户访问频率（Visit Frequency）	用户在一定时间内访问产品或服务的次数	反映用户对产品的依赖性和习惯性使用频率
用户反馈和互动	用户在社交媒体、评论区等渠道的互动和反馈情况	了解用户满意度、产品改进点和用户的真实感受

2. 提升用户参与度的策略

提升用户参与度的策略需要从多个角度出发，具体包括：

（1）个性化体验：根据用户行为和偏好提供个性化的内容和推荐，增加用户的兴趣和黏性。

（2）优化用户体验：确保产品或服务的易用性和用户界面友好，减少用户的使用障碍。

（3）社区建设：建立用户社区，鼓励用户分享和交流，提高用户之间的互动性。

（4）激励机制：通过奖励、优惠、积分等激励措施，鼓励用户更频繁地参与。

（5）定期沟通：通过邮件、推送通知等方式与用户保持联系，提供有价值的信息和更新。

（6）用户反馈的及时响应：对用户的反馈和建议给予快速响应，并在产品或服务中体现改进。

通过这些策略，企业可以提高用户对产品或服务的参与度，进而增强用户忠诚度和品牌影响力。

（五）跨文化营销的考虑

1. 文化差异对用户行为的影响

文化差异是影响用户行为的关键因素。不同文化背景下的消费者在价值观、信仰、消费习惯等方面存在显著差异。例如，美国用户可能更倾向于个性化和自由度的产品，日本用户则可能更重视集体和谐与产品质量。企业需要对目标市场的文化特性进行深入研究，理解其消费心理和行为模式，从而设计出满足当地消费者需求的产品和服务。

2. 跨文化营销策略的制定

跨文化营销策略需要考虑文化差异对品牌传播、产品定位和市场推广的影响。企业应开展跨文化培训，提高营销人员对文化差异的认识和适应能力。产品设计应融合目标市场文化特色，以适应当地消费者的审美和使用习惯。此外，企业还可以采取本地化策略，如原料采购本土化和员工本土化，提高品牌的市场适应性和消费者认同感。

三、任务实施

（一）研究对象

选择一家跨境电商平台（如 Amazon Global Selling）作为研究对象，分析其用户行为并提出精准营销策略。

（二）实训任务描述

学生将分组对 Amazon Global Selling 的用户行为数据进行收集和分析，识别不同用户群体的特征和需求，设计个性化的营销策略，并评估其潜在效果。

（三）实施步骤

（1）用户行为数据收集：通过网络爬虫、API 或公开数据集收集用户行为数据。

（2）用户细分：基于用户行为数据，运用聚类分析等方法进行用户细分。

（3）用户画像构建：为每个细分群体构建详细的用户画像。

（4）精准营销策略设计：根据用户画像，设计个性化的营销信息和推广计划。

（5）营销策略评估：运用模拟或 A/B 测试等方法评估营销策略的潜在效果。

（6）报告撰写与展示：撰写分析报告，并通过 PPT 进行展示。

四、任务评价

评价标准见表 6-10。

表 6-10 评价标准

评价指标	评价内容	评价等级
数据收集能力	数据收集的准确性、完整性和创新性	优秀/良好/需改进
用户细分准确性	用户细分的合理性和准确性	优秀/良好/需改进
用户画像构建	用户画像的详细程度和实用性	优秀/良好/需改进
营销策略创新性	营销策略的创新性和针对性	优秀/良好/需改进
策略评估方法	营销策略评估方法的科学性和有效性	优秀/良好/需改进
报告撰写质量	报告的逻辑性、清晰度和专业性	优秀/良好/需改进
展示表达能力	PPT 展示的表达能力和吸引力	优秀/良好/需改进

续表

评价指标	评价内容	评价等级
团队合作	团队成员间的协作和分工	优秀/良好/需改进
总体表现	学生在整个实训任务中的表现	优秀/良好/需改进

知识拓展

用户行为分析与精准营销的实践应用

在跨境电商领域，数据分析不仅能帮助企业洞察消费者行为，而且是实现精准营销的关键之一。以亚马逊为例，其通过深入分析消费者的基本属性、消费偏好和购物闭环链路等行为特征，不断优化服务和产品，提升用户体验。亚马逊的优势在于其有竞争力的价格和个性化产品推荐功能，这些均基于对消费者行为的深刻理解。

然而，文化差异对用户行为有着显著的影响。肯德基在中国市场的成功本土化营销展示了文化营销策略的重要性。肯德基通过市场调研，了解并把握中国饮食文化和中国人的饮食习惯，不断创新产品，满足消费者多元化、多变的需求。肯德基的本土化营销策略不仅体现在产品上，还包括品牌定位与形象的本土化，以及尊重并融入本土文化。

精准营销的另一关键在于用户参与度的提升。通过数据分析，企业可以识别并优化消费者购物过程中的各个环节，从而提高用户满意度和忠诚度。例如，亚马逊通过分析消费者的购前、购中、购后行为，有针对性地提出优化建议，改善消费者的购物体验。

综上所述，跨境电商企业要实现精准营销，必须深入了解并尊重目标市场的文化差异，同时运用数据分析工具，从用户行为中获取洞察，不断优化营销策略和提升用户体验。通过这样的知识拓展，学生可以更全面地理解将用户行为分析与精准营销的理论与实践相结合的重要性。

习题

（一）选择题

1. 用户行为分析的主要目的是（　　）。

A. 提高广告预算　　B. 了解客户需求并优化营销策略

C. 增加产品种类　　D. 提高生产效率

2. 在精准营销中，常用的分析工具是（　　）。

A. SWOT 分析　　B. Google Analytics

C. PEST 分析　　D. Porter 五力模型

3. 通过用户行为分析，企业可以了解用户的哪种行为？（　　）

A. 用户的基本人口统计信息　　B. 用户的购买历史和偏好

C. 用户的社交媒体活动　　D. 以上皆是

（二）填空题

1. 用户行为分析主要通过________________和________________来收集数据。

2. 精准营销的核心在于________________和________________用户。

3. 一个有效的用户画像应包含用户的________________和________________。

(三) 名词解释

1. 用户画像

2. 精准营销

3. 转化漏斗

(四) 简答题

1. 简述用户行为分析的步骤。

2. 阐释如何利用用户行为分析来提升客户转化率。

3. 讨论大数据在用户行为分析中的作用。

项目七 跨境网络营销案例分析与实战演练

一家名为“E 环球”的中国电子商务公司，专注于将本土特色产品销售到海外市场。凭借其独特的产品和创新的网络营销策略，“E 环球”在亚洲市场取得了初步成功。然而，当公司试图进一步拓展到欧洲和北美市场时，却遭遇了一系列挑战。

“E 环球”拥有一系列高品质的手工艺品和特色食品，深受国内市场欢迎。公司利用社交媒体、搜索引擎优化（SEO）和电子邮件营销等手段，在亚洲市场建立了良好的品牌形象和客户基础。

在进入新的海外市场时，“E 环球”发现原先的营销策略效果不佳，面临以下问题：

1. 目标市场的消费者对产品认知度低。
2. 营销信息未能有效触达潜在客户。
3. 竞争对手已在当地市场占据主导地位。
4. 营销活动 ROI（投资回报率）低于预期。

“E 环球”需要重新审视和调整其跨境网络营销策略，包括深入了解目标市场的文化差异、消费者行为和竞争环境，以及评估现有营销渠道和方法的有效性。为此，该公司需要制定一套新的营销方案，以提高品牌知名度、吸引潜在客户，并最终提升销售业绩。

通过本项目的学习和演练，学生将置身于“E 环球”的营销团队中，学习如何分析市场环境、识别问题、制定策略，并实施优化跨境网络营销活动。学生可通过案例分析和实战演练，掌握跨境网络营销的关键技能和策略。

项目任务书

任务编号	分项任务	职业能力目标	知识要求	参考课时
任务一	成功案例分析	1. 识别和分析不同行业的跨境网络营销成功案例。 2. 提取成功要素并理解其应用场景。 3. 评估案例的策略创新性和执行效果	1. 了解不同行业的市场特点和消费者行为。 2. 掌握案例分析方法。 3. 学习成功营销策略的构成要素	4
任务二	失败案例分析	1. 识别跨境网络营销中的常见失败原因。 2. 分析失败案例并提出改进建议。 3. 学习如何从失败中吸取教训并制定风险管理策略	1. 了解跨境网络营销的风险和挑战。 2. 掌握失败原因分析方法。 3. 学习风险评估和管理技巧	2
任务三	实战演练：制定方案	1. 独立制定跨境网络营销方案。 2. 设定清晰的营销目标和 KPIs。 3. 掌握市场调研和策略制定的方法	1. 学习市场调研和分析的方法。 2. 掌握营销目标和 KPIs 的设定。 3 学习营销策略和预算的规划	2
任务四	实战演练：实施与优化	1. 实施跨境网络营销活动。 2. 运用数据分析工具监测活动效果。 3. 根据分析结果优化营销策略	1. 学习营销活动的实施步骤。 2. 掌握数据收集和分析技巧。 3. 学习营销策略的调整和优化方法	2
职业素养目标		1. 培养学生具有全球视野和文化敏感性，使其能够在多元文化环境中有效沟通和理解不同市场。 2. 提高学生的数据驱动决策能力，使其能够利用数据分析洞察市场并制定科学的营销策略。 3. 鼓励学生发展创新思维和终身学习的习惯，以适应快速变化的跨境网络营销领域		

任务一　成功案例分析：不同行业的跨境网络营销实践

一、任务描述

在本任务中，学生将深入探索不同行业中企业如何成功实施跨境网络营销策略。

本任务旨在通过分析一系列精选的成功案例，让学生理解跨境网络营销的核心要素和最佳实践。学生将学习如何识别和评估有效的市场进入策略、了解文化差异对营销活动的影响、掌握利用数字营销工具进行品牌推广的技巧，以及学习如何通过创新的营销手段吸引和保持海外客户。通过案例研究，学生应学会洞察成功企业的策略选择、执行过程和绩效评估方法，从而为自己将来在跨境网络营销领域的实践打下坚实的基础。

二、相关知识

（一）亚马逊的跨境网络营销

亚马逊作为全球知名的电商平台，在跨境网络营销方面有着丰富的实践经验。亚马逊通过其先进的物流系统、多元化的产品策略和本地化的市场适应，成功地在全球范围内扩展了其业务。亚马逊的成功在于其对不同市场的深刻理解和对消费者需求的精准把握。

1. 案例背景

亚马逊通过建立海外仓库、与当地物流服务商合作，实现了快速配送服务，从而大幅提升了消费者的购物体验。此外，亚马逊还根据不同国家和地区的消费习惯，调整其产品策略和营销手段，以满足不同市场的需求。

2. 成功原因分析

（1）强大的物流支持：亚马逊的全球物流网络确保了其跨境交易的高效性，缩短了配送时间，提高了客户满意度。

（2）本地化策略：亚马逊针对不同市场进行本地化调整，包括语言、货币、支付方式等，以更好地适应当地市场。

（3）丰富的产品线：亚马逊提供了从电子产品到日用品等各类商品，从而满足了不同消费者的需求。

（4）创新的营销手段：亚马逊运用大数据和人工智能技术进行个性化推荐，提高了转化率。

（5）优质的客户服务：亚马逊提供了全方位的客户支持，包括退换货政策和 24 小时在线客服。

3. 对中国企业的启示

亚马逊的案例启示我们，在跨境网络营销中，企业需要：

（1）构建高效的物流体系，确保快速配送。

（2）深入了解目标市场，实施本地化策略。

（3）提供多样化的产品，满足不同消费者的需求。

（4）利用技术创新，提升营销效果。

（5）提供卓越的客户服务，建立品牌忠诚度。

通过分析亚马逊的跨境网络营销实践，可以学习到如何在不同市场环境中制定和实施有效的网络营销策略，以及如何通过创新和本地化来提升品牌竞争力。

（二）SHEIN 的跨境网络营销

1. 案例背景

SHEIN 是一家中国的跨境快时尚电商平台，专注于为全球年轻女性提供时尚服饰。通过精准的用户行为分析和高效的网络营销策略，SHEIN 成功在全球市场占据了一席之地。

2. 成功原因分析

1）用户行为分析的基础

SHEIN 通过收集用户在网站上的浏览、搜索、购买等行为数据，运用数据分析工具进行深入挖掘。这些数据帮助 SHEIN 理解消费者的偏好和需求，从而优化产品推荐算法和库存管理。

2）精准营销策略的实施

基于用户行为分析的结果，SHEIN 实施了个性化的电子邮件营销和社交媒体推广策略。通过细分用户群体，SHEIN 得以向不同用户展示他们感兴趣的产品，从而提高转化率和用户忠诚度。

3）跨文化营销的考量

SHEIN 在不同国家和地区的市场采取了本地化的营销策略。例如，针对不同国家的消费者，SHEIN 调整了网站设计、产品风格和营销信息，以适应当地文化和审美偏好。

4）技术和创新的应用

SHEIN 不断利用最新的技术，如人工智能和大数据分析，来提升用户体验和运营效率。通过持续的技术创新，SHEIN 得以快速响应市场变化，推出符合消费者需求的新产品。

3. 给中国企业的启示

SHEIN 的案例展示了用户行为分析在跨境网络营销中的核心作用，以及基于数据分析的精准营销策略如何帮助品牌在全球市场取得成功。

通过 SHEIN 的案例，可以学习到如何运用用户行为分析来指导营销决策，以及如何通过精准营销提高品牌的市场竞争力。这个案例也强调了跨文化营销的重要性，以及技术在推动品牌发展中的关键作用。

（三）大疆创新（DJI）的跨境网络营销

1. 案例背景

大疆创新科技有限公司（以下简称“大疆”）成立于 2006 年，总部位于中国深圳。公司以研发和生产无人机系统为核心业务，凭借持续的技术创新，迅速成长为全球无人机行业的领军企业。

截至 2020 年，大疆在全球消费级无人机市场的占有率超过 70%。公司以其卓越的产品性能和创新能力，成为无人机行业的标杆，深受全球消费者的青睐。

大疆的全球化战略始于对海外市场的早期开拓。其公司在北美和欧洲市场取得成功后，进一步拓展到全球 100 多个国家和地区。大疆通过本地化运营策略，根据不同市场的需求和特点，提供定制化产品和服务，成功塑造了国际化品牌形象。

2. 成功原因分析

大疆的成功在跨境网络营销中可以归因于多个关键因素：

（1）技术创新与研发实力：大疆坚持以技术创新和产品研发为导向，关键技术、算法等均为自研，拥有强大的竞争壁垒。截至 2021 年 11 月，大疆累计申请专利 18 022 余件，其中 PCT 国际申请 5 000 多件，覆盖 65 个国家和地区。

（2）市场定位与品牌建设：大疆在海外市场从一开始就走高端品牌定位路线，许多海外用户并未意识到 DJI 是一个中国品牌。这种策略帮助大疆在国际市场上建立了强有力的品牌形象。

（3）本地化运营与差异化营销：大疆根据不同国家和地区的消费者需求偏好、使用习惯、流行趋势，采用差异化、本地化运营策略，不断打磨产品，收获了良好口碑。

（4）社交媒体与 KOL 营销：大疆在海外社交平台上表现活跃，累积了超过 1 000 万名粉丝。通过与知名 KOL 合作，以及在 Instagram、YouTube 等平台上的精心布局，大疆有效提高了品牌的国际知名度（见图 7-1）。

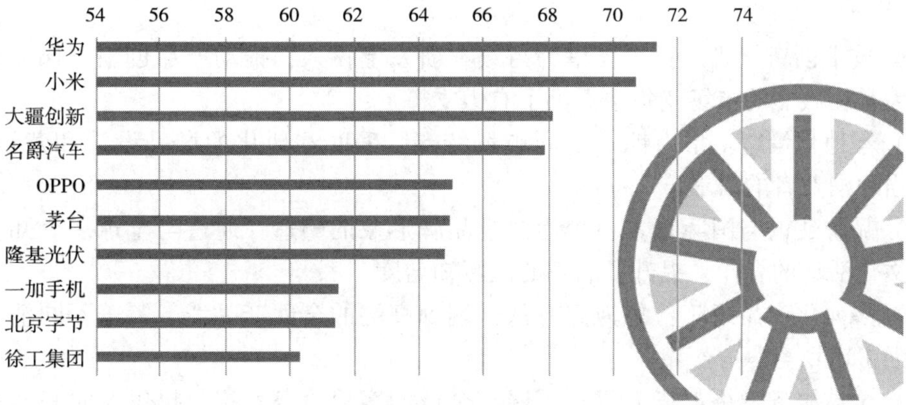

图 7-1 2023 年 8 月中国企业国际新媒体传播力指数 TOP10

（大疆创新在国际新媒体传播力中名列前茅）

资料来源：参考智库与中外传播智库。

（5）热点营销与事件营销：大疆擅长利用热点事件进行营销，如通过各种引人注目的新闻事件吸引公众关注，提升品牌在消费者心中的认知度。

（6）产品矩阵与行业应用拓展：大疆不仅注重消费级无人机市场，还利用自身技术积累，拓展行业应用，如农业、能源、公共安全等领域，提供专业解决方案。

（7）全球服务网络与技术支持：大疆建立了全球服务网络，提供及时响应的技术支持，从而提高了用户信任度和满意度。

（8）应对挑战与市场调整：面对诸如美国提高关税等挑战时，大疆通过调整策略，如提高产品价格，成功地将挑战转化为市场机遇，从而进一步巩固了市场地位。

通过这些综合策略，大疆在跨境网络营销中取得了显著成效，成为全球无人机行业的领军企业。

3. 对中国企业的启示

根据大疆的成果经验，中国企业应不断投入研发，积累核心技术，构建竞争壁垒；在跨境网络营销时，应注重品牌形象的塑造，通过高质量的产品和服务赢得消费者的信任；应深入了解目标市场，制定适应当地市场的营销策略；充分利用社交媒体和 KOL 营销，扩大品牌影响力；应把握时机，通过热点营销吸引公众关注；应灵活应对市场变化，及时调整营销策略。

（四）华为的跨境网络营销

华为的跨境网络营销成功案例是一个值得中国企业学习的例子。下面是案例背景、成功原因分析以及对中国企业的启示。

1. 案例背景

华为作为全球知名的通信和智能手机制造商，其在全球市场的成功得益于多方面的战略布局和营销策略。华为通过深入了解不同市场的文化、消费习惯和法律法规，采取了本地化的市场策略，成功地在多个国家和地区建立了品牌影响力。

2. 成功原因分析

（1）技术创新与研发投入：华为持续在研发上投入，推动产品创新，保持技术领先，这为其在激烈的市场竞争中提供了有力支撑。

（2）本地化策略：华为针对不同市场特点，采取本地化的产品设计和营销手段，以满足当地消费者的需求。

（3）品牌建设与国际形象：华为注重品牌形象的塑造，通过与全球多个知名体育赛事和文化活动的合作，提升了品牌的国际知名度。

（4）多元化产品矩阵：华为拥有从低端到高端的全面产品线，覆盖不同消费者群体，增强了市场竞争力。

（5）全球服务网络：华为建立了遍布全球的客户服务网络，提供及时高效的技术支持和售后服务，从而提高了用户信任度和满意度。

3. 对中国企业的启示

（1）持续创新：中国企业应不断加大研发投入，推动产品创新，以技术优势赢得市场竞争。

（2）市场本地化：深入了解目标市场，采取本地化的市场策略，包括产品设计、营销传播等方面。

（3）品牌国际化：注重品牌建设，通过国际合作和活动提高品牌全球影响力。

（4）产品多元化：构建多元化的产品矩阵，满足不同市场和消费者的需求。

（5）全球服务布局：建立全球服务网络，提供高质量的客户服务，提高品牌的国际竞争力。

华为的跨境网络营销成功案例为中国企业提供了宝贵的经验，特别是在技术创新、市场本地化、品牌建设和全球服务网络构建等方面。通过学习华为的成功经验，中国企业可以更好地开展跨境网络营销，提高自身的国际竞争力。

（五）徐工集团的跨境网络营销

徐工集团的跨境网络营销成功案例展现了其在全球化战略中的卓越表现，下面是案例背景、成功原因分析以及对中国企业的启示。

1. 案例背景

徐工集团，作为中国工程机械行业的领军企业，积极响应“一带一路”倡议，通过从“走出去”、“走进去”到“走上去”的战略步骤，成功拓展了国际市场。徐工集团已经在全球设立了39家子公司、330个海外经销商，产品出口至191个国家和地区，形成了出口贸易、海外建厂、跨国并购和全球研发“四位一体”的海外发展模式。

2. 成功原因分析

（1）国家政策支持：徐工集团充分利用国家改革开放政策，抓住了“一带一路”倡议带来的发展机遇。

（2）本土化战略：徐工集团实施深度本土化，建立了1+11+N的海外国际化体系，实现了研、产、供、销、服、融的本地化运营。

（3）服务化转型：徐工集团推动制造业与服务业的深度融合，提供全价值链服务，提高了全球竞争力。

（4）合规化管理：遵守当地法律法规，尊重当地文化，建立了完善的法务管理体系。

（5）数字化转型：通过“智改数转”项目，推动了智能化改造和数字化转型，提高了企业的运营效率和市场响应速度。

3. 对中国企业的启示

（1）积极响应国家战略：中国企业应积极响应国家对外开放政策，利用政策优势拓展国际市场。

（2）本土化经营：在海外市场深耕本土化战略，实现产品研发、制造、运营的本地化，以更好地适应和服务于当地市场。

（3）服务化发展：推动制造业向服务业延伸，提供整体解决方案，增强用户黏性和提高品牌忠诚度。

（4）合规经营：在海外经营中遵守当地法律法规，尊重当地文化，确保企业国际化的安全和稳定。

（5）数字化升级：加快数字化转型，利用先进的信息技术提升企业竞争力，实现高质量发展。

徐工集团的跨境网络营销成功案例为中国企业提供了宝贵的经验，尤其是在本土化经营、服务化发展、合规经营和数字化升级等方面。通过学习徐工的成功经验，中国企业可以更好地开展跨境网络营销，提升自身的国际竞争力。

三、任务实施

（一）任务名称

小米科技有限责任公司跨境网络营销调研。

（二）研究对象

小米科技有限责任公司成立于 2010 年 3 月 3 日，是专注于智能硬件、电子产品、芯片研发、智能手机、智能电动汽车、通信、金融、互联网电视及智能家居生态链建设的全球化移动互联网企业、创新型科技企业。

（三）实训任务描述

分析小米科技有限责任公司的跨境网络营销实践，识别其成功要素，并探讨其在全球不同市场的营销策略。

（四）实施步骤

（1）市场调研：收集小米科技有限责任公司在全球不同市场的销售数据和营销活动信息。

（2）成功要素分析：分析小米科技有限责任公司的技术创新、品牌建设、市场定位等成功要素。

（3）营销策略研究：研究小米科技有限责任公司在不同地区的营销策略，包括广告、社交媒体营销、KOL 合作等。

（4）文化差异考量：分析小米科技有限责任公司如何适应不同文化背景的市场需求。

（5）案例报告撰写：撰写案例分析报告，总结小米科技有限责任公司的跨境网络营销经验。

（6）成果展示：通过 PPT 等形式展示分析结果和学习心得。

四、任务评价

评价标准见表 7-1。

表 7-1 评价标准

评价指标	评价内容	评价等级
市场调研能力	调研的全面性和数据收集的准确性	优秀/良好/需改进
分析深度	对小米科技成功要素分析的深入程度	优秀/良好/需改进
策略理解	对小米科技营销策略的理解程度	优秀/良好/需改进
文化适应性分析	对小米科技适应不同文化市场策略的分析	优秀/良好/需改进
报告撰写能力	案例分析报告的逻辑性、清晰度和完整性	优秀/良好/需改进
展示表达能力	成果展示的表达能力和吸引力	优秀/良好/需改进

续表

评价指标	评价内容	评价等级
团队合作	团队成员间的协作和分工	优秀/良好/需改进
创新性和创造性	学生在分析和展示中的创新思维和创造性	优秀/良好/需改进
总体表现	学生在整个实训任务中的表现	优秀/良好/需改进

知识拓展

跨境网络营销的成功实践与策略

一、Anker（安客）

Anker 是安客创新旗下一家在国外市场高知名的中国智能充电品牌。它的成功在于通过提供高质量的产品和优秀的客户服务，赢得了全球消费者的信赖。Anker 的营销策略包括通过亚马逊、eBay 等大型平台进行销售，并通过社交媒体和网络营销提高品牌知名度。Anker 的案例说明了如何通过电商平台和网络营销，以及通过提供高质量的产品来建立国际品牌形象。

二、Realme

Realme 是一家专注于提供优质智能手机和 AIoT 产品的科技品牌，它的成功在于通过跨境出海战略，迅速在全球市场占据了一席之地。Realme 的营销策略包括通过本地化的产品开发和营销活动，以及通过社交媒体和网络营销吸引年轻消费者。Realme 的案例强调了跨境出海战略的重要性，以及如何通过本地化和网络营销来吸引目标消费者。

三、Alibaba

Alibaba. com 是中国最大的 B2B 电子商务平台，为全球数百万商家提供服务。在 COVID-19 疫情期间，Alibaba. com 通过创新的营销策略和优化的供应链管理，成功应对了全球贸易的挑战，实现了业务的持续增长。Alibaba. com 不断优化其平台功能，提供从展示、支付到交易和结算的全链路跨境贸易服务。在疫情期间，Alibaba. com 迅速适应市场变化，发展了多项战略以参与全球跨境电子商务的转型过程。Alibaba. com 拥有强大的供应链系统，确保了在疫情期间的物流效率和产品供应。平台利用先进的信息和通信技术，促进了不同国家和地区的在线交易。

通过分析这些国外企业的成功案例，我们可以得出一些对中国企业跨境网络营销的启示：

（1）利用社交媒体和 KOL 进行品牌推广，提高品牌知名度和用户黏性。

（2）通过电商平台和网络营销扩大市场覆盖，建立国际品牌形象。

（3）采取跨境出海战略，通过本地化的产品开发和营销活动来吸引目标消费者。

这些案例和启示为中国企业提供了宝贵的参考，可帮助它们更好地开展跨境网络营销，提升自身的国际竞争力。

习题

（一）选择题

1. 以下哪种营销策略最适合跨境电商？（　　）

A. 传统电视广告　　B. 社交媒体营销

C. 线下促销活动　　D. 邮件广告

2. 在跨境网络营销中，最重要的因素之一是（　　）。

A. 产品质量　　B. 物流速度

C. 文化适应性　　D. 价格竞争力

3. 哪种平台被广泛用于跨境电商的销售？

A. eBay　　B. Facebook

C. Instagram　　D. 以上皆是

（二）填空题

1. 跨境网络营销中，____________是指通过互联网进行的国际市场的推广和销售活动。

2. 在进行跨境营销时，了解目标市场的____________非常重要，以便制定合适的市场策略。

3. ____________是跨境网络营销中常用的支付方式，便于消费者在不同国家进行交易。

（三）名词解释

1. 市场定位

2. SEO（搜索引擎优化）

（四）简答题

1. 企业在进行跨境网络营销时应注意哪些法律法规？

2. 如何评估跨境网络营销的效果？

任务二　失败案例分析：问题与教训

一、任务描述

本任务将深入探讨一些跨境网络营销中的失败案例，以识别和理解导致这些失败的关键因素。本任务旨在通过分析这些案例中的问题，吸取教训，帮助学生在未来的营销实践中避免类似的错误。学生将学习如何评估和诊断营销策略的不足之处，包括市场研究不充分、目标定位不准确、文化适应性差、营销信息不恰当、技术应用失误等。通过对失败原因的深入分析，学生能够更好地理解跨境网络营销的复杂性，提高风险管理和问题解决的能力。此外，学生还将探讨如何从失败中恢复和重建品牌形象，以及如何利用这些经验来优化和调整营销策略，以实现可持续的国际市场发展。

二、相关知识

（一）环球易购的破产

1. 案例背景

环球易购成立于 2007 年，曾是中国跨境电商行业的先驱之一。借助海量铺货模式，环球易购迅速扩大规模，2014 年通过被百圆裤业收购实现借壳上市，后更名为跨境通。2017 年和 2018 年，环球易购营收均超过百亿元人民币，占上市公司总营收的很大比例，分别实现净利润 7.1 亿元和 2.47 亿元。

环球易购曾是跨境电商行业的领军企业，但由于对市场变化的应对不力和内部管理问题，最终走向破产（见图 7–2）。

图 7–2　媒体对环球易购的报道标题

资料来源：钛媒体官方网站。

2. 失败原因分析

（1）海量铺货模式的失效：环球易购早期依靠在第三方平台如亚马逊、eBay 上大量铺货迅速发展，但随着市场环境变化，这一模式不再有效。

（2）管理不善：公司内部管理混乱，缺乏有效的平台处理体系，导致无法进行精细化管理。

（3）资金链断裂：由于前期大量采购和银行大量抽贷，导致环球易购资金链出现问题，无法支付供应商货款。

（4）疫情冲击：新冠疫情对跨境电商行业造成巨大冲击，环球易购也未能幸免。

（5）市场定位失误：公司对市场趋势和消费者需求的判断失误，导致大量库存积压和产品滞销。

3. 对中国企业的启示

（1）适时调整经营模式：随着市场环境变化，企业应及时调整经营策略，避免依赖单一模式。

（2）加强内部管理：建立健全的管理体系，提高运营效率和决策质量。

（3）维护良好的资金流动性：保持健康的资金流动性，避免因资金链断裂导致运营困难。

（4）增强市场适应性：深入理解目标市场和消费者，灵活调整产品和服务以满足市场需求。

（5）重视品牌建设：构建自有品牌，提高品牌影响力和市场竞争力。

环球易购的破产案例给业界敲响了警钟，提醒企业在追求规模扩张的同时，更要注重经营质量和风险管理。

（二）四海商舟的衰落

1. 案例背景

四海商舟电子商务有限公司（以下简称“四海商舟”）曾是中国跨境电商行业的一家重要企业，于 2005 年创立。起初，其创始人通过 eBay 和独立站进行销售，随后转型为服务商，提供外贸营销整体解决方案。2010 年，四海商舟正式成立，并在当年获得了 IDG 资本 4 000 万美元的 A 轮投资。

四海商舟作为跨境电商服务商，由于缺乏持续的创新和对市场变化的适应，导致业绩持续下滑，最终不得不结束运营（见图 7-3）。

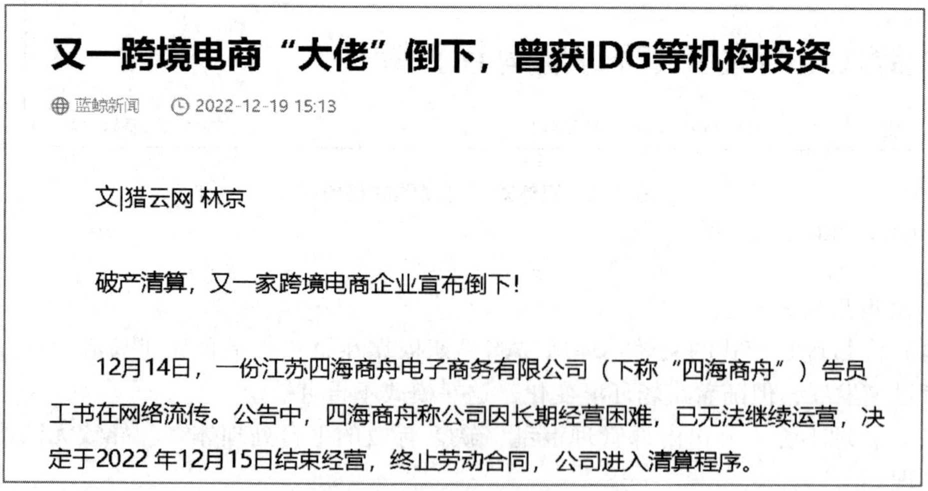

又一跨境电商“大佬”倒下，曾获IDG等机构投资

蓝鲸新闻　2022-12-19 15:13

文|猎云网 林京

破产清算，又一家跨境电商企业宣布倒下！

12月14日，一份江苏四海商舟电子商务有限公司（下称“四海商舟”）告员工书在网络流传。公告中，四海商舟称公司因长期经营困难，已无法继续运营，决定于2022 年12月15日结束经营，终止劳动合同，公司进入清算程序。

图 7-3　媒体对四海商舟的报道

资料来源：蓝鲸新闻。

2. 失败原因分析

（1）经营困难：四海商舟长期面临经营困难，最终无法继续运营，于2022年12月宣布结束经营，并进入清算程序。

（2）转型失败：2011—2012年，公司发展方向不明确，核心团队成员陆续离开，公司进行了大幅裁员。

（3）市场定位问题：虽然四海商舟尝试从卖家转型为服务商，但在后续发展中，其服务模式单一，缺乏持续的资本支持和市场适应性。

（4）行业竞争加剧：随着跨境电商平台推出全托管、半托管模式，代运营企业的价值空间受到挤压，生存压力加大。

3. 对中国企业的启示

（1）持续创新与适应市场变化：企业需要不断创新商业模式，适应市场快速变化，以避免因服务模式单一而失去竞争力。

（2）加强团队建设：保持核心团队的稳定性，以避免因人才流失导致企业发展受阻。

（3）注重品牌建设：在跨境电商领域，品牌建设是提升企业竞争力的关键，需要长期投入和维护。

（4）合规经营：随着全球电商平台规则收紧，企业需要加强合规建设，避免因违规操作而遭受处罚或损失。

（5）多元化风险管理：企业应建立全面的风险管理体系，预防和应对市场、政策、技术等多方面的风险。

四海商舟的案例为中国企业提供了宝贵的经验和教训，尤其是在持续创新、团队建设、品牌意识、合规经营和风险管理等方面。通过学习四海商舟的经验和教训，中国企业可以更好地在跨境网络营销领域稳健发展。

（三）Vova平台的倒闭

1. 案例背景

Vova是一个2018年成立的跨境电商平台，号称“欧洲拼多多”，其注册地在中国香港，总部位于伦敦。Vova以移动端为主，通过模仿拼多多的模式，主打低价商品，吸引了大量消费者，2019年成为法国下载量最大的购物App，其下载量在Google Play上一度破亿。但是，Vova平台因违规操作被欧盟举报，大量卖家账号被封，导致平台最终倒闭。

2. 失败原因分析

（1）仿牌违规操作：Vova平台上存在大量仿牌商品，这导致平台遭到欧盟的举报，中国监管部门也对此进行立案调查。平台因此关闭了数千家涉及仿牌的店铺，又引发了商家的大规模维权行动。

（2）资金流动性问题：由于大量店铺被封，Vova面临巨大的资金压力，无法按时给商家回款，招商经理集体离职，导致平台运营陷入停滞。

（3）监管风险：跨境电商企业在出海时面临不同国家的法律法规风险，Vova因未能有效管理平台上的仿牌问题，遭受监管打击。

3. 对中国企业的启示

（1）合规经营：中国企业在跨境经营时必须严格遵守当地法律法规，避免因违规操作遭受监管打击。

（2）品牌建设：依赖低价和仿牌商品的模式不可持续，企业应注重自主品牌的建设和创新能力的提升。

（3）风险管理：企业应建立全面的风险管理体系，对市场变化、政策调整等外部因素保持敏感，及时调整经营策略。

（4）多元化市场布局：避免过度依赖单一市场或平台，通过多渠道、多市场布局分散风险。

（5）资金流管理：保证现金流的健康，避免因资金链断裂导致运营困难。

Vova 的案例给中国企业敲响了警钟，提示跨境电商在追求快速增长的同时，必须注意合规经营和可持续发展的重要性。

三、任务实施

（一）实训任务

失败案例分析——Wish 平台的跨境挑战。

（二）研究对象

Wish，一个全球性的跨境电商平台，以其低价商品和移动端购物体验而闻名，但其在合规性、商家关系和市场定位方面在遭遇挑战。

（三）实训任务描述

分析 Wish 平台在跨境交易中遇到的挑战，识别问题所在，探讨其对企业运营的影响，并提出改进建议。

（四）实施步骤

（1）市场调研：搜集 Wish 平台的业务模式、市场表现和用户反馈。

（2）问题识别：识别 Wish 在跨境交易中遇到的主要问题，如商品质量、物流延迟、客户服务等。

（3）失败原因分析：分析导致这些问题的根本原因，包括平台政策、市场策略等。

（4）教训提取：从 Wish 的案例中提取教训，讨论如何提升跨境交易的合规性和客户满意度。

（5）改进建议：基于分析结果，提出改善 Wish 平台运营和用户体验的策略。

（6）报告撰写：撰写案例分析报告，清晰展示分析过程和建议。

（7）成果展示：通过 PPT 等形式向同学和教师展示分析结果。

四、任务评价

评价标准见表7-2。

表7-2　评价标准

评价指标	评价内容	评价等级
市场调研能力	对Wish平台和市场环境的调研深度和广度	优秀/良好/需改进
问题识别能力	能否准确识别Wish平台运营中的关键问题	优秀/良好/需改进
分析深度	对问题原因分析和理解的深入程度	优秀/良好/需改进
教训吸取	吸取的教训是否具有实际意义和应用价值	优秀/良好/需改进
改进建议质量	提出的改进建议的创新性、可行性和针对性	优秀/良好/需改进
报告撰写能力	报告的逻辑性、清晰度、完整性和专业性	优秀/良好/需改进
展示表达能力	成果展示的表达能力和吸引力	优秀/良好/需改进
团队合作	团队成员间的协作和分工情况	优秀/良好/需改进
创新性	学生在分析和展示中的创新思维和创造性	优秀/良好/需改进
总体表现	学生在整个实训任务中的表现	优秀/良好/需改进

知识拓展

泽宝创新科技的困境

一、案例背景

泽宝创新科技曾是深圳3C顶级大卖家，但因亚马逊大规模封号事件，其旗下多个主要品牌和店铺受到波及，导致业绩大幅下滑。

二、失败原因分析

泽宝的成功依赖于亚马逊平台早期铺货刷单模式，但这种模式存在高风险，一旦受到平台整顿，便会遭受重大打击。

企业对单一平台的过度依赖，缺乏多元化的市场布局和风险分散策略。

三、对中国企业的启示

（1）企业应减少对单一平台的依赖，探索多渠道、多市场布局，以分散风险。

（2）加强品牌意识和产品质量，通过合法合规的方式提升市场竞争力。

通过分析这些失败案例，中国企业可以学习到跨境网络营销中合规经营的重要性，以及在多变的市场环境中保持灵活性和创新性的必要性。同时，企业需要建立全面的风险管理体系，以应对各种潜在的市场和政策风险。

习题

（一）选择题

1. 以下哪项因素最常导致企业在跨境市场失败？（　　）

A. 产品定价过高　　B. 缺乏市场调研

C. 物流配送不及时　　D. 忽视社交媒体营销

2. 某品牌因未能适应当地文化而失败，该品牌的错误在于（　　）。

A. 价格竞争力不足　　B. 产品质量问题

C. 市场定位不当　　D. 推广渠道单一

3. 在进行跨境营销时，下列哪项是最重要的考虑因素？（　　）

A. 竞争对手的策略　　B. 产品的外观设计

C. 目标市场的法律法规　　D. 营销预算的大小

（二）填空题

1. 某知名品牌在进入中国市场时，由于未考虑__________________，导致市场反响不佳。

2. 在失败案例中，__________________是企业未能及时调整策略的主要原因之一。

3. 分析失败案例时，企业应重点关注__________________和市场反馈，以防止类似错误重演。

（三）名词解释

1. 失败案例分析

2. 文化适应性

（四）简单题

1. 企业在进行跨境网络营销时，如何避免市场定位失误（例如如何识别和适应目标市场的独特需求和偏好）？

2. 在不同国家和地区开展业务时，企业如何确保其营销活动遵守当地的法律法规，避免因合规性问题遭受处罚或损失？

3. 跨境电商企业在面对复杂的国际物流环境时，应如何优化物流策略以减少成本、提高效率，并保证客户满意度？

任务三　实战演练：制定跨境网络营销方案

一、任务描述

学生须将所学理论知识应用于实践，制定一份全面的跨境网络营销方案。本任务要求学生首先对目标市场进行深入分析，包括市场趋势、消费者行为、文化差异和竞争环境。基于这些分析，学生需要确定明确的营销目标和 KPIs，选择适合的营销渠道和策略，如社交媒体营销、内容营销、电子邮件营销和付费广告等。然后，学生将设计具体的营销活动，包括创意构思、信息传播和促销策略。同时，学生还将学习如何制定预算计划，确保营销活动的经济效益。最后，学生需要制定一套详细的执行计划，包括时间表、责任分配和风险管理措施。通过本任务的学习，学生应能够提升自己的创新思维和战略规划能力，从而为将来在复杂多变的国际市场中开展有效的网络营销活动打下坚实基础。

二、相关实践

制定跨境网络营销方案可以按照以下流程安排：

（一）市场分析

（1）目标市场的宏观经济分析。

（2）行业趋势和市场潜力评估。

（3）竞争环境分析，包括竞争对手的策略和市场占有率。

（二）目标市场选择

（1）确定目标市场的标准和依据。

（2）分析不同市场的吸引力和进入障碍。

（三）消费者行为研究

（1）目标市场的消费者行为特征。

（2）跨文化消费者行为的差异。

（四）营销目标设定

（1）明确营销活动的目的和预期成果。

（2）确定关键绩效指标（KPIs）。

（五）营销策略制定

（1）产品定位和品牌策略。

（2）定价策略，应考虑不同市场的接受度和购买力。

（3）分销渠道选择，包括线上线下融合策略。

（六）营销渠道和工具选择

（1）选择合适的网络营销渠道，如社交媒体、搜索引擎、电子邮件等。
（2）营销工具和技术的应用。

（七）内容营销计划

制定内容营销策略，包括内容创作、发布计划和优化措施。

（八）社交媒体营销策略

利用社交媒体平台提高品牌影响力和用户参与度。

（九）广告和推广活动设计

（1）设计有效的在线广告和推广活动。
（2）运用 A/B 测试等方法优化广告效果。

（十）预算计划和资源分配

（1）制订营销活动的预算计划。
（2）开展资源分配和成本效益分析。

（十一）执行计划

（1）制订详细的营销活动执行计划。
（2）落实时间表、任务分配和进度控制。

（十二）风险评估与管理

识别潜在风险和制定相应的风险管理策略。

（十三）监测、评估与调整

（1）实施过程中的监测和评估方法。
（2）根据反馈进行策略调整。

（十四）实战演练

（1）学生分组进行案例分析或模拟演练。
（2）制定和展示自己的跨境网络营销方案。

（十五）案例研究

（1）分析成功和失败的跨境网络营销案例。
（2）从案例中提取经验和教训。

图 7-4 为跨境网络营销实战演练的流程与内容。

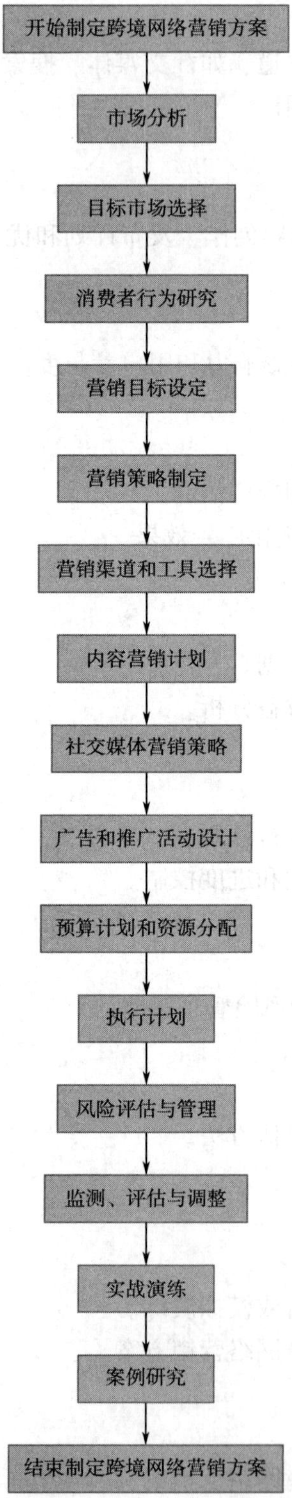

图 7-4　跨境网络营销实战演练的流程与内容

三、任务实施

本次任务为制定跨境网络营销方案。

（一）研究对象

选择一家中国本土消费电子品牌，如“×品牌”，该品牌计划扩展其业务范围至欧洲市场，特别是德国。

（二）任务描述

学生将为“×品牌”制定一份全面的跨境网络营销方案，以帮助其成功进入并占领德国市场。

（三）实施步骤

1. 市场分析

（1）研究德国消费电子市场的现状、规模和增长潜力。

（2）分析德国市场的消费者行为、技术接受度和购买习惯。

2. 目标市场选择

确定德国市场作为目标市场的理由和依据。

3. 消费者行为研究

通过在线调研、社交媒体分析等手段，收集目标市场的消费者数据。

4. 营销目标设定

设定清晰的营销目标，如品牌知名度提升、市场份额目标等。

5. 营销策略制定

确定产品定位、价格策略、分销渠道和促销活动。

6. 营销渠道和工具选择

确定使用哪些在线平台和工具进行营销，如 Amazon Germany、eBay、Facebook 等。

7. 内容营销计划

制订内容营销计划，包括网站内容、博客文章、视频教程等。

8. 社交媒体营销策略

制订 Facebook、Instagram 等社交媒体平台的营销计划。

9. 广告和推广活动设计

设计 Google AdWords、Facebook Ads 等在线广告活动。

10. 预算计划和资源分配

制定预算计划，分配营销资源。

11. 执行计划

制定详细的执行时间表和责任分配方案。

12. 风险评估与管理

识别潜在的市场风险和文化差异，制订风险管理计划。

13. 监测、评估与调整

确定监测指标和评估方法，根据反馈调整营销策略。

14. 实战演练

学生分组，每组针对“×品牌”制定并展示自己的营销方案。

15. 案例研究

分析其他消费电子品牌在德国市场的成功和失败案例。

(四) 任务要求

(1) 每组学生需提交一份书面营销方案报告，并进行现场展示。

(2) 营销方案应具体、可行，并考虑到文化差异和市场特性。

(3) 鼓励进行创新思考，提出独特的营销策略。

四、任务评价

任务评价表见表 7–3。

表 7–3 任务评价表

	学习态度（20%）	团队合作（20%）	完成率（50%）	其他表现（10%）	小计（100%）	综合评价
小组评分（30%）						
个人评分（20%）						
老师评分（50%）						
综合得分（100%）						

知识拓展

印度市场的跨境网络营销方案

一、市场概述

印度作为世界上人口最多的国家，拥有庞大的消费市场和快速增长的互联网用户群体。随着电子商务的普及，印度已成为跨境网络营销的重要目标市场。

二、目标消费者分析

印度消费者趋向年轻化，具有强烈的品牌意识和对新潮流的追求。社交媒体在印度具有广泛的影响力，是接触和了解消费者的重要渠道。

三、产品定位

针对印度市场，应选择性价比高、符合当地文化习惯的产品，如时尚服饰、智能手机配件、美容保健品等。

四、营销策略

(1) 社交媒体营销：利用 Facebook、Instagram 等平台，结合当地节日和文化事件，进行品牌宣传和产品推广。

(2) KOL 合作：与当地有影响力的网红和意见领袖合作，通过他们的推荐增加产品的信任度和吸引力。

(3) 本地化内容：制作适合印度市场的营销内容，包括语言、文化元素和消费者偏好。

(4) 价格策略：考虑印度消费者的购买力，制定合理的价格策略，提供有竞争力的折扣和优惠。

五、物流与配送：

考虑到印度复杂的物流环境，应选择可靠的物流合作伙伴，确保产品及时配送，并处理好关税和清关问题。

六、支付解决方案

提供多种支付方式，包括流行的电子钱包、信用卡支付以及货到付款服务，以满足不同消费者的支付偏好。

七、风险评估

密切关注印度市场的政策变化、市场竞争和消费者行为变化，及时调整营销策略，降低市场风险。

八、监测与评估

通过数据分析工具监测营销活动的效果，包括网站流量、转化率、顾客满意度等关键指标，定期评估并优化营销方案。

经由上述方案，企业可以更好地进入并拓展印度市场，实现跨境网络营销的成功。

习题

(一) 选择题

1. 在制定跨境网络营销方案时，首先需要进行的步骤是（　　）。

A. 制定预算　　B. 确定目标市场

C. 选择营销渠道　　D. 设计产品包装

2. 以下哪种营销手段最适合用于跨境网络营销？（　　）

A. 线下广告　　B. 社交媒体营销

C. 传统邮件营销　　D. 电话营销

3. 在制定网络营销方案时，SEO 的主要目的是（　　）。

A. 提高网站的安全性　　B. 增加网站的访问量

C. 降低广告成本　　D. 提高产品质量

（二）填空题

1. 跨境网络营销方案中，____________分析是了解目标市场和竞争环境的重要工具。

2. 在跨境网络营销中，____________是指通过社交媒体平台与消费者互动，增强品牌影响力的一种策略。

3. 为了提高跨境电商的销量，企业应注重____________服务，以增强客户体验。

（三）名词解释

1. 跨境网络营销

2. 客户画像

3. 转化率

（四）简答题

1. 请简述制定跨境网络营销方案时需要考虑的主要因素。

2. 如何评估跨境网络营销方案的效果？

3. 在跨境网络营销中，内容营销的重要性是什么？

4. 请说明如何选择合适的跨境电商平台进行产品销售。

任务四 实战演练：实施与优化跨境网络营销活动

一、任务描述

本任务中，学生将参与实施与优化真实的跨境网络营销活动。本任务旨在将理论知识应用于实践，通过一系列实践活动，学生可深入理解跨境网络营销的复杂性，并掌握关键的执行和优化技巧。学生将学习如何制订详细的营销计划，包括确定目标市场、设定营销目标、选择营销渠道和策略。在实施阶段，学生将运用各种网络营销工具和平台，如搜索引擎营销、社交媒体营销、电子邮件营销等，来推广产品或服务。同时，学生将学习如何收集和分析数据，以评估营销活动的效果，并根据分析结果进行调整和优化。通过这个任务，学生不仅能够提高自己的营销技能，还可以培养解决实际问题的能力，为将来在国际市场上开展营销活动打下坚实的基础。详见图 7-5。

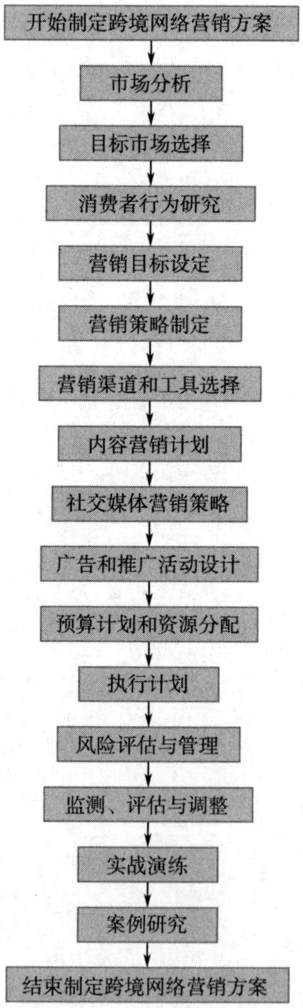

图 7-5 实施与优化跨境网络营销活动的流程

二、相关实践

为确保本任务中各个环节的条理性和实操性，可将流程细化：

（一）营销计划制订

（1）确定具体的营销目标，如提升品牌知名度或增加产品销量。
（2）制订预算计划，明确营销活动的财务预算和资源分配。
（3）识别并定义目标市场，包括地理位置、文化背景和消费习惯。
（4）进行客户细分，根据消费者特征划分不同的目标群体。

（二）营销渠道选择

（1）评估不同网络营销渠道的覆盖范围和受众匹配度。
（2）选择与营销目标和目标受众相符的渠道，如 Facebook、Instagram、Google AdWords 等。

（三）营销内容创意

（1）制定内容策略，确保营销信息与品牌定位和目标受众相符。
（2）设计创意营销信息，包括文案、图像、视频等，以提高吸引力。
（3）进行视觉设计，确保营销材料具有专业外观和品牌一致性。

（四）营销活动执行

（1）执行营销计划，包括在选定渠道上的广告投放。
（2）组织社交媒体活动，提高用户参与度和品牌互动。
（3）实施电子邮件营销，进行顾客关系维护和再营销。

（五）技术平台应用

（1）选择并应用网络营销工具，如 Google Analytics、Hootsuite 等。
（2）利用自动化工具提高营销活动的效率。

（六）数据收集与分析

（1）收集用户行为数据，包括访问量、点击率、转化路径等。
（2）运用数据分析工具，评估营销活动的效果和 ROI。

（七）营销效果评估

（1）根据数据分析结果，评估营销活动的整体表现。
（2）识别营销活动的优势和改进空间。

（八）问题识别与解决

（1）识别营销活动中遇到的具体问题，如低转化率或高跳出率。

（2）制定解决方案，优化营销策略。

（九）营销策略优化

（1）调整预算分配，优化营销渠道和内容创意。
（2）根据市场反馈和数据分析结果，持续优化营销策略。

（十）风险管理

（1）识别营销活动中可能遇到的风险，如法规变化或竞争对手行动。
（2）制订风险缓解措施和应急计划。

（十一）持续监测与调整

（1）实施持续的市场监测，及时获取用户反馈和市场动态。
（2）根据监测结果，实时调整营销活动。

（十二）用户体验优化

（1）根据用户反馈，优化网站设计和产品使用体验。
（2）提供个性化推荐和优质的客户服务。

（十三）团队协作与沟通

（1）加强团队成员间的协作，以确保营销活动的有效执行。
（2）通过定期会议和报告，保持团队内部沟通顺畅。

（十四）跨文化营销考量

考虑不同文化因素对营销活动的影响，制定本地化的营销策略。

（十五）法律遵从性检查

确保所有营销活动遵守目标市场的法律法规，避免法律风险。

（十六）案例研究与学习

分析行业内的成功与失败案例，提取可行的策略和教训。

（十七）实战演练

学生分组实施跨境网络营销活动，从策划到执行，再到评估和优化。

（十八）成果展示与反馈

展示营销活动的成果，收集教师和学生的反馈，进行项目总结。

（十九）持续学习与改进

鼓励学生关注跨境网络营销的最新趋势，在不断学习中提高个人能力。

图 7-5 为实施与优化跨境网络营销活动的流程与内容。

三、任务实施

（一）研究对象

选择一家中国本土的智能手机制造商，如“华星科技”，作为研究对象。华星科技计划将其智能手机产品推广到东南亚市场，特别是泰国。

（二）实训任务描述

为华星科技制定并实施一个跨境网络营销方案，以提高其品牌知名度，并增加在泰国市场的销售额。

（三）实训步骤

1. 市场调研与目标设定

（1）调研泰国市场文化、消费习惯和智能手机市场现状。

（2）确定营销目标，包括品牌知名度和销售目标。

2. 客户细分与渠道选择

（1）识别泰国市场的消费者细分和偏好。

（2）选择适合的网络营销渠道，如 Facebook（泰国）、LINE 等。

3. 营销内容与创意设计

（1）制定针对泰国文化和消费者偏好的营销内容。

（2）设计创意广告和视觉材料，包括社交媒体帖子和在线横幅。

4. 营销活动执行

（1）制定详细的营销活动日程和预算分配。

（2）实施广告投放、社交媒体活动和电子邮件营销等。

5. 技术平台应用与数据收集

（1）利用 Google Analytics 等工具监控营销活动表现。

（2）收集用户行为数据，包括访问量、点击率和转化率。

6. 营销效果评估与策略优化

（1）分析营销数据，评估活动效果。

（2）根据评估结果调整营销策略，优化广告投放和内容创意。

7. 风险管理与持续监测

（1）识别营销活动中的潜在风险，制定应对措施。

（2）实施持续的市场监测，及时调整营销活动。

8. 用户体验与团队协作

（1）根据用户反馈优化产品页面和购买体验。

（2）加强团队内部沟通和协作，确保活动顺利进行。

9. 跨文化营销与法律遵从性

（1）考虑泰国文化差异，及时调整营销信息和活动策略。

（2）确保所有营销活动遵守泰国的法律法规。

10. 实战演练与成果展示

（1）学生分组实施营销活动，从策划到执行，再到评估和优化。

（2）展示营销活动的成果，收集反馈，进行项目总结。

11. 持续学习与改进

鼓励学生关注跨境网络营销的最新趋势，不断学习和提升个人能力。

（四）任务要求

（1）每组学生须提交一份书面营销方案报告，并进行现场展示。

（2）营销方案应具体、可行，并考虑到文化差异和市场特性。

（3）鼓励学生进行创新思考，提出独特的营销策略。

四、任务评价

任务评价表见表 7-4。

表 7-4 任务评价表

	学习态度（20%）	团队合作（20%）	完成率（50%）	其他表现（10%）	小计（100%）	综合评价
小组评分（30%）						
个人评分（20%）						
老师评分（50%）						
综合得分（100%）						

知识拓展

跨境网络营销的复杂性和挑战

随着全球化的不断深入，跨境网络营销已成为企业拓展国际市场的重要手段。在这一过程中，企业不仅要面对不同国家和地区的文化差异、消费习惯和法律法规的挑战，还要应对快速变化的市场环境和技术革新。一家中国的智能手机制造商，若想在印度市场取得成功，就需要深入了解当地消费者的需求和偏好，制定符合当地市场的营销策略。只有通过运用社交媒体平台进行品牌宣传、利用数据分析工具优化广告投放，以及利用用户反馈不断改进产品和服务，企业方能在激烈的国际竞争中脱颖而出。

此外，企业还需要密切关注全球市场的最新趋势，如移动支付的普及、人工智能技术的应用等，以便及时调整营销策略，把握市场机遇。同时，企业还应重视风险管理，制定应对市场变化的预案，确保跨境营销活动的平稳进行。

习题

（一）选择题

1. 在跨境网络营销中，哪个指标最能反映客户的忠诚度？（　　）

A. 转化率　　B. 客户生命周期价值（CLV）

C. 点击率　　D. 网站访问量

2. 跨境电商中，常用的物流模式包括（　　）。

A. 自发货　　B. 集运

C. 直邮　　D. 以上皆是

（二）填空题

1. 在跨境网络营销中，常用的在线广告形式包括____________________。

2. 跨境电商的主要盈利模式有____________________。

（三）名词解释

1. 客户生命周期价值（CLV）

2. 市场进入策略

（四）简答题

1. 如何应对跨境网络营销中的文化差异？

2. 探讨跨境网络营销中的社交媒体策略。

附　　录

附录 A　跨境网络营销常用术语解释

1. 跨境电商（Cross-border E-commerce）：指通过电子商务平台进行的国际贸易，买卖双方分别位于不同国家或地区。

2. 搜索引擎优化（SEO）：是提高网站在搜索引擎结果中排名的技术和策略，以增加网站的可见性和访问量。

3. 搜索引擎营销（SEM）：通过付费广告（如 Google Ads）在搜索引擎中推广产品或服务，以提高曝光率和流量。

4. 社交媒体营销（Social Media Marketing）：利用社交媒体平台（如 Facebook、Instagram、Twitter 等）进行品牌宣传和产品推广的策略。

5. 内容营销（Content Marketing）：创建和分享有价值的内容以吸引和留住目标受众，以推动客户的行为。

6. 转化率（Conversion Rate）：指访问者在特定时间内执行特定操作（如购买、注册）的比例，通常用于评估营销活动的效果。

7. 目标受众（Target Audience）：特定产品或服务的潜在客户群体，营销活动会针对这些人群进行定制。

8. 市场调研（Market Research）：收集和分析关于市场需求、竞争对手和消费者行为的数据，以帮助制定营销策略。

9. 电子邮件营销（Email Marketing）：通过电子邮件向现有客户和潜在客户发送营销信息，以促进销售和增强客户关系。

10. 关键意见领袖（KOL）：在特定领域具有影响力的个体，企业通常通过与 KOL 合作来提升品牌曝光度和信任度。

11. 企业对企业（B2B）：指企业之间进行的商业交易，通常采用批发、分销等形式。

12. 企业对消费者（B2C）：企业直接向消费者销售产品或服务的商业模式。

13. 支付网关（Payment Gateway）：一种电子支付服务，允许商家安全地处理顾客的在线支付。

14. 物流与配送（Logistics and Delivery）：涉及订单处理、仓储、运输等环节，以确保产品及时送达消费者手中。

15. 用户生成内容（User-Generated Content，UGC）：指由消费者或用户自发创建的内容，如评论、照片、视频等，通常用于提高品牌的可信度和互动性。

16. A/B 测试（A/B Testing）：一种比较两种或多种不同版本的营销材料（如网页、广告等）以确定哪一种更有效的测试方法。

17. 客户关系管理（Customer Relationship Management，CRM）：一项管理与客户的互动和关系的策略和技术，目的是提高客户满意度和忠诚度。

18. 数据分析（Data Analytics）：收集、处理和分析数据以获取洞察和优化营销策略的过程。

19. 品牌认知（Brand Awareness）：消费者对品牌的认知程度，通常是品牌建设和市场推广的核心目标之一。

20. 影响者营销（Influencer Marketing）：利用社交媒体上具有影响力的人士进行品牌推广，增强品牌的曝光度和可信度。

21. 多渠道营销（Omni-channel Marketing）：通过多种渠道（如线上和线下）与消费者互动，以提供一致的品牌体验。

22. 客户获取成本（Customer Acquisition Cost，CAC）：获取新客户所需的平均成本，包括营销和销售支出。

23. 生命周期价值（Customer Lifetime Value，CLV）：一个客户在与品牌的整个关系中为品牌带来的总收益，通常用于评估客户获取的投资回报。

24. 市场细分（Market Segmentation）：将市场划分为不同的细分群体，以便更有效地制定针对性的营销策略。

25. 品牌忠诚度（Brand Loyalty）：消费者对某一品牌的倾向和忠诚程度，通常体现在重复购买和推荐行为上。

26. 点击率（Click-Through Rate，CTR）：某个广告或链接被点击的次数与展示次数之间的比例，通常用来衡量广告的效果。

27. 转化漏斗（Conversion Funnel）：描述潜在客户在从了解产品到最终购买的过程中所经历的各个阶段的模型。

28. 地理定位营销（Geolocation Marketing）：利用用户的地理位置进行个性化营销，以便提供相关的产品和服务信息。

29. 再营销（Retargeting/Remarketing）：通过向曾经访问过的网站或应用的用户展示广告以提高转化率和重新吸引潜在客户的策略。

30. 品牌形象（Brand Image）：消费者对品牌的整体印象和感知，其受多种因素影响，包括营销活动、用户体验和口碑。

31. 流量（Traffic）：指访问网站或在线商店的用户数量，通常用于衡量网站的受欢迎程度。

32. 电子商务平台（E-commerce Platform）：允许商家在线销售产品的技术基础设施，常见的有 Amazon、eBay、Shopify 等。

33. 社交证据（Social Proof）：消费者对其他顾客行为的观察和模仿，通常通过评论、评分和推荐等形式展示，用以增强品牌的可信度。

34. 关键绩效指标（Key Performance Indicators，KPIs）：用于评估营销活动成功与否的量化指标，如销售额、网站流量、转化率等。

35. 网络安全（Cybersecurity）：保护互联网用户、系统和数据免受网络攻击和数据泄露的技术和措施。

36. 用户体验（User Experience，UX）：用户在使用产品或服务过程中所感受到的整体体验，会影响用户满意度和忠诚度。

37. 移动营销（Mobile Marketing）：通过移动设备（如智能手机和平板电脑）进行的营销活动，包括应用内广告、短信营销等。

38. 品牌大使（Ambassador）：由品牌雇佣或合作的个人，通常是有影响力的人士，负责推广品牌形象和产品。

39. 市场定位（Market Positioning）：企业在目标市场中为其产品或服务所占据的位置，通过差异化策略使品牌在竞争中脱颖而出。

40. 价值主张（Value Proposition）：企业向客户传达的产品或服务所带来的独特价值，强调其相较于竞争对手的优势和利益。

41. 在线支付（Online Payment）：通过互联网进行的支付方式，通常包括信用卡、借记卡、电子钱包等，便于消费者在线购物。

42. 消费者行为（Consumer Behavior）：研究消费者在选择、购买、使用和评价产品或服务时的心理和活动，帮助企业理解市场需求。

43. 流量来源（Traffic Sources）：指向网站或在线商店的访问者来源，如搜索引擎、社交媒体、直接访问、推荐链接等。

44. 品牌资产（Brand Equity）：品牌所拥有的价值，包括品牌知名度、品牌忠诚度和品牌联想等，会影响消费者的购买决策。

45. 多渠道分销（Multi-channel Distribution）：企业通过多个渠道（如线上、线下、社交媒体等）销售产品，以触达更广泛的客户群体。

46. 客户服务（Customer Service）：企业提供给客户的支持和帮助，旨在解决客户问题并提升客户满意度。

47. 用户界面（User Interface，UI）：用户与产品（如网站、应用）交互的界面，设计良好的 UI 可以提升用户体验。

48. 自动化营销（Marketing Automation）：使用软件和技术自动执行营销活动（如电子邮件发送、社交媒体发布等），提高效率和效果。

49. 市场趋势（Market Trends）：反映市场动态变化和消费者偏好的趋势，可帮助企业调整营销策略以适应市场变化。

50. 搜索引擎算法（Search Engine Algorithm）：搜索引擎用来排序和显示搜索结果的复杂数学公式，会影响 SEO 和 SEM 的效果。

51. 客户旅程（Customer Journey）：用以描述客户从意识到品牌到最终购买的整个过程，可帮助企业理解客户需求和优化体验，通常包括意识、考虑、决策和后续服务等阶段。

52. 社交媒体分析（Social Media Analytics）：通过分析社交媒体数据（如互动、分享和评论）来评估品牌表现和用户行为，帮助企业改善社交媒体营销策略。

53. 引导页（Landing Page）：用户访问某个特定链接后看到的网页，通常设计为促使用户采取特定行动（如注册、购买、下载等）。

54. 品牌差异化（Brand Differentiation）：企业通过独特的产品特性、服务或品牌形象与竞争对手区分开来，以吸引目标客户。

55. 市场进入战略（Market Entry Strategy）：企业为进入新市场而制定的计划，包括市场调研、定位、营销和分销策略等。

56. 舆情监测（Sentiment Analysis）：通过技术手段分析公众对品牌或产品的情感倾向（积极、消极、中立），以帮助企业管理品牌形象。

57. 数据驱动营销（Data-Driven Marketing）：基于数据分析和洞察制定营销策略，以实现更高的精准度和效果。

58. 用户黏性（User Engagement）：用户与品牌或产品之间的互动程度，通常通过访问频率、停留时间、评论等指标衡量。

59. 创意广告（Creative Advertising）：通过创新和吸引眼球的方式传达品牌信息和促销内容，以引起目标受众的兴趣。

60. 市场份额（Market Share）：企业在特定市场中所占的销售比例，通常用来衡量企业的竞争力和市场地位。

61. 促进销售（Sales Promotion）：为了吸引顾客购买而进行的短期营销活动，常见形式包括折扣、优惠券、赠品等。

62. 多语言营销（Multilingual Marketing）：针对不同语言背景的市场制定的营销策略，以满足全球化客户的需求。

附录 B　跨境网络营销资源推荐

1. 在线课程和学习平台

Coursera：提供多种网络营销和跨境电商相关课程。

Udemy：有许多关于数字营销、SEO、社交媒体营销等的课程。

LinkedIn Learning：包含专业的网络营销课程，可用以提升职业技能。

2. 营销工具

Google Analytics：监测网站流量和用户行为，帮助优化营销策略。

SEMrush：用于竞争分析、关键词研究和 SEO 优化。

Mailchimp：电子邮件营销工具，适用于跨境客户管理和推广。

3. 社交媒体及广告平台

Facebook Ads：拥有全球用户基础平台，适合进行精准广告投放。

Instagram：视觉营销平台，非常适合时尚和生活方式品牌。

LinkedIn：适合 B2B 营销，尤其适合专业服务行业和技术行业。

4. 跨境电商平台

Amazon：全球最大的电商平台，可用以进入多个国际市场。

eBay：国际买卖平台，适用于二手商品和独特产品。

Alibaba：适合批发和 B2B 交易，尤其是在亚洲市场。

5. 资源和社区

HubSpot 博客：提供丰富的数字营销资源和最新趋势分析。

GrowthHackers：一个关于增长营销的社区，可在其中分享案例和经验。

6. 本地化和翻译工具

Transifex：帮助企业进行内容的本地化和翻译管理。

Phrase：提供软件和网站的本地化解决方案。

Crowdin：一个协作平台，用于翻译和本地化项目。

7. 法律和合规资源

GDPR 合规指南：对于在欧洲市场运营的企业非常重要。

CPC（Consumer Protection Council）：可用以了解各国的消费者保护法规。

8. 专业咨询和服务

跨境电商咨询公司：如 Global eCommerce Experts 和 eCommerce Consulting，可以提供市场调研、战略规划和执行支持。

数字营销代理公司：如 Neil Patel Digital、Disruptive Advertising，专注于为企业提供跨境网络营销的全方位服务。

9. 数据与分析资源

Statista：提供全球市场数据和行业报告，可帮助了解目标市场的趋势。

eMarketer：专注于数字营销、媒体和电子商务的研究和分析。

Google Trends：分析特定关键词在不同地区和时间的热度，可帮助制定营销策略。

10. 内容营销资源

BuzzSumo：用于发现热门内容和趋势，可帮助制定有效的内容策略。

Canva：一个图形设计工具，适用于创建引人注目的社交媒体和广告内容。

Hootsuite：社交媒体管理工具，可以规划和分析跨多个平台的发布内容。

11. SEO 和 SEM 工具

Ahrefs：全面的 SEO 工具，提供关键词分析、网站审计和竞争分析。

Moz：提供 SEO 工具和资源，可帮助优化网站在搜索引擎中的排名。

Google Ads：用于管理和优化付费搜索广告，可帮助提升品牌在目标市场的曝光率。

12. 跨文化沟通与市场研究

Hofstede Insights：提供文化维度理论，可帮助了解不同文化背景下的消费者行为。

Pew Research Center：提供全球各国社会和经济趋势的研究，适用于了解市场需求。

Mintel：市场调研公司，提供行业报告和消费者洞察，适用于制定市场策略。

13. 物流与供应链管理

ShipBob：提供跨境物流解决方案，可帮助电商企业管理库存和发货。

Easyship：集成多种国际运输服务，可帮助优化跨境发货过程。

Fulfillment by Amazon（FBA）：适用于在亚马逊平台销售的商家，提供库存管理和配送服务。

14. 跨境支付解决方案

PayPal：全球广泛接受的支付方式，适用于跨境交易。

Stripe：提供灵活的在线支付解决方案，支持多种货币。

Adyen：综合支付平台，支持多种支付方式，适用于大规模电商企业。

15. 多语言客服工具

Zendesk：提供多语言支持的客户服务平台，适用于跨境电商。

Freshdesk：客户支持工具，支持国际客户沟通。

Intercom：实时聊天和支持工具，适用于提高客户互动和满意度。

16. 网红和影响者营销

Influencity：帮助品牌找到合适的网红和影响者进行合作。

AspireIQ：平台可连接品牌与影响者，管理合作活动。

Upfluence：提供影响者发现和管理的工具，适合开展营销活动。

17. 电子邮件营销平台

ConvertKit：专注于内容创作者的电子邮件营销工具，适用于个人品牌和小型企业。

Constant Contact：用户友好的电子邮件营销平台，适合初学者。

ActiveCampaign：自动化营销工具，结合电子邮件和 CRM 功能，适合成长型企业。

18. 数据隐私和安全工具

OneTrust：提供合规管理和数据隐私解决方案，帮助企业遵守各国法规。

TrustArc：提供隐私管理以及合规解决方案，适合跨境运营的企业。

McAfee：网络安全软件，确保在线交易和客户数据的安全。

19. 行业报告和趋势分析

Forrester Research：提供市场研究和行业分析，适用于了解最新趋势。

Gartner：知名的市场研究机构，提供技术和营销相关的深入分析。

Nielsen：提供消费者行为和市场趋势分析，适用于制定市场策略。

20. 其他有用的资源

A/B Testing 工具：如 Optimizely 和 VWO，可帮助测试不同的营销策略和页面设计。

CRM 系统：如 Salesforce 和 HubSpot CRM，可帮助管理客户关系、跟踪销售线索和分析客户数据。

A/B Testing 工具：如 Optimizely 和 VWO，可帮助测试不同的营销策略和页面设计，以优化转化率。

21. 视频营销资源

YouTube：全球最大的在线视频平台，适用于品牌展示和推广产品。

Vimeo：提供高质量视频托管和分享，适用于专业内容创作者。

Animoto：易于使用的视频制作工具，适用于快速创建营销视频。

22. 本地化营销资源

Localize：提供网站和应用的本地化解决方案，可帮助企业更好地适应不同市场。

Lokalise：支持软件和网站的本地化，适合开发团队使用。

Crowdin：一个协作平台，用以翻译和本地化项目，适用于团队合作。

23. 社区和论坛

GrowthHackers：一个关于增长营销的社区，可在其中分享案例和经验。

Inbound. org（现已并入 HubSpot）：聚集营销专业人士，分享资源和经验。

Quora：可以在相关话题下提问和回答，获取行业洞察。

24. 电子商务平台

Shopify：创建在线商店的热门平台，支持多种支付和物流选择。

WooCommerce：WordPress 插件，适用于使用 WordPress 网站的电商解决方案。

BigCommerce：适合快速发展的企业，提供多种电商功能。

25. 数据分析和可视化工具

Tableau：强大的数据可视化工具，可帮助分析市场数据和客户行为。

Google Data Studio：免费的数据可视化工具，可以将多个数据源整合，并生成报告。

Power BI：微软的数据分析和可视化工具，适用于企业数据管理。

26. SEO 和内容优化工具

Yoast SEO：WordPress 的 SEO 插件，可帮助优化网站内容。

Answer The Public：提供用户搜索查询的可视化，可帮助理解目标受众的需求和兴趣。

SurferSEO：分析文章的 SEO 表现，提供优化建议，以提高搜索引擎排名。

Frase：内容优化工具，结合 AI 技术，可帮助创建符合搜索意图的高质量内容。

27. 网络广告平台

Google Ads：搜索引擎广告平台，适用于进行精准的关键词广告投放。

Bing Ads：微软的广告平台，可以覆盖更多的用户，尤其是在特定市场中。

Taboola 和 Outbrain：内容推荐平台，可以通过原生广告吸引用户点击。

28. 客户反馈和调查工具

SurveyMonkey：创建在线调查，获取客户反馈和市场调研数据。

Typeform：互动式表单和调查工具，提升用户填写意愿。

Qualtrics：全面的客户体验管理解决方案，适用于进行深入的市场研究。

29. 视觉营销资源

Canva：易于使用的设计工具，适用于创建社交媒体帖文、广告和其他视觉内容。

Adobe Spark：提供图形、网页和视频制作工具，适用于快速创建视觉内容。

Piktochart：在线信息图制作工具，可帮助将复杂数据转化为易于理解的视觉内容。

30. 电子商务分析工具

Klaviyo：电子邮件和 SMS 营销平台，专注于数据驱动的营销策略。

Hotjar：热图和用户行为分析工具，可帮助理解用户在网站上的行为。

Gatsby：用于分析和优化内容营销效果，适合内容驱动的业务。

31. 跨境物流和供应链管理

Flexport：提供全面的物流解决方案，帮助企业管理跨境运输。

ShipStation：集成多种运输服务，适用于电商企业管理订单和发货。

DHL eCommerce：提供国际和国内的电商物流解决方案，适合跨境电商。

32. 跨文化市场适应工具

Cultural Navigator：帮助企业理解和适应不同文化背景下的商业实践和消费者行为。

Hofstede Insights：提供文化维度理论，帮助分析不同文化对商业决策的影响。

Tandem：一个语言交换平台，有助与不同文化背景的人交流，增强跨文化沟通能力。

33. 网络安全和数据保护工具

Norton：提供网络安全解决方案，保护企业和客户的数据安全。

LastPass：密码管理工具，可帮助安全存储和共享敏感信息。

Bitdefender：提供全面的网络安全解决方案，防止数据泄露和网络攻击。

34. 市场调研工具

SurveyMonkey：创建和分发在线调查，获取市场反馈和消费者洞察。

Qualtrics：提供全面的市场调研和体验管理解决方案，适用于深入分析客户需求。

Google Forms：简单易用的问卷工具，适用于快速收集反馈和数据。

35. 竞争分析工具

SimilarWeb：提供网站流量和用户行为分析，可帮助了解竞争对手的市场表现。

SpyFu：用于竞争对手的 SEO 和 PPC 策略分析，获取市场洞察。

Kompyte：实时跟踪竞争对手的营销活动，提供全面的竞争分析。

36. 影响者营销平台

Traackr：影响者关系管理平台，可帮助品牌管理与影响者的合作。

Influencity：提供影响者发现和分析工具，可帮助选择合适的合作伙伴。

AspireIQ：连接品牌与影响者的平台，支持管理整个合作过程。

37. 视频营销工具

Wistia：专业的视频托管平台，适用于品牌创建和分析视频内容。

Vimeo：提供高质量视频托管和分享，适合专业内容创作者。

Animoto：易于使用的视频制作工具，适用于快速创建营销视频。

38. 内容日历和管理工具

Trello：项目管理工具，可用于规划和管理内容日历。

Airtable：结合数据库的功能和电子表格处理数据。

附录 C 跨境网络营销实战工具与平台介绍

1. 社交媒体平台

Facebook：通过广告、页面和群组与全球受众互动，适用于品牌宣传和目标营销。

Instagram：以视觉内容为主，适合时尚、美妆、旅游等行业，通过图像和视频吸引用户。

LinkedIn：适合 B2B 营销，可帮助企业建立专业形象，进行行业网络拓展。

2. 电子商务平台

Amazon：全球最大的在线零售平台，适用于销售各种产品，拥有庞大的用户基础。

eBay：适合二手商品和拍卖，支持国际卖家，方便跨境交易。

Shopify：自建独立电商网站的工具，支持多种支付方式和国际运输选项。

3. 广告平台

Google Ads：提供搜索广告、展示广告和购物广告，可帮助企业通过关键词精准投放广告。

Facebook Ads：通过用户数据进行精准定向，适合多种营销目标，支持多种广告格式。

4. 内容营销工具

WordPress：用于搭建博客和网站，支持 SEO 优化，有丰富的插件和主题。

Medium：适合撰写和分享文章，吸引目标受众，提升品牌知名度。

5. 邮件营销工具

Mailchimp：提供邮件营销服务，可以设计、发送和分析邮件活动，适用于建立客户关系。

SendinBlue：除了邮件营销外，还支持短信营销和自动化流程，适合多渠道营销。

6. 数据分析与监测工具

Google Analytics：用于网站流量分析，了解用户行为和来源，优化营销策略。

Hotjar：提供用户行为分析，包括热图、录屏和反馈调查，可帮助改善用户体验。

7. 翻译与本地化工具

Transifex：用于软件和内容的翻译与本地化，支持多种语言，可帮助企业进入国际市场。

Crowdin：提供协作翻译平台，适合团队共同翻译项目，确保内容在不同市场的本地化。

8. SEO 优化工具

Ahrefs：提供关键词研究、竞争对手分析和网站审计等功能，可帮助优化搜索引擎排名。

SEMrush：综合 SEO 和内容营销工具，支持关键词分析、流量监测和广告研究。

9. 客户关系管理（CRM）工具

Salesforce：强大的 CRM 平台，可帮助企业管理客户关系、销售流程和市场营销活动。

HubSpot：提供免费的 CRM 工具，整合市场营销、销售和客户服务功能，适合中小企业。

10. 视频营销工具

YouTube：全球最大的在线视频平台，适用于品牌推广和产品介绍，通过视频吸引目标受众。

Vimeo：适合专业视频分享和展示，可提供更高品质的视频播放和隐私保护选项。

11. 网络营销自动化工具

HubSpot：除 CRM 功能外，还提供营销自动化工具，支持电子邮件、社交媒体和内容管理。

Marketo：专注于 B2B 市场的营销自动化平台，提供潜在客户管理、电子邮件营销等功能。

12. 支付和结算平台

PayPal：全球知名的在线支付平台，支持跨境交易，提供安全的支付解决方案。

Stripe：适合在线商店和订阅服务的支付处理平台，支持多种货币和支付方式。

13. 市场调研工具

SurveyMonkey：在线调查工具，适合收集客户反馈和市场需求数据，帮助制定营销策略。

Google Forms：免费的表单工具，用于创建调查问卷，收集数据和反馈。

14. 网络安全工具

Cloudflare：提供网站安全和性能优化服务，提供 DDoS 防护、内容分发网络（CDN）和 SSL 加密，确保跨境交易的安全性。

15. 社群管理工具

Hootsuite：社交媒体管理平台，支持多个社交媒体账户的内容安排、监测和分析，方便管理和互动。

Buffer：另一款社交媒体管理工具，允许用户安排、发布和分析社交媒体内容，提高品牌曝光率。

16. 影响者营销平台

AspireIQ：帮助品牌与影响者建立合作关系，管理影响者营销活动，提升品牌知名度。

Influencity：提供影响者数据库和分析工具，可帮助品牌找到合适的影响者进行合作。

17. 在线课程和培训平台

Udemy：提供在线课程的平台，企业可以利用此平台进行员工培训或产品推广。

Teachable：允许企业创建并销售自己的在线课程，适合知识型产品的营销。

18. 图像和视频编辑工具

Canva：在线设计工具，适合制作社交媒体图像、海报和宣传材料，操作简单，适合非专业设计人员使用。

Adobe Spark：提供图像和视频制作工具，适用于创建高质量的视觉内容，以吸引受众。

19. 项目管理工具

Trello：基于看板的方法进行项目管理，适用于团队协作和任务跟踪，便于跨国团队的管理。

Asana：任务管理工具，帮助团队规划和跟踪项目进度，增强沟通和协作。

20. 虚拟展会和会议平台

Zoom：提供高质量的视频会议功能，适用于跨国团队会议和在线研讨会。

Hopin：虚拟活动平台，支持在线展会和网络研讨会，适合品牌推广和客户互动。

21. 法律与合规工具

TermsFeed：提供隐私政策、使用条款等法律文档生成服务，可帮助企业确保合规。

GDPR Compliance Tools：针对欧洲通用数据保护条例（GDPR），提供合规检查和数据保护策略，可帮助企业在处理用户数据时遵循法律要求。

OdinText：用于文本分析和合规监测的工具，可帮助企业分析客户反馈和市场反应，确保遵循法规。

22. 本地化测试工具

Lokalise：专为软件和应用程序的本地化设计，支持多语言翻译和版本管理，确保产品在不同市场的适用性。

Phrase：提供界面友好的本地化管理平台，可帮助团队更高效地处理翻译和本地化任务。

23. 用户反馈和评价管理工具

Trustpilot：在线评价平台，可帮助企业收集和展示客户反馈，提升品牌信任度。

Yelp：主要用于餐饮和服务行业的用户评价和推荐平台，适用于提高当地市场的品牌曝光率。

24. 聊天机器人和客户支持工具

Zendesk：客户服务和支持平台，提供聊天、电子邮件和社交媒体的整合支持，提升客户体验。

Intercom：聊天机器人和客户沟通平台，支持实时聊天和自动化消息，可帮助企业与客户保持互动。

25. 促销与折扣管理工具

Groupon：通过折扣和优惠活动吸引用户，适用于餐饮、旅游和娱乐行业的促销。

Discount Code Managers：提供折扣码和促销活动管理的工具，可帮助企业设置和跟踪促销效果。

26. 问卷和反馈工具

Typeform：创建互动式调查和问卷，收集用户反馈，适用于市场调研和客户满意度调查。

Qualtrics：复杂的调查和反馈收集工具，适用于深入的市场研究和客户体验管理。

27. 网络安全工具

Norton：提供网络安全解决方案，包括防病毒软件、网络安全监控和身份保护，确保企业和客户的数据安全。

McAfee：保护企业网络和设备免受网络攻击和病毒侵害，提供安全解决方案以保护在线交易的安全性。

28. 影响者营销管理工具

Klear：影响者发现和分析平台，可帮助品牌找到合适的影响者，并分析其影响力和受众。

Traackr：提供影响者关系管理工具，可帮助品牌与影响者建立长期合作关系，监测活动效果。

29. 在线广告优化工具

AdEspresso：Facebook 和 Instagram 广告管理和优化工具，帮助用户创建、管理和优化社交媒体广告。

Optimizely：提供 A/B 测试和多变量测试工具，可帮助企业优化网站和广告效果，提升转化率。

30. 多渠道营销平台

Omnisend：电子邮件和短信营销自动化平台，支持多渠道营销，可帮助企业接触更多客户。

Klavyio：专注于电子邮件营销的自动化平台，适合电子商务企业，提供个性化的营销体验。

31. 内容分发网络（CDN）

Cloudflare：提供内容分发网络和网站加速服务，优化全球用户的访问速度，增强网站性能和安全性。

Akamai：提供全球 CDN 和网络安全解决方案，可帮助企业改善用户体验并保护网站安全。

32. 移动营销平台

Airship：提供移动营销解决方案，包括推送通知和移动应用内消息，可帮助企业与用户保持互动。

Braze：专注于移动营销和客户互动的工具，支持跨渠道的用户参与和数据分析。

33. 市场自动化工具

Pardot：Salesforce 的市场自动化工具，专注于 B2B 营销，提供潜在客户管理和营销分析。

ActiveCampaign：提供电子邮件营销和营销自动化功能，结合 CRM 系统，可帮助企业管理客户关系和优化营销流程。

GetResponse：提供电子邮件营销、自动化营销和着陆页创建等功能，适用于中小企业进行综合市场推广。

34. 网络研讨会和直播工具

WebinarJam：提供易于使用的网络研讨会平台，支持大规模的在线演示和互动，适用于产品展示和教育培训。

Zoom Webinar：Zoom 的网络研讨会功能，适用于举办小型到大型的在线活动，支持互动聊天和问答。

35. 内容创建和管理工具

CoSchedule：内容日历和营销管理工具，可帮助团队规划和安排内容发布，提升内容营销策略的效率。

ContentCal：提供内容计划、发布和分析的工具，适用于团队协作和多平台内容管理。

36. 移动应用分析工具

Mixpanel：提供移动应用和网站的用户行为分析，可帮助企业理解用户使用情况和优化产品体验。

Firebase Analytics：Google 提供的分析服务，专注于移动应用，支持用户行为追踪和实时数据分析。

37. 视频制作和编辑工具

Animoto：在线视频制作工具，允许用户通过简单拖放界面创建专业级视频，适用于社交媒体营销。

Canva Video：Canva 的扩展功能，支持视频编辑和创建，适用于制作短视频和社交媒体内容。

38. 客户反馈和 NPS 工具

Delighted：专注于客户反馈和净推荐值（NPS）调查工具，可帮助企业收集客户满意度数据并提升客户体验。

SurveySparrow：提供多种调查方式，包括 NPS 调查，支持自动化反馈收集和分析。

39. 事件营销和管理工具

Eventbrite：在线活动管理和票务平台，可帮助企业组织和推广活动，支持线上和线下活动。

Cvent：提供全面的活动管理解决方案，适用于企业举办大型会议和活动，支持报名、支付和反馈管理。